hänssler

OLIVE FLEMING LIEFELD

Olive & Pete Fleming

Ein Leben für die Aucas
Die Geschichte unserer Liebe

Erschienen unter dem Titel: Unfolding Destinies

Published by Discovery House Publishers
Aus dem Englischen übersetzt von Wilhelm Schneider

hänssler-Paperback
Bestell-Nr. 393.665
ISBN 3-7751-3665-7

Internet: www.haenssler.de
E-Mail: info@haenssler.de
Titelfoto: MEV und Autor
Umschlaggestaltung: Ingo C. Riecker
Satz: AbSatz, Klein Nordende
Druck und Bindung: Ebner Ulm
Printed in Germany

INHALT

DANKSAGUNGEN

Ich möchte all denen danken, die mich jahrelang dazu ermutigt haben, die Geschichte von Pete niederzuschreiben. Von Beginn an hatte Elisabeth Elliot mich dazu gedrängt, über Pete zu schreiben. In den letzten Jahren wurde ich durch das Interesse von Ruth Tucker an der Rolle von Pete und ihrer gründlichen Untersuchung meiner Gedanken dazu gebracht, mit dem Schreiben zu beginnen. Stan Gundry von Zondervan und seine Frau Pat haben mich beide ermutigt, dieses Projekt weiterzuverfolgen. Ken Fleming, der Bruder von Pete, hatte vor, Petes Tagebuch herauszugeben, hat sich dann aber stattdessen damit einverstanden erklärt, dass ich diese Geschichte niederschreibe. Ich danke meiner Freundin Linda Cannell, dass sie Stunden damit zugebracht hat, den ersten Entwurf zu lesen, mir wertvolle »erste Eindrücke« mitgeteilt und Vorschläge zur Verbesserung gemacht hat.

Es gäbe das letzte Kapitel nicht, wenn nicht Rachel Saint wäre. Sie hat es mir ermöglicht, mich das erste Mal mit mehreren Gruppen des Huaorani-Volkes zu treffen. Ich kann ihr nicht genug für dieses Privileg und für ihre Gastfreundschaft gegenüber Walt, Holly und mir in ihrem Zuhause im Dschungel danken. Kimo und Dawa, unsere ständigen Begleiter im Dschungel, teilten uns ihre immer noch frischen Erinnerungen an die Ermordung mit.

Verne Becker hat das Buch ein letztes Mal durchgesehen. Ich danke ihr sehr für die vielen Stunden, die sie das Manuskript las, mir bohrende Fragen stellte, um die Erzählung zu verbessern und mich doch meine eigene Geschichte erzählen ließ.

Dieses Buch wäre auch nicht möglich gewesen ohne die beständige Liebe und Ermutigung meines Ehemannes Walt, als ich begann, diese Tage mit meinem ersten Ehemann noch einmal zu durchleben. Unsere drei Kinder, David, Beverly und Holly haben mich auch liebevoll unterstützt.

VORWORT

Erfüllte Bestimmung! (engl. »Unfolding Destiny« ist der Originaltitel; Anmerkung des Übersetzers). Wenn ich an diese Worte denke, dann ist mir bewusst, dass mein eigenes Schicksal eines von denen ist, die durch den Tod von Pete Fleming und vier anderen Missionaren, die versuchten, Gottes Liebe zu Indianern Ecuadors zu bringen, die als Aucas – »Wilde« – bekannt sind, beeinflusst wurden. Als Olives »neuer« Ehemann – so wurde ich den Aucas nach 31-jähriger Ehe vorgestellt – weiß ich klar, dass mein Leben nicht nur in Bezug auf Ehe und Familie, sondern auch geistlich von diesen Ereignissen beeinflusst wurde. Und Sie, die diese Geschichte jetzt lesen werden, werden genauso beeindruckt sein.

Diese »Erfüllung« findet über mehrere Jahrzehnte statt; vor, während und auch nach dem Versuch, die Aucas zu erreichen. Sie sind jetzt übrigens unter ihrem wirklichen Stammesnamen Huaorani bekannt. Einiges aus dieser Erzählung findet in unserer Familie statt, während Olive das Manuskript schrieb und während unseres Besuchs bei den Huaorani im Januar 1989.

Viele Freunde haben mich gefragt, wie es auf Olive gewirkt hat, diese frühen Ereignisse noch einmal zu durchleben. Natürlich denken die meisten vornehmlich an ihren schmerzlichen Verlust. Aber wie die Geschichte zeigt, gab es auch andere Zeiten, weniger traumatisch, aber auf ihre eigene Weise schmerzlich, als bei der Erinnerung Tränen kamen. Ich selbst wurde von Gefühlen übermannt, als ich am Ufer des Curaray-Flusses stand, an dem die Männer getötet worden waren. Sie werden lesen, wie diese Erinnerungen und einige Neuigkeiten von Kimo und Dawa – einem der Männer, welche die Missionare getötet hatten und seiner Frau – eine andere Perspektive des Geschehens beleuchtet haben. Sie werden verstehen, dass ich immer noch beim Denken an diese Szene sehr bewegt bin.

Einige haben uns gefragt, wie es auf uns und unsere Kinder gewirkt hat, dass Olive über ihren ersten Ehemann schrieb. Ich habe immer Ehrfurcht vor Pete gehabt. Es ist nicht leicht, mit der Witwe eines solch hingegebenen Missionars und Märtyrers verheiratet zu sein. Mir wurde noch mehr und tiefer bewusst, dass ich mit einer Frau verheiratet bin, die Gott für würdig erachtet hat, zu leiden und an einer christlichen Erfahrung von einer solchen Schwere teilzuhaben. Wenn diese Gewissheit in den Jahren unserer Ehe einmal verblasste, wurde sie sicher stark und sogar schmerzlich in den Monaten des Erinnerns und Schreibens wieder wach.

Über ihre erste Liebe zu lesen, wurde uns durch ihre aufrichtige und feinfühlige Erzählung erleichtert. Die Liebe und die Hochachtung von mir und unseren Kindern wurde durch diesen Prozess noch tiefer. Es ist keine Floskel, wenn ich sage, dass wir alles gemeinsam durchstanden. Vielleicht werden Sie das besser verstehen, wenn ich Ihnen von Olives Ringen erzähle. Als ich ihren Verlobungsring kaufte, habe ich unwissentlich einen ausgewählt, der fast identisch mit dem war, den Pete ihr gegeben hatte. Vor einigen Jahren haben wir dann durch einen befreundeten Juwelier einen neuen Ring herstellen lassen. Er hat zwei Diamanten – den von Pete und meinen.

Es mag für Olive oberflächlich gewesen sein, ihre frühere Liebe und die Erlebnisse zu überfliegen und dann schnell zu dem Geschehen mit den Aucas zu kommen. Es wäre auch eine Verdrehung des wirklichen Menschseins von Pete, Jim und ihren Begleitern, wenn man nur ihren Glauben und ihre Stärke herausstellt. Das würde man schwer ihrem Gott anrechnen, der gerade diesen Menschen einen solchen Glauben und eine solche Stärke geschenkt hat. Ich habe Olive beobachtet, als sie damit rang, gerade diese Menschlichkeit zu beschreiben und trotzdem die Demontage dieser Menschen zu vermeiden, die in der Literatur so üblich ist. Manchmal haben wir sogar über die Adjektive und Adverbien gesprochen, die diese Balance am besten ausdrücken können.

Olives größtes Anliegen – und auch meines – war es jedoch immer zu verstehen, warum diese Männer gestorben sind. Das umfasst die Gründe, warum die Aucas sich entschlossen, sie zu töten, die Frage, ob die Missionare in gewisser Weise auch dafür verantwortlich waren – manche haben gemeint, sie waren nicht ausreichend vorbereitet – und vor allem, warum Gott dies zuließ. Andere haben auch darüber nachgedacht, und manche, wie Elisabeth Elliot (Sie werden sie in diesem Buch als Betty Howard kennen lernen), haben denkwürdig über den »Willen Gottes« geschrieben.

Während unseres gemeinsamen Lebensabschnitts haben Olive und ich oft mit der Frage gekämpft, warum es geschehen durfte, dass fünf junge Männer – stark und begabt, jeder auf einem Teil des Missionsfeldes gebraucht, jeder verheiratet und jeder (außer Pete) Vater – starben. Olive klammerte sich an den Glauben, dass Gott sie darauf vorbereitet hatte – aber hatte er auch dieses Ereignis selbst vorbereitet? War es ganz und gar böse und das Werk von Dämonen oder des Teufels? War es eine bedauerliche Tragödie? Hat Gott es bewusst so veranlasst?

Viele haben versucht, es von den Ergebnissen her zu rechtfertigen. Rechtfertigen die Menge, bzw. Hunderte von Menschen, die dadurch veranlasst wurden, selbst Missionare zu werden, dieses Geschehen? Wird durch die Hunderte von Aucas, die dadurch Christen wurden, der Sinn deutlich? Rechtfertigt das Ende des gegenseitigen Tötens unter den Aucas (außer einer abgelegenen Gruppe, die sich immer noch in Finsternis befindet) diesen Verlust? Was ist mit der Tatsache, dass jeder der Männer, welche die Missionare getötet haben, Christ wurde und drei von ihnen jetzt selbst Pastoren und Evangelisten sind? Sagt all dies zu uns: »*Deshalb* musste es so geschehen«? Wenn ja, dann lautet die nächste Frage: War der unendlich weise und mächtige Gott nicht in der Lage, einen anderen Weg zu finden, als das Lebens solcher Männer zu opfern und obendrein gleich fünf von ihnen? Jedes Reden über dieses Thema ist natürlich ein Reden im Nachhinein.

Nehmen wir die Theologen und die Philosophen. Lassen wir sie bei trauernden Witwen sitzen und darüber philosophieren, ob Gott es veranlasst, dazu beigetragen, zugelassen, darauf reagiert hat oder was auch immer. Ist der Wille Gottes kalt oder die Liebe? Ist sein Wille ein unpersönliches Schicksal oder liebevolle Fürsorge? Verborgen oder klar verständlich? Zu fürchten oder anzunehmen?

Trauernde Menschen werden oft mit einem Bibelvers »getröstet«, der als Beleg sehr gut bekannt ist, Römer 8,28: »Wir wissen aber, dass denen, die Gott lieben, alle Dinge zum Besten dienen, denen, die nach dem Vorsatz berufen sind.« Ich habe das Wort getröstet in Anführungszeichen gesetzt, weil dieser Vers oft mechanisch oder unsensibel zitiert wird, und manchmal auch als Ersatz für persönlichen Trost dient. Manche meinen, ein trauernder Mensch braucht nur eine theologische Wahrheit zu begreifen. Manche denken, dass der Vers die Botschaft vermittelt, dass wir Böses immer willkommen heißen sollen oder dass Böses immer von Gott kommt und einen verborgenen Zweck erfüllen soll.

Dies sagt der Vers natürlich nicht. Er sagt auch nicht, dass alle Dinge gut sind. Er sagt nicht, dass alles direkt von Gott verursacht wird. Die Bibel nennt den Tod in Wahrheit einen »Feind« (1. Korinther 15,26) und sagt, dass Christus starb, um den Teufel zu besiegen, der »die Macht des Todes hatte« (Hebräer 2,14). Was Römer 8,28 wirklich aussagt, ist, dass Gott alle Dinge – sogar die Bösen – nehmen und für die, die ihn lieben, Gutes aus ihnen erstehen lassen kann.

Unser jahrzehntelanger Versuch, Römer 8,28 im Zusammenhang mit den Ereignissen am Curaray-Fluss besser zu verstehen, erhielt durch eine Einladung zu einer Konferenz in Kolumbien, die uns den Weg für einen Besuch in Ecuador öffnete, unerwartete Unterstützung. Diese Reise zeigte uns, wie sich die »Bestimmungen weiter erfüllten«. Aber ich überlasse jetzt den Rest dem Bericht von Olive.

WALTER L. LIEFELD

1.
DIE GESCHICHTE

Am Donnerstag den 12. Januar 1956 stand ich im Schlafraum des Hauses der Saints in Shell Mera, Ecuador, die Arme überkreuzt und die Augen auf den Major der Luftwaffe Nurnberg und den Marinehauptmann DeWitt gerichtet. Im Raum waren auch vier andere Missionarsfrauen: Marjorie Saint, Elisabeth (Betty) Elliot, Marilou McCully und Barbara Youderian. Wir versuchten, zu begreifen, was uns der Major gerade gesagt hatte – dass die Leichname unserer Ehemänner, die vermisst waren, seit sie direkten Kontakt zu den wilden Auca-Indianern hatten, im Curaray-Fluss treibend gefunden worden waren. Keiner von ihnen war schon wirklich identifiziert worden, denn die Körper waren vom Hubschrauber aus gesichtet worden, aber als er eine Beschreibung aus seinem Notizbuch vorlas, stockte mir das Herz.

»Der eine hatte einen roten gewebten Gürtel«, sagte er.

Sofort schauten die anderen vier Frauen mich an. Wir wussten es alle.

»Das ist Pete«, sagte ich wie betäubt.

Die Uhren und Ringe, die uns die Suchmannschaft ein paar Tage später brachte, beendeten unser angsterfülltes Warten. Es gab keinen Zweifel – Pete, Nate, Jim, Ed und Roger waren tot.

Während der Suche hatten wir verzweifelt gehofft, dass wenigstens einer der Männer davongekommen ist. Jedes Mal, wenn ein Weißer oder ein Feuer tief im Dschungel gesichtet wurde, hat dies einen Augenblick lang unsere Hoffnungen bestärkt. Aber in meinem Herzen wusste ich bereits bevor der Hauptmann und der Major gekommen waren, dass sie tot waren. Wenigstens war die Ungewissheit vorbei.

Und doch überwältigte mich das Gefühl des Verlustes, als die letzte Gewissheit kam. Ich wusste nun die Wahrheit, aber ich konnte die Realität dessen, was mit meinem Mann, Pete, passiert war, nicht annehmen. Ob ich zu dieser Zeit Gottes Gegenwart spürte, weiß ich nicht; ich konnte mich jedoch an die Zusagen aus seinem Wort erinnern. Während der Woche des Wartens und Hoffens hatte ich 2. Korinther 5,5 gelesen: »Der uns aber hierzu bereitet hat, ist Gott.« Irgendwie erklärte Gott mir den Aufruhr, den Pete und ich die letzten viereinhalb Jahre erlebt hatten. Er hatte nicht nur Pete auf diesen Tag vorbereitet; er hatte auch mich vorbereitet. Trotzdem schwankten meine Gefühle in den darauf folgenden Tagen von einem Extrem in das andere: Trauer über den Verlust, Vertrauen in Gottes Souveränität, Zorn auf die Männer, dass sie so ein dummes Risiko eingegangen waren, Vertrauen auf Gottes Wort und Angst, dass er mich für meinen mangelnden Glauben bestrafen würde. Meine Träume wurden zu Albträumen.

Ich verließ im März 1957 Ecuador für immer und schloss damit das Kapitel meines Lebens als Missionarin im Ausland. In dieser Zeit kämpfte ich nicht nur mit meiner frischen Trauer, sondern auch mit einem starken Gefühl der Niederlage. Die anderen vier Witwen blieben in Ecuador; Betty und Barbara gingen zurück in den Dschungel und Marj und Marilou setzten ihren Dienst in Quito fort. Betty betete bereits darum, dass Gott sie benützen möge, um die Aucas zu erreichen.

Da Missionare in jener Zeit selten das Missionsfeld verließen, haben viele zu Hause meine Entscheidung in Frage gestellt. Manche zitierten sogar den Vers: »Niemand, der seine Hand an den Pflug legt und zurückblickt, ist tauglich für das Reich Gottes!« (Lukas 9,62) Alles, was ich tun konnte, war, der Führung Gottes zu vertrauen und auf den Rat zu hören, den mir gläubige Freunde gaben. Der Gott, der mich für meine kurze Zeit mit Pete vorbereitet hatte, würde mich auch bei den nächsten Schritten führen. Obwohl ich sofort Antworten auf einige Fragen haben wollte, bekam ich sie doch nicht. Mein Trost kam aus der Schrift: »Seid stille und erkennet, dass ich Gott bin« (Psalm 46,11); »Im Stillesein und im Vertrauen liegt eure Stärke« (Jesaja 30,15). Keine großartige Offenbarung, sondern einfach die Zusicherung, dass Gott der ist, der er ist und dass ich ihm vertrauen kann.

Zusammen mit der Trauer und dem Gefühl der Niederlage kam die Realität, dass ich mit 23 Jahren verwitwet war. Was sollte ich nun tun? Wovon sollte ich leben? Die Rückkehr nach Hause half nicht: Ich hatte keinerlei Zeugnisse, weil ich mein Studium an der Universität von Washington nicht abgeschlossen hatte. Ich hatte ein bisschen Missionarsmedizin gelernt, aber das reichte nur für die Arbeit im Dschungel. Ich erinnere mich an Petes anfängliche Absicht, wegen der Gefahr, als er zu den Aucas ging, unverheiratet zu bleiben. Aber als wir einmal verheiratet waren, haben wir nicht darüber gesprochen, was ich tun sollte, wenn er einmal getötet werden würde.

Dass ich keine Kinder hatte, verstärkte noch meine Einsamkeit. Es fiel mir schwer, mit meinen verheirateten Freunden zusammen zu sein. Ihre Freude aneinander und mit ihren Kindern machte mir nur noch mehr meinen Verlust bewusst. Es war so schwer, dort weiterzumachen, wo ich drei Jahre vorher aufgehört hatte. Die lieben, wohlgemeinten Worte von Freunden, die mir sagten, dass es für mich etwas Gutes war und Gott wisse, was er tut, trösteten mich wenig.

Einige Wochen nach dem Tod unserer Männer hatten Betty und ich über Wiederheirat gesprochen und was die Bibel darüber sagt. Weil wir alle jung waren, wussten wir, dass dies eine Möglichkeit war. Aber ich war noch nicht bereit, darüber nachzudenken, wieder zu heiraten – der Schmerz war noch zu frisch. Später, als manche versuchten, mich zu beruhigen, sagten sie oft zu mir, dass Gott jemand anderen für mich hätte. Ich fand das sehr hart: Ich war immer noch frisch verheiratet, meine Ehe hatte kaum 18 Monate gedauert. Pete war für mich der einzige Mann. Wie konnte ich daran denken, jemanden anderen zu heiraten? Außerdem hatte mich die Aufmerksamkeit der Medien wie das *Life* Magazin und andere nationale Zeitungen empfindlich gegen jede Art von außergewöhnlichen Vorschlägen und Bitten gemacht. Ich erhielt einige Briefe von Männern (mit Foto!), die vollkommen überzeugt waren, dass Gott mich gerade für sie bereitet hatte. Ein Mann schrieb, er sei so sehr davon überzeugt, dass es der Wille Gottes sei, dass ich ihn heirate, dass er wisse, ich würde ja sagen, obwohl wir uns noch nie getroffen hatten.

Während ich nun mit der Realität der Witwenschaft und der Aufmerksamkeit der Medien kämpfte, erreichten mich Briefe, in denen stand, dass Hunderte von jungen Menschen von christlichen Universitäten sich entschlossen hatten, Missionare zu werden. Mir wurde gesagt, dass mein Mann nicht vergeblich gestorben war. Ich versuchte, Gott dafür zu preisen, dass er im Leben dieser jungen Menschen wirkte. Ich sagte zu mir selbst, dass dies das war, worauf wir gehofft hatten. Aber innerlich wunderte ich mich, dass »Ergebnisse« wie diese den Tod von Pete irgendwie weniger sinnlos machen sollten. Ich begann, unsere menschliche Auffassung vom Willen Gottes zu hinterfragen. Wir wollten alle in diesem Geschehen irgendeinen Sinn sehen, aber ohne Gott einen Fehler zuzuschreiben. Es war sein Wille, so sagten wir es alle. Deshalb bedeutete es, wenn Gott Jim und Pete und die anderen jeden Schritt dieses Wegs geführt hatte, dass *alles* nach seinem Willen geschehen war – ohne jeden Fehler. Etwas störte mich an dieser Logik. Ich konnte diese Lösung, dass ihr Tod der Wille Gottes war, nicht akzeptieren. Wenn dem so war, dann erschienen mir die Taten Gottes – wenn es wirklich seine waren – hart und hohl.

Obwohl die meisten Menschen mitfühlend auf diese Tragödie reagierten, taten es viele nicht. Manche sagten, es war eine absolute Sinnlosigkeit. Aber ich fragte mich, ob diese Menschen es auch für sinnlos hielten, sein Leben bei irgendwelchen Abenteuern, wie der Besteigung des Mount Everest, zu riskieren. Andere sagten, den Männern sei recht geschehen, weil sie sich aufdrängten, wo sie nicht erwünscht waren. »Lasst diese Menschen in Ruhe«, sagten sie. »Zerstört nicht ihre Kultur.« Sogar einige Missionare murrten, dass die Aucas und die fünf Witwen so viel Aufmerksamkeit bekamen, dass ihr eigener Dienst bei Unterstützern zu Hause in Vergessenheit geriet. Was die guten und die schlechten Reaktionen anbetrifft, so schien Gott sie in der Waage zu halten. Hatten wir es nötig, die Taten Gottes mit den Ergebnissen zu rechtfertigen? Was ist, wenn die Aucas sich nie bekehren würden? Würde der Tod von fünf Männern je gerechtfertigt werden?

Inzwischen schien sich die große Zahl der jungen Menschen, die angeblich in die Mission »gerufen« worden waren, aufzulösen. Versprechen wurden vergessen. Entgegen dem, was wir gehört hatten, gingen keine Scharen von jungen Missionaren in den Dschungel von Ecuador, um die fünf Männer zu ersetzen. Ich blieb zurück mit meinen Fragen. Warum nahm Gott fünf erfahrene Männer aus der Arbeit, für die er sie vorbereitet hatte? Sein Wille schien unvernünftig zu sein, ohne jede Fürsorge. Aber wie konnte ich überhaupt Gottes Gedanken und sein Ziel verstehen?

In Ecuador hatten einige der Missionare, die geblieben waren, einen zweiten Versuch unternommen, durch Geschenke aus der Luft eine Freundschaft zu den Aucas aufzubauen. Dann, Ende 1957, kam es zu einem großen Durchbruch: Zwei Aucafrauen erschienen auf einer Quichua-Siedlung. Nur ein Jahr später lebten Betty Elliot, ihre kleine Tochter Valerie und Rachel Saint (Nates Schwester) tatsächlich bei den Aucas – eine Erhörung vieler Gebete. (Wenn Sie eine gute Sicht dieser Periode in der Geschichte der Aucas haben möchten, dann lesen Sie *The Dayuma Story,* von Ethel Emily Wallis und *The Savage, my Kinsman,* von Elisabeth Elliot.) Gottes Plan für die Aucas schien sich zu entfalten. Die Welt lernte die Aucas von einer anderen Seite kennen, als das *Life* Magazin ein Aucadorf besuchte, um die Geschichte weiter zu verfolgen und sie diesmal durch Bettys Augen beschrieb.

Während der nächsten Jahre schrieb Betty den anderen vier Witwen treu jede Information, die sie über die Aucas bekommen konnte. Wir wollten alle bloß wissen, was in ihren Köpfen vorgegangen war, als sie unsere Männer trafen. Warum waren die Indianer zuerst so freundlich – wie es unsere Männer über Funk mitgeteilt hatten – nur um sich dann plötzlich zu erheben und sie zu töten? Als Betty besser die Sprache der Aucas lernte, gelang es ihr, mehr Stücke von dem, was geschehen war, zusammenzusetzen. Sie erfuhr, dass die Aucas fälschlicherweise angenommen hatten, dass unsere Männer Kannibalen seien und sie dann aus Furcht getötet hatten.

Als für die Aucas eine neue Zeit begann, bewegte sich auch mein Leben in eine neue Richtung. 1958 reiste ich nach Schroon Lake, New York, um einen Sommer lang im Wort des Lebens Camp mitzuhelfen, dann blieb ich diesen Herbst als Sekretärin des Präsidenten des Shelton Colleges, einer kleinen christlichen Schule im nördlichen New Jersey. Auf einem Wochenende zuhause traf ich einen Mann namens Walter Liefeld, der der Vorsitzende der Ehemaligenvereinigung der Schule war. Ich hatte noch nie von ihm gehört, aber er sagte, dass er mich kenne. (Ich habe später erfahren, dass er um eine Gelegenheit gebetet hatte, mich zu treffen.) Diesen Herbst hörte ich seinen Namen im Zusammenhang mit mehreren Diensten in New York. Er hatte für die christliche Studentenvereinigung gearbeitet und hielt für sie immer noch in Kirchen und auf Konferenzen Vorträge. Er machte in dieser Zeit an der Columbia Universität seinen Doktor der Philosophie. Etwas an ihm interessierte mich. Einmal schrieb er mir einen kurzen Brief mit einigen Dingen, die ich hatte wissen wollen. Er fügte ein Postskriptum an, das besagte: »Das müssen Sie nicht unbedingt beantworten.« Wegen der verrückten Anträge, die ich vorher von manchen Männern erhalten hatte, entschloss ich mich, vorsichtig zu sein und seinen Brief nicht zu beantworten. Ich erwartete nicht, ihn noch einmal zu sehen.

Glücklicherweise irrte ich mich. Unsere Wege kreuzten sich wieder in der letzten Dezemberwoche. Unsere Freundschaft war aufrichtig und unkompliziert. Es dauerte nicht lange, bis ich bemerkte, dass Walt mich liebte, bei der Art, wie er mich ansah, seiner Freundlichkeit gegenüber mir und durch seine häufigen Anrufe. Seine Liebesbeweise waren offen, überzeugend und unbeholfen. Ich hatte das Gefühl, schon ein ganzes Leben gelebt zu haben und zu wissen, was mir wichtig war. Walt und ich hatten beide ein gesundes Verständnis von Führung und Zielen. Nach dem Tod von Pete hatte ich mich gefragt, ob ich jemals jemand anderen lieben könnte. Nun wurde mir klar, dass ich es konnte. Im Februar erkannten wir beide, dass Gott uns zusammengeführt hatte.

Im März 1959 gab Sam Saint, der älteste Bruder von Nate, unsere Verlobung auf einem Treffen des Rates von Wort des Lebens bekannt. Im Juni heirateten wir mit einem stillen, kleinen Traugottesdienst. Wir erhielten drei Angebote, wo wir kostenlos unsere Flitterwochen verbringen konnten, und nahmen glücklich zwei an: Florida und die Bahamas. Viele Christen auf den Bahamas wussten von mir, weil sie die Berichte über den Tod der fünf Männer auf

Radio HCJB aus Ecuador verfolgt hatten. Für sie war ich immer noch Olive Fleming, während Walt ihnen völlig unbekannt war. Sie hießen uns beide warmherzig willkommen, aber ich erhielt natürlich die meiste Aufmerksamkeit. Wir kamen sogar auf die Titelseite der Zeitung in Nassau mit der Schlagzeile: MISSIONARE FEIERN IHRE FLITTERWOCHEN.

Die ersten fünf Jahre unserer Ehe übernahm Walt einen Dienst in der Sea Cliff Chapel in Long Island, New York. Hier wurden unser Sohn David und unsere Tochter Beverly geboren. Als Walt einen Lehrstuhl für Neues Testament an der Trinity Evangelical Divinity School annahm, zogen wir nach Deerfield, Illinois. Unser drittes Kind, Holly, kam ein paar Jahre später. Obwohl Walt früher davon geträumt hatte, im Ausland zu lehren, fand er doch große Erfüllung darin, viele junge Männer und Frauen auszubilden, die später in christliche Dienste im Ausland und zu Hause gingen. Er hatte auch viele ausländische Studenten, die dann in ihre Länder als Evangelisten, Pastoren und Bibellehrer zurückgingen.

Als Walts Dienst zunahm, wurde ich in seine Arbeit und die Arbeit mit den Studentenfrauen miteinbezogen. Unser reiches gemeinsames Leben und unser Dienst und das Geschenk von drei wundervollen Kindern erfüllte mein Herz mit Dankbarkeit gegenüber Gott. Ich fühlte mich wie Hiob, der nach all seinen Schwierigkeiten alles doppelt wieder erhielt, was er gehabt hatte (Hiob 42,10). Mein Ruf als die Witwe von Peter Fleming rückte in den Hintergrund. Aber obwohl mir meine Vergangenheit mehr wie eine Reihe von Träumen erschien – manche schön, andere tragisch – vergaß ich sie doch nie.

Als die Jahre vergingen, versuchte ich weiter, die Situation bei den Aucas im Blick zu behalten. Durch die Pionieranstrengungen von Betty Elliot, Rachel Saint und anderen hatten viele dieser früher gefährlichen Menschen ihre Lanzen niedergelegt und sich zu Christus bekehrt. Gelegentlich wurde etwas darüber in den Medien berichtet. 1968 brachte Rachel zwei Stammesangehörige der Auca mit in die Vereinigten Staaten, und ich hatte das bedrückende Privileg, Kimo gegenüberzutreten – einem der Männer, die Pete getötet hatten. Er war Christ geworden. Mitte der 70er-Jahre hatte ich bis auf ein paar spärliche Nachrichten die Entwicklung bei den Aucas aus den Augen verloren. Aber ich betete weiter für sie und hoffte, dass ich sie eines Tages besuchen könnte, diese Menschen, die den Lauf meines Lebens so dramatisch verändert hatten.

Dieser Tag kam schließlich am 12. Januar 1989, genau 33 Jahre, nachdem ich von Petes Tod erfahren hatte. Mit Walt und unserer zwanzigjährigen Tochter Holly stand ich das erste Mal an dem, was von »Palm Beach« übriggeblieben war, genau dem Ort am Curaray-Fluss, wo die Männer getötet worden waren. Kimo und seine Frau Dawa und Rachel Saint waren unsere Führer.

Über die Jahre war ich ermutigt worden, Petes Geschichte niederzuschreiben. Ich fragte mich nicht nur nach den Sinn einer solchen Geschichte nach all den Jahren, sondern ich wusste auch, dass seine Geschichte meine Geschichte war mit all meinen Erinnerungen. Ich rang mit dem Gedanken, die Gefühle aus meiner ersten Ehe und die Fragen und Zweifel, die mit der Witwenschaft kamen, offen zu legen. War ich bereit zu einer solchen Art von Öffnung und war dies wirklich fair gegenüber Walt und den Kindern? Wir sahen alle den Nutzen, und deshalb ermutigten sie mich, es zu schreiben. Walt gab dem Vorhaben nicht nur seinen Segen, sondern bot mir auch unschätzbare Hilfe und Unterstützung.

Außer einer Flut von Erinnerungen brachte die Reise nach Ecuador uns noch weitaus mehr Erklärungen, als ich je gedacht hatte. Ich bekam nicht nur einen völlig neuen Blick für die Anstrengungen von Pete, die Aucas zu erreichen, sondern erfuhr auch vorher für mich unbekannte Informationen über die Ereignisse um seinen Tod herum. Diese Details gaben der Geschichte eine dramatische, übernatürliche Dimension. Ich kehrte nach Hause zurück mit einem Schluss für den Bericht und einem Grund, über Pete zu schreiben.

Was nun folgt ist ein Bericht über Pete Flemings Leben mit mir, über Jim Elliot, unsere Familien und unsere Freunde, wie wir gemeinsam darum rangen, den Willen Gottes zu verstehen – sogar im Angesicht des Todes. Ich beschreibe auch meine Rückkehr zusammen mit Walt und Holly an den Ort, wo die fünf Männer getötet worden waren und die bestürzenden und doch wunderbaren Dinge, die wir dort erfahren haben. Wenn auch das Schreiben dieses Buches mir half, viele meiner eigenen Fragen zu beantworten, so glaube ich doch, dass es einen anderen Zweck erfüllen soll und für einen größeren Kreis von Menschen bestimmt ist. Es wird die interessieren, welche die immer noch weitergehende Handlung einer der fesselndsten Geschichten von Missionaren in diesem Jahrhundert verfolgt haben. Aber was das Wichtigste ist: Ich glaube, dieser Bericht wird denen einen Einblick geben, die versuchen, Gottes Ruf in den Dienst zu verstehen (oder anderen helfen möchten, ihn zu verstehen).

Wenn ich Petes Geschichte erzähle, hoffe ich zu zeigen, dass trotz Jims und seines Idealismus und ihrer zielstrebigen Hingabe an Gott die Entscheidungen, die sie im Verlauf ihres Dienstes trafen, selten klar und deutlich waren. Sie bemühten sich, den Willen Gottes zu erfahren und zu tun, aber oft wussten sie nicht genau, was sein Wille war. Manchmal kämpften sie mit Zweifeln, Entmutigung und Gefühlen des Versagens. Sie machten Fehler. Sie waren sich in manchen Dingen nicht einig. Manchmal befolgten sie den Rat von anderen und manchmal nicht.

Ich teile ihre menschlichen Kämpfe nicht mit, um die verrückte Neugier von manchen zu befriedigen oder das geistliche Format dieser Männer zu schmälern. Ich glaube im Gegenteil, dass ihr Glaube und ihre Entschlossenheit dadurch noch deutlicher zu Tage treten. Sie hatten die gleichen Fragen über Gottes Berufung und ihre Folgen, die wir alle haben. Sie hatten mit menschlichen Leidenschaften und ihrer geistlichen Leidenschaft zu tun, mit romantischer Liebe und mit christlicher Liebe, Leid und Schmerz. Kurz, Pete Flemings Leben gleicht dem Leben von all denen, die Gott vertrauen und ehrlich seine Führung für ihr Leben suchen. Sich ganz Gott hinzugeben, ist niemals einfach; der Weg liegt selten klar vor uns. Aber vielleicht wirft ein genauer Blick auf Petes Leben, seine Beziehung zu mir, Jim Elliot und den anderen Missionaren etwas Licht auf den geheimnisvollen Prozess, den Willen – und die Berufung – Gottes zu erkennen.

2.
DER »VERKOPFTE« PETE

Sonntag für Sonntag saß in der Brüderversammlung von Seattle, in die wir beide gingen, vor mir das jüngste von drei Kindern, der vielleicht am besten an seinen Initialen, P. S., Peter Sillence Fleming, zu erkennen war. Ich sah jede unbeherrschte Bewegung. Wir kannten uns zwar schon seit langer Zeit, aber Pete war drei Jahre älter, und der Altersunterschied verhinderte zuerst eine tiefere Freundschaft. Er ging gewöhnlich nach dem Gottesdienst mit seinen Freunden weg, während ich bei meinen Eltern blieb. Meine größten frühen Erinnerungen sind deshalb nicht so sehr an Pete, sondern mehr an seinen humorvollen Vater, Kenneth, der mich erbarmungslos neckte. Petes Mutter, Greta, hatte dagegen eine ruhige und nette Ausstrahlung. Sie teilte ihre Liebe zu Büchern mit ihren Kindern; Kenneth teilte mit ihnen seine Liebe zur englischen Sprache. Beim Abendbrot machte der Vater mit den Kindern Spiele, bei denen sie Worte bilden mussten. Er wollte seinen Kindern die Bedeutung und den richtigen Gebrauch von Worten beibringen. Als Folge lernten sie, ihre Sprache eindrucksvoll zu beherrschen. (Pete war später ein unschlagbarer Gegner beim Scrabble. Erst als er später in Ecuador Betty Howard traf, fand er seinen Meister.)

Etwas Weiteres, was Pete von seinen Eltern mitgegeben wurde, war eine tiefe Liebe zur Musik. Ihm gefiel es sehr, die alten Glaubenslieder zu singen und klassische Musik zu hören. Jeden zweiten Samstagabend luden die Flemings über Jahre hinweg junge Leute aus der Gemeinde in ihr großes viktorianisches Haus in Queen Hill ein, um mit ihnen zu singen. Alle Alleinstehenden (aus der High School und älter) waren willkommen – ohne Rücksicht auf ihre Gesangsqualitäten. Kenneth Fleming gelang es oft, aus diesen ungeübten Stimmen eine feine Gruppe von Sängern für den Sonntagabend-Gottesdienst zu machen. Ich freute mich, zu dieser Gruppe zu stoßen, als ich auf die High School kam.

Auch als dieser zappelnde Junge in der Kirchenbank Jugendlicher wurde, hielt seine Ruhelosigkeit während des Gottesdienstes an. Seine Mutter stellte nun in ihrer Weisheit Pete und seinen älteren Bruder Ken vor die Wahl: Entweder sollten sie im Gottesdienst still sitzen, oder nach der Sonntagsschule nach Hause gehen und das Essen vorbereiten. Ich war neidisch, dass Pete gehen durfte, während ich das durchhalten musste, was für die meisten von uns Kindern ein langweiliger Gottesdienst war.

Wenn Pete und ich im Zeitalter der Computervermittlung gelebt hätten, wären wir wohl nie zusammengekommen, ja, hätten uns wahrscheinlich nie getroffen. Obwohl wir in der gleichen Gemeinde aufwuchsen und den gleichen persönlichen Glauben an Christus bekannten (er war im Alter von zwölf Jahren durch einen blinden Evangelisten und ich mit zehn in einem christlichen Ferienlager zum Glauben gekommen), hätten unsere Ausdrucke gezeigt, dass wir sehr wenig gemeinsam hatten.

Mein Hintergrund bot keinen Raum für die Liebe zur Literatur und zur Musik, wie Pete sie hatte. Meine Eltern, Olive und Alex Ainslie, waren in einer sehr konservativen Brüdergemeinde in Kanada aufgewachsen und lasen nur die Bibel und Bücher, die sich auf die Bibel bezogen. Ich ging als Kind nie in eine Bibliothek, deshalb las ich nur die Bücher, die ich durch die Schule bekam. Meine Mutter ermunterte mich, Klavierunterricht zu nehmen, aber ich merkte schnell, dass meine Eltern klassische Musik weder verstanden noch schätzten. (Die kleine Gemeinde aus der Kindheit meiner Mutter verbat den Gebrauch von Instrumenten im Gottesdienst und riet allgemein von jedem Musizieren ab.) Ich glaube, meine Mutter wünschte sich, dass ich die Möglichkeit habe, zu musizieren, die sie nie hatte, aber sie hat mich nie sehr stark ermutigt. Außerdem wollte mein Vater, dass ich nur Kirchenlieder spiele, nicht Bach oder Beethoven oder die populären Lieder, mit denen ich übte. Ihre Haltung frustrierte mich und meinen Klavierlehrer mochte ich überhaupt nicht, deshalb hörte ich auf.

Mein Vater war ein praktischer Mensch, mit beiden Beinen auf der Erde, der sich um Menschen kümmerte und vor allem versuchte, ihnen die Liebe Christi nahe zu bringen. Als Auslieferer einer Bäckerei kannte er seine Kunden persönlich und erzählte vielen von ihnen von seinem Glauben. Sie kamen zu ihm nicht nur wegen des Brotes, sondern auch wegen seiner seelsorgerlichen Fürsorge. Er war immer für Menschen da, die ihn brauchten. Als er z. B. bemerkte, dass einer seiner Kunden auf dem Land keine Kirche in der Nähe hatte, zu der er gehen konnte, begann er zusammen mit meiner Mutter mehrere Sonntagsschulklassen für die Kinder in diesem Bereich. Meine Mutter war auch Gastgeberin für einen Bibelkreis in der Nachbarschaft und war immer bereit, unser Haus für andere zu öffnen.

Eines Jahres bekam mein Vater an Heiligabend spät einen Anruf von einer besorgten Kundin, die nicht wusste, wo sich ihr alkoholkranker Mann befand. Sofort zog mein Vater los und fuhr alle Kneipen ab, um den Mann zu suchen, der eigentlich Weihnachten bei seiner Familie hätte sein sollen.

Mein Vater liebte die Außenstehenden und er gab diese Liebe an mich weiter. Er brachte mir jede Art von Sport bei – Schlittschuhlaufen, Reiten, Schwimmen, und meinen Lieblingssport, Skilaufen. Kurz gesagt, Pete und ich hatten beide liebevolle, christliche Eltern, die uns und anderen Menschen ein gottesfürchtiges Leben vorlebten. Der Hauptunterschied war, dass Pete weitaus mehr Zugang zu »säkularem« Wissen und »säkularer« Kultur hatte, als ich.

Als Pete sechzehn war, starb plötzlich seine Mutter – ein großer Schock für seine Familie und ihre Freunde. Es war eine schwierige Phase im Leben von Pete, ich erkannte dies allerdings erst Jahre später. Von Petes Klassenkamerad Evan Cochrane weiß ich, das Petes Glaube in dieser Zeit auf seine Freunde an der Queen Ann High School einen großen Eindruck gemacht hat. Zu ihrem großen Erstaunen, erschien Pete genau einen Tag nach dem Tod seiner Mutter in der Schule. Als er gefragt wurde, warum er gekommen war, sagte er: »Als Mensch fühle ich mich sehr unglücklich und spüre den Verlust, aber mein Gott kann mich geistlich stärken und ich weiß, dass es nur eine Frage der Zeit ist, bis ich meine Mutter im Himmel wiedersehe.«

Während Petes Jahren auf der High School hat ein Mann sein Wachstum als Christ am tiefsten beeinflusst. Sein Name war Lorne

Sanny, der nach Seattle kam, um eine relativ junge christliche Organisation zu führen – die Navigatoren. Pete nahm an einer Bibelstudiengruppe teil, die Lorne für die christlichen Jungen auf der High School begonnen hatte. Als sie gemeinsam die Bibel studierten und Verse auswendig lernten, erkannte Pete die Wichtigkeit des persönlichen Bibelstudiums. Er wurde in seinem Leben disziplinierter und hatte bald Hunderte von Versen gelernt. Sein Leben gewann Tiefe und Sinn und er wurde eifriger dabei, seinen Freunden von Jesus zu erzählen.

Obwohl Pete viel über seinen christlichen Glauben sprach – vor allem wegen der Ermutigung von Lorne Sanny – hielten ihn seine Klassenkameraden nicht für einen Fanatiker. Sie achteten ihn und behandelten ihn wie jeden anderen Jungen. Ohne Zweifel halfen Petes sportliche Qualitäten ihm dabei, sich diesen Respekt zu verdienen. Egal, um welchen Sport es sich handelte – Basketball, Baseball, Tischtennis, Tennis oder Golf – er spielte engagiert und er spielte, um zu gewinnen. Für seine Leistungen im Golf bekam er in der Schule eine Ehrenurkunde und wurde schnell gefragt, ob er Andachtsleiter des »Boy's Club«, einer Gruppe von Urkundengewinnern aus verschiedenen Sportarten, die bei den Gemeinschaftsereignissen an der Schule aufgeführt wurden, werden wollte. Zuerst zögerte er, diese Position anzunehmen. Er machte sich Sorgen, ob andere Christen an der Schule ihn missverstehen würden. Aber weil er den tiefen Wunsch hatte, dass Gott sein Leben benutzen würde, um die anderen Schüler zu erreichen, nahm er das Angebot schließlich an. Von nun an eröffnete Pete jedes Treffen des »Boy's Club« mit Gebet. Eines der Mitglieder hat sich später erinnert, wie ernst und treffend seine Gebete waren und dass Gott sie benutzt hat, um viele dieser jungen Männer mit Christus in Kontakt zu bringen.

Zu Beginn des Schuljahres 1946 an der High School sprach Pete über das Thema »Ein Fundament haben«. Die Erinnerung an den Zweiten Weltkrieg und die Atombombe waren für alle noch sehr frisch. In einer Welt, die vom Krieg verwüstet ist, einer Welt, die Sicherheit inmitten eines unsicheren Friedens sucht, so sagte Pete, ist ein starkes Fundament nötig – und das könne in der Bibel gefunden werden.

Pete war während seiner High School Zeit auch bei Jugend für Christus engagiert. Jetzt 18 Jahre alt und bemüht, seinen Weg auf dem riesigen Campus der Universität von Washington zu finden, wurde Pete von dem neuen Bereichsleiter von Jugend für Christus, Willis Shank, geholfen. Zu Petes Erstaunen hatte Willis immer Zeit, mit ihm zu reden, egal, wie beschäftigt er war oder wie klein Petes Problem war. Willis hatte auch großes Geschick, junge Menschen zusammenzubringen und sie eine schöne Zeit erleben zu lassen. Eines Abends saß Pete gefesselt da, als Willis seine außergewöhnlichen musikalischen Fähigkeiten bewies, indem er theatralisch ein Saxofon blies, Melodien auf Wassergläsern klopfte, Musik auf einer Säge machte und (Petes Lieblingsstück) auf einer »Violine« Lieder kratzte, die aus einem lädierten Ölkanister gefertigt war – alles zum Vergnügen der anwesenden jungen Leute.

Einmal hat Pete Willis gefragt, ob er ein Basketballteam unterstützen könnte, das er mit einigen Freunden gebildet hat. Seine Antwort? Er hatte bereits dafür gebetet, eine Basketballmannschaft von Jugend für Christus aufstellen zu können und er würde ihnen gerne helfen. »Es übertraf meine kühnsten Träume«, schrieb Pete später. »Ausrüstung, Trikots, Aufwärmtraining, Jacken und große Spiele.«

Ein Jahr später war Willis Shank tot, ein Opfer eines Flugzeugabsturzes auf einem Flug nach Alaska, wo er eine Mission hatte einweihen wollen. Pete verlor einen engen Freund und Mentor. In seiner Trauer schrieb er die Arten auf, wie Willis ihm und anderen in diesem einen kurzen Jahr gedient hatte: »Sein Lächeln und sein wacher Verstand verschafften ihm viele Freunde, und seine Schauspielkunst und die Fähigkeit, zu führen, waren die Speerspitze seiner Zusammenkünfte.« Als er sich daran erinnerte, wie Willis all die verrückten Instrumente spielte, schrieb Pete:

> In dieser Nacht habe ich zu Hause gedacht, dass sein Leben dem größten Dienst in der Welt geweiht war: Ein Freund von jungen Kerlen zu sein, die sonst keine Freunde hatten ... Er war nie zu beschäftigt, um sich Zeit für einen Freund zu nehmen. Ich konnte in seinem Büro

> sitzen und stundenlang mit ihm reden, obwohl sich auf seinem Schreibtisch die unerledigte Arbeit stapelte. Aber was das Beste war: Er half mir nicht nur, sondern führte mich auch zu dem Freund, der uns näher ist als ein Bruder. Ich habe seitdem oft gedacht, dass die amerikanische Jugend nicht mehr Jugendorganisationen, sondern mehr Freunde braucht – Freunde wie Willis Shank. Jeder junge Mensch wird eine kalte Straße verlassen, wenn er ein warmes Herz findet.

Lorne Sanny und Willis Shank haben viel mehr getan, als Pete einfach Gottes Wort zu lehren und ihn im Bibelstudium anzuleiten. Sie hatten sich selbst in sein Leben eingebracht und so ein wichtiges Vorbild gegeben.

Das Leben und Lernen an einer nichtchristlichen Universität stellte Petes Glauben auf die Probe. Er schrieb sich in Philosophie ein, ein Fach, für das zu jener Zeit wenige Christen eine biblische Perspektive formuliert hatten. Die intellektuelle Herausforderung brachte ihn dazu, seinen christlichen Glauben zu hinterfragen und zu prüfen. Als er in der Schrift forschte, um Einblick zu erhalten, entdeckte er, dass er biblische Wahrheiten nicht aufzugeben brauchte; stattdessen konnte er seinen Glauben sogar noch standhafter leben. Als er erkannte, dass er die Unterstützung von anderen christlichen Studenten brauchte, ging er zu der Studentengruppe der christlichen Gemeinschaft an seiner Universität. Schließlich leitete er die Gruppe und eine wöchentliche Bibelstudiengruppe. Als sie die Schule absolvierten, bildeten Pete und mehrere seiner Freunde ein Seminar, um die Schrift und Theologie zu studieren. Jeder brachte in die Gruppe ein Papier ein, das gelesen und diskutiert wurde. Die Wechselwirkung und die enge Gemeinschaft in dieser Gruppe regte das Leben und Denken als Christ bei Pete erheblich an.

Pete war auf dem Campus in seinem Element. Und je mehr er aus erster Hand sah, wie nötig dort ein christliches Engagement war, desto mehr begann er darüber nachzudenken, den Dienst auf dem Campus als Lehrer für englische Literatur fortzusetzen. Er hatte bereits den Einfluss von einer christlichen Englischprofessorin bemerkt, und er hatte das Gefühl, dass noch mehr solche Leute nötig waren, um jungen Christen wirklich zu helfen.

Weil ich drei Jahre jünger war, bemerkte ich diese Entwicklung im Leben von Pete kaum. Als ich in der High School anfing, hatte Pete bereits an der Universität in Washington sein Studium begonnen. Wir gingen jedoch immer noch in den gleichen Jugendkreis, in dem sowohl High-School-Schüler als auch College-Studenten waren. Meine Freunde und ich hatten das Gefühl, dass viele dieser Studenten – die weit zahlreicher waren als wir – langweilig, snobistisch und allzu »geistlich« waren. Wir zögerten damit, unsere Freunde in diesen Jugendkreis mitzubringen, weil wir befürchteten, dass jemand sie zu einem Gespräch über »Erlösung« nötigen könnte.

Während viele der College-Studenten als übertrieben »geistlich« erschienen, wirkte Pete auf uns als »supergeistlich«. Er war einer der Leiter des Kreises und er studierte Griechisch. Wir merkten alle, dass er uns intellektuell weit überlegen war. Die Älteren achteten ihn, aber wir hielten ihn alle für einen »verkopften Typen« der keinerlei Spaß verstand. Einmal wurde uns gesagt, dass Pete gegen Schlittschuhlaufen war; das bestärkte nur unsere Sicht von ihm. Zu dieser Zeit haben die Kinder in meiner Altersgruppe damit gerungen, was es heißt, ein engagierter Christ zu sein. Wir sträubten uns gegen den engen Lebensstil, den unsere Eltern, die Gemeinde und die Leiter unserer Jugendgruppe von uns verlangten. Unsere Folgerung war, dass Freude und Geistlichkeit nicht zusammenpassten. Wir hatten keinen blassen Schimmer, was »Geistlichkeit« hieß; aber was auch immer es war, wir wollten es nicht.

Trotz all dem haben wir jungen Leute es geschafft, zusammen Spaß zu haben. Alles andere wäre unmöglich gewesen mit Seattle und dem Nordwestufer des Pazifik als Tummelplatz. Im Westen lagen Puget Sound mit seinen zahlreichen Inseln; im Osten eigneten sich große Seen perfekt für alle Arten von Wassersport. Und wem dies nicht genug war: Der Mount Rainier und der Mount Baker waren nur wenige Autostunden entfernt. Unsere Gruppe kostete die wunderschöne Landschaft voll aus, fuhr im Sommer Wasserski oder wanderte, und lief im Winter tagelang Ski. Ich war passionierte Skiläuferin; Pete war ein begeisterter Wanderer.

In all dieser Zeit war ich an einer »Beziehung« zu Pete nicht interessiert, und ich war auch zu jung, um eine solche aufzubauen, selbst wenn ich gewollt hätte. Ich sah ihn selten bei gesellschaftlichen Ereignissen – vielleicht, weil er studierte. Wie auch immer, er brachte verschiedene Mädchen von der Universität mit in die Gemeinde, und ich konnte jede von ihnen von meiner Sicht aus der Reihe hinter ihm beurteilen. Für eine Weile schien es, als würde er sich ernsthaft mit einem Mädchen verabreden. Ich dachte, sie würde zu ihm passen, weil sie wie eine Intellektuelle aussah, aber bald darauf hörten sie auf, sich zu treffen und ich sah sie nie wieder.

Einige Zeit, nachdem diese »echte« Freundin weg war – genauer gesagt, an meinem sechzehnten Geburtstag – nahm Pete das erste Mal von mir Notiz. Meine Eltern hatten spontan eine Gruppe von Studenten sonntags zum Mittagessen eingeladen, wie sie es oft nach dem Gottesdienst taten. Sie waren alle älter als ich und keiner war ein engerer Freund von mir, aber Pete war dabei, zusammen mit seinem Bruder Ken und Kens Freundin Helena. Während des ganzen Besuchs neckte Pete mich gutmütig. Während wir das Geschirr spülten, versuchte er öfter, ein nasses Geschirrtuch nach mir zu werfen, um eine Reaktion von mir zu bekommen. Obwohl mir seine Aufmerksamkeit gefiel, fühlte ich mich schüchtern und sprach wenig.

Später am Nachmittag erwähnte jemand, dass ich stricken könnte und für meinen Vater ein paar Socken gestrickt hatte – etwas, das ein Mädchen in jener Zeit normalerweise für ihren Freund machte. Pete lebte auf.

»He, und was ist mit mir?«, sagte er und schaute in meine Richtung. »Ich könnte auch ein paar Socken gebrauchen. Schau nur, meine sind voller Löcher.«

Er machte so ein klägliches Gesicht und ich konnte nicht beurteilen, ob er mich immer noch neckte oder nicht. Binnen kurzem stimmten die anderen zu und legten für Pete gute Worte ein, was meine Verlegenheit noch steigerte. Schließlich stimmte ich mit rotem Kopf zu, ihm ein paar karierte Socken zu stricken. Pete lehnte sich lächelnd zurück und schien sehr zufrieden mit sich selbst. Ich muss zugeben, dass ich den Nachmittag wirklich genoss. Wann immer ich Pete von da an sah, fragte er mich nach meinem Fortschritt mit den Socken. Es gab uns ein Gesprächsthema und ich genoss wirklich seine Aufmerksamkeit.

Einige Monate nach dieser »Sockenepisode«, unternahm unsere Jugendgruppe am Gedenktag für die Gefallenen ihre jährliche Wanderung in den Cascade Mountains. Während alles um einen Platz in den verschiedenen Autos rangelte, wurde ich auf einen Rücksitz zusammen mit Pete manövriert. Er verhielt sich jetzt ganz anders als an jenem Sonntag bei mir zu Hause. Die ganze Fahrt zu den Bergen sagte er kaum ein Wort – er neckte mich nicht einmal. Alles, was er sagte, war, dass er starke Kopfschmerzen habe. Ich dachte, wir würden nie ankommen. Ich fragte mich, ob er mir böse war, weil (wie er glaubte) ich diese Sitzordnung arrangiert hatte, um bei ihm zu sein. (Selbst wenn das so gewesen wäre, so hatte er sicherlich die Sache mit den Socken arrangiert.) Vielleicht machte er sich Sorgen, dass uns seine Freunde nun zusammen gesehen hatten, und er wollte nicht, dass ich mir Hoffnungen machte. Wie ich da so saß und zu verstehen versuchte, was falsch gelaufen war, kam ich zu dem Schluss, das ich mit sechzehn bestimmt zu jung für diesen gescheiten Kerl von der Universität war.

Petes Benehmen an jenem Tag im Auto erwies sich dann aber mehr als die Ausnahme von der Regel. Die meiste Zeit, wenn wir uns in der Jugendgruppe oder in der Gemeinde sahen, erwies er mir Aufmerksamkeiten, wenn auch normalerweise neckisch. Wir haben uns ein paarmal gelegentlich verabredet, aber ich nahm das Ganze nicht ernst – trotz des Klatsches, den die Gruppe über »uns« begann. Meine Skifreunde foppten mich, dass Pete und ich doch so absolut verschieden seien. Sie konnten sich nicht vorstellen, dass man mit Pete zusammen irgendwie Spaß haben konnte. Ich stimmte zu. Er war mir intellektuell überlegen und wahrscheinlich auch reifer und geistlicher. Schließlich hatte ich gerade auf der High School angefangen, während er bereits lange auf der Universität war. (Er hatte das Sommersemester mit der Absicht begonnen, in drei Jahren zu absolvieren.) Eine andere Freundin sagte zu mir, ich sei nicht geistlich genug für Pete, aber ich wusste, dass sie dies sagte, weil sie selbst an Pete interessiert war. Pete musste wahrscheinlich ähnliche

Sticheleien von seinen Freunden ertragen. Das waren alles die üblichen Neckereien in christlichen Jugendgruppen.

Wie ich so darüber nachdachte, ob eine Beziehung zu Pete in Frage kommt, wurde mir etwas anderes bewusst: Letzten Endes war es nicht so wichtig, was wir gemeinsam hatten – Sport, Musik, Intellekt. Was wirklich wichtig war – so wurde es mir klar – war, dass er sich entschlossen hatte, ganz und gar Jesus zu folgen, und ich das irgendwie so nicht sagen konnte. Er hatte bestimmte Wertvorstellungen und Meinungen darüber entwickelt, was es heißt, ein Christ zu sein und hatte sich entschlossen, danach zu leben. (Ich habe z. B. später erfahren, dass Pete das Schlittschuh laufen nicht deshalb aufgegeben hatte, weil er es grundsätzlich für falsch hielt, sondern weil es zu viel Zeit in Anspruch nahm und ihn daran hinderte, in seinem Wachstum als Christ voranzukommen.) Ich war in meinem Leben noch nicht an diesem Punkt angelangt; ich musste tatsächlich noch einen weiten Weg gehen. Petes Freunde müssen das irgendwie bemerkt haben. Vielleicht haben ihn deshalb manche seiner Freunde davor gewarnt, sich mit mir zu verabreden. Sie konnten sich einfach nicht vorstellen, wie eine junge, unreife High-School-Schülerin zu ihm passen sollte. Ich glaube, ich fragte mich das Gleiche.

3.

ES WIRD ERNST

Im Frühjahr 1949, meinem vorletzten Jahr auf der High School, waren Pete und ich öfter ungezwungen zusammen. Ich war siebzehn und er war jetzt in seinem letzten Jahr auf der Universität von Washington. Ich sage »ungezwungen«, weil ich es nicht wirklich für ein Rendezvous hielt. Wir lebten in jeder Beziehung auf vollkommen verschiedenen Ebenen. Ich war vor allem ein Backfisch, der kaum einen ernsten Gedanken fassen konnte. Pete war superintelligent und obendrein noch »supergeistlich«. In diesem Frühjahr begannen wir, gemeinsam den Kolosserbrief auswendig zu lernen – ein Mitbringsel aus seiner Zeit bei den Navigatoren. Für mich war er einfach ein guter Freund.

Während des Sommers vor meinem letzten Schuljahr haben eine Freundin und ich uns entschlossen, in Camp Imadene, einem christlichen Kinderferienlager in Vancouver Island, direkt neben dem Puget Sound in Canada, zu helfen. Meine Gründe für diese Entscheidung? Ich hatte einfach nichts Besseres zu tun und es gab keine anderen Ferienjobs. Ich glaubte, so wenigstens zwei Monate lang etwas Nützliches tun und gleichzeitig Spaß haben zu können. Ich habe nicht gedacht, dass diese zufällige Entscheidung einen Wendepunkt in meinem Leben bedeuten würde.

Meine Pflichten auf diesem ländlichen Camp umfassten Seelsorge, Andachten in Kleingruppen abhalten, als Rettungsschwimmerin fungieren, Schwimmunterricht geben, beim Kochen helfen und überall parat zu sein, wo man mich brauchte. Als ich mich aktiv am Leben dieser Kinder engagierte, ging mir auf, dass ich hier etwas tat, was ich noch nie zuvor gemacht hatte und eine Seite des Lebens kennen lernte, die mir vorher völlig unbekannt war. Ich war vor der Art von Zuhause beschützt worden, das viele der Kinder jeden Tag erlebten. Viele waren trotz ihres jungen Alters bereits gegenüber

Gott verhärtet. Und als ich begann, für diese Kinder zu beten und mit ihnen zu arbeiten, sah ich, wie Gott im Leben von einigen von ihnen zu wirken begann, und das hinterließ einen tiefen Eindruck auf mich. Meine Augen wurden für die gewaltigen geistlichen Nöte von Menschen geöffnet – sogar auf dem Kontinent, auf dem ich lebte. Ich kehrte als anderer Mensch nach Hause zurück und spürte ganz neu den Wunsch, Gott besser kennen zu lernen.

Während ich in dem Camp war, wurde mir auch klar, dass Pete größeres Interesse an mir hatte, als ich geglaubt hatte. Er schrieb mir die ganze Zeit hindurch und sagte mir, dass er mich vermisse. Weil ich mir über meine Gefühle gegenüber ihm unklar war, beantwortete ich seine Briefe kaum. Meine Erlebnisse auf dem Camp hatten mir gezeigt, dass ich meine eigenen Prioritäten setzen musste. Zu dieser Zeit konnte ich noch gar nicht daran denken, eine ernste Beziehung zu ihm zu beginnen, bis ich wusste, in welche Richtung ich geistlich gehen wollte.

Als ich wieder nach Hause kam, fragte mich Pete, warum ich ihm so wenig geschrieben hatte. Er schien eher verletzt als enttäuscht zu sein. Aber er ging im Herbst weiterhin mit mir aus, und ich bemerkte, wie sich meine Gefühle für ihn langsam änderten. Nun sah es mehr nach einem »Rendezvous« aus. Es war eine tolle Erfahrung für mich – ein Mädchen im letzten Jahr auf der High School – mich mit einem Studenten zu verabreden, der kurz vor seinem Abschluss stand. Man kann unsere Treffen kaum als aufregend bezeichnen – erst recht nicht nach heutigem Verständnis. Wir hatten kein Auto und kein Geld und deshalb wenig Möglichkeiten. Wir lernten weiter den Kolosserbrief auswendig, etwa zehn Verse pro Woche, und hörten uns gegenseitig zu Beginn unserer Treffen ab. Er sagte seine Verse schnell auf, während ich jedes Mal damit kämpfte, sie wirklich Wort für Wort zu können. Ich wusste, dass keiner meiner Freunde von der High School sich so verabredete wie ich und sie hätten mir auch nicht geglaubt, wenn ich ihnen davon berichtet hätte.

Wir gingen auch nicht ins Kino; das war für Christen in jener Zeit tabu. Einkaufszentren gab es noch nicht. Wir haben auch nicht einmal daran gedacht, gemeinsam essen zu gehen, weil Pete kein Geld hatte. Wir beschränkten uns auf Hamburger und Würstchen. Einmal – nur ein einziges Mal – haben wir miteinander Tennis gespielt. Was für ein Fiasko! Ich konnte zwar ganz gut Ski laufen, aber das Schwingen des Tennisschlägers wollte mir irgendwie nicht gelingen. Pete versuchte, es mir beizubringen, aber ich konnte nicht einmal einen normalen Ball zurückspielen, geschweige denn seine »tödlichen« Aufschläge. Ein Spiel konnte so nicht aufkommen.

Meist trafen wir uns bei irgendwelchen Gemeindeaktivitäten. Oft ging ich zu einer christlichen Jugendgruppe, wo Pete sprach, um mit ihm zusammen zu sein und das war dann unser Treffen am Wochenende. Das machte mir aber nichts aus, weil es uns so möglich war, zusammen zu sein, ohne die boshaften Kommentare von Freunden aus unserer eigenen Gemeinde ertragen zu müssen. Als der Winter kam, ging ich, wann immer ich konnte, zum Skilaufen – für gewöhnlich den ganzen Samstag. Oft habe ich Pete abgesagt – zu dessen großer Bestürzung – um Ski zu laufen. Zu dieser Zeit wurde der Abfahrtsskisport zu einer richtigen Leidenschaft für mich. Etwas daran, die schneegepuderten Hänge hinunterzurasen, erregte mich, und ich lebte von Skitag zu Skitag. Pete hatte weder Zeit noch Geld, um mich zu begleiten, und er hatte auch keine Lust, ständig auf mich zu warten. Bevor wir darüber sprechen konnten, verletzte ich mir bei einem schlimmen Skiunfall das Knie. Der Arzt erklärte mir, dass ich das Skilaufen für den Rest des Jahres bleiben lassen müsse, und so haben Pete und ich uns schließlich öfter getroffen.

Dass ich nun davon abgehalten war, die Hänge hinunterzurasen, brachte noch eine weitere Veränderung. Es zwang mich, einen klaren Blick auf meine Prioritäten zu werfen. Mir wurde klar, dass die Skier den selben Platz in meinem Leben eingenommen hatten wie die Schlittschuhe bei Pete. Skilaufen war nicht falsch oder böse, aber es begann, mein Christsein zu behindern.

Pete und ich haben uns oft gemeinsam mit einem seiner Freunde, David Dye – auch einem eher intellektuellen Jungen – und seiner Freundin Bernice getroffen. Dies löste unser Autoproblem und machte es für Pete weitaus einfacher, mich nach Hause zu bringen. (Wenn wir nicht mit anderen mitfahren konnten, musste ich abends anderthalb Stunden alleine mit dem Bus nach Hause fahren – was ich sehr ungern tat.) Wir saßen immer auf dem Rücksitz und Pete hielt meine Hand.

Egal, wohin wir zusammen gingen, wir landeten immer schließlich bei Pete zu Hause und hörten klassische Musik. Bevor ich überhaupt daran dachte, mich mit Pete zu verabreden, war ich gerne samstagabends zu Petes Haus gegangen, um dort singen zu üben. Aber klassische Musik war etwas anderes: Sie interessierte mich überhaupt nicht. Wenn Pete und Dave ihre detaillierte Analyse der Sätze und Themen der Stücke vom Stapel ließen, musste ich gähnen. Wegen meiner beschränkten musikalischen Erziehung hatte ich keine Basis, um klassische Musik zu verstehen, geschweige denn, sie zu würdigen. Die beiden redeten so begeistert über verschiedene Variationen zu einem Thema und Ähnliches. »Hast du das gehört?«, sagten sie mehrere Male zueinander während eines Stückes. »War das nicht wunderbar?« Ich hatte keinen blassen Schimmer, worüber sie überhaupt redeten; es wirkte auf mich alles sehr kompliziert und sehr langweilig.

Ich hörte viel lieber die zu dieser Zeit populäre Musik von Sängern wie Dinah Shore, Perry Como und Frank Sinatra. Meine Eltern taten sie als »weltlich« ab, aber ich hörte sie trotzdem mit meinen Schulfreunden. (Ich hatte kein eigenes Radio und keinen eigenen Kassettenrecorder.) Einer meiner Lieblingsplatten war Bing Crosbys »White Christmas«. Ich mochte auch Lieder von Irving Berlin und Rodgers and Hammerstein. Mir erschien es weitaus verständlicher, »Some Enchanted Evening« oder »People will say We're in love« zu hören, als irgendeine obskure Bachfuge.

Trotz meiner Gleichgültigkeit gegenüber klassischer Musik merkte ich doch, wie viel sie Pete bedeutete. Für ihn war sie mehr als eine intellektuelle Übung. Die Musik streichelte seine Seele, und er ergriff sie mit großer Begeisterung. Außer dem Hören von klassischen Werken liebte er es auch noch, am Piano zu stehen und zusammen mit seinem Vater oder seinem Bruder zu singen. Ich begriff, dass ich lernen musste, Petes Musikgeschmack zu würdigen, wenn wir eine gemeinsame Zukunft haben sollten.

Im Frühjahr reisten Pete und ich mit einer Wagenladung von Freunden auf eine Osterkonferenz. Dort begegnete ich das erste

Mal den Eltern von Jim Elliot. Mrs. Elliot warf einen Blick auf mich und sagte: »Bist du nicht ein bisschen zu jung, um mit ihm befreundet zu sein?« Pete lachte, aber ich wurde rot.

Im Auto hatten meine Freunde großen Gefallen daran, mich vor Pete in Verlegenheit zu bringen. Trotz meiner lauten Proteste plauderten sie aus, dass ich einmal eine »heimliche Sünde« begangen und mit niemandem darüber geredet habe. Als Pete hörte, worum es sich bei dieser »Sünde« handelte – ich hatte einmal eine Zigarre probiert – amüsierte er sich darüber. Trotzdem: Meinen Freunden war es gelungen, mich zu verunsichern. Alles war nur ein Scherz.

Als wir uns beide besser kennen lernten, erfuhr ich mehr darüber, was in Petes Welt vor sich ging. Er erzählte mir, wie sehr es seiner Ansicht nach nötig sei, dass mehr Christen auf einem säkularen Campus ihren Dienst verrichten würden; er sprach auch über seine Pläne, eine Lehrtätigkeit anzustreben. Ich erinnere mich auch an ein bedeutsames Gespräch, das wir über das Thema Mission führten:

»Ich hatte nie das Gefühl, dass es etwas für mich ist, in die Mission zu gehen«, sagte er. »Was meinst du? Warum bist du so sicher?« Ich versuchte, wenigstens für mich diese Möglichkeit zu bedenken.

»Weil ich sehe, wie sehr hier Christen gebraucht werden«, sagte er. »Ich glaube, Gott hat mir die Gabe gegeben, zu lehren, und den Wunsch, mich in der Umgebung der Universität einzubringen. Ich merke genau, dass dies der Ort ist, an dem er mich haben will. Außerdem ist das auch noch eine Frage meiner Gesundheit.«

»Deiner Gesundheit?« Ich konnte mir nicht vorstellen, dass etwas mit ihm nicht stimmte, außer, dass er sich gelegentlich über Kopfschmerzen beklagte. Dieser Kerl schlug schließlich mörderische Aufschläge auf dem Tennisplatz und harte Drives beim Golf. »Was stimmt nicht mit deiner Gesundheit?«

»Dickdarmentzündung!«, murmelte er. »Mit all den Problemen, die ich dadurch habe, bin ich in einem anderen Land völlig unnütz.«

»Pete, ich wusste nicht, dass du ein solches Problem hast. Ich dachte immer, du würdest dich wegen deiner Kopfschmerzen so schlecht fühlen.«

»Das kommt ja leider noch dazu. Über so etwas spricht man nicht gerne. Ich versuche einfach, damit zu leben. Vielleicht hören die Kopfschmerzen ja auf, wenn der Druck des Studiums vorbei ist. Aber was denkst du in Bezug auf Mission? Erinnerst du dich, als du letzten Sommer von Camp Imadene zurückkamst? Du schienst es da so ernst zu meinen, dem Herrn dienen zu wollen. Ist für dich die Mission eine Möglichkeit?«

»Ach ja – du meinst, letzten Sommer, als ich Dir so selten geschrieben habe? Nun, es stimmt, dass ich eine Menge über mein Leben nachgedacht habe. Ich habe mich so verpflichtet gefühlt, für Gott zu leben – besonders im Licht der großen Nöte, die ich dort sah. Aber über Mission habe ich nicht ernsthaft nachgedacht. Ich glaube, ich dachte an meine Kinderzeit. Damals wollte ich als Missionarin in die Dominikanische Republik gehen. Ich kannte viele Missionare, die dort arbeiteten, weil sie oft auf ihrem Heimaturlaub bei uns zu Hause waren. Ich glaube, ich habe sogar deshalb auf der High School Spanisch gewählt.«

»Sicher«, foppte er mich, »Du hast es wahrscheinlich gewählt, weil es das Einfachste war!«

»Das sagt mir jeder. Aber Tatsache ist, dass mir sogar Spanisch so schwer fiel, dass ich dachte, Gott könne mich nie im Ausland gebrauchen.«

Das war so ziemlich alles, was wir über Mission gesprochen haben. Wir haben eine ziemlich lange Zeit nicht mehr über dieses Thema diskutiert. Er erzählte mir von seinen Reisen nach Portland, Oregon, wo er oft in der Jugendgruppe einer Brüdergemeinde sprach. Jim Elliots Familie ging in diese Gemeinde, und Pete kannte sie alle sehr gut. Ich kannte Jim nicht, der in Wheaton College in Illinois studierte, aber ich kannte seine Schwester Jane von christlichen Konferenzen, an denen wir beide teilgenommen hatten. Und natürlich war ich auch schon seinen Eltern begegnet.

Pete schien von Jim fasziniert zu sein, der bei bestimmten Themen sehr strenge Ansichten hatte. Einmal stellte sich Jim gegen jede Art von Krieg und nannte sich selbst einen Wehrdienstverweigerer. Er verachtete auch die neueren Hochzeitszeremonien und war so sehr davon überzeugt, alleine zu bleiben, dass die meisten seiner

Freunde glaubten, er würde die Ehe überhaupt ablehnen. Pete hatte mit Jims Sicht in diesen Bereichen Probleme, und er sprach mit mir ausführlich darüber.

Während meines letzten Jahres auf der High School geschah noch etwas, das meine Beziehung zum Herrn und zu Pete weiter beeinflusste. Meine Familie verließ zusammen mit ein paar anderen Familien unsere Gemeinde, in der ich aufgewachsen war, um im Norden Seattles eine neue Gemeinde zu gründen. In vieler Hinsicht fühlte ich mich, als würde ich im Ausland als Missionarin arbeiten. Obwohl wir nicht von zu Hause fortzogen, musste ich doch meine Freunde zurücklassen (fast alle, die ich durch die Gemeinde sah) und viel Zeit dafür investieren, mich darum zu bemühen, neue Leute zu erreichen, von denen die meisten in keine Kirche gingen.

Mein Vater war Pionier auf diesem Gebiet, ein klassischer Fall von Gemeindegründung ohne jedes Vorwissen. Unsere Botschaft – und vieles von unserer »Brüdermentalität« – war diesen Leuten völlig fremd. Um sie zu erreichen, mussten wir an unseren traditionellen Treffen, den Gottesdienstzeiten, dem Namen des Gemeindegebäudes und der Art von Gesangbuch vieles ändern. Das Ganze forderte mich geistlich und gab mir Selbstvertrauen. Es machte mir Angst, von Tür zu Tür zu gehen und die Leute in unsere Gemeinde einzuladen, aber ich sah, wie Gott meine schwachen Bemühungen benutzte, um Menschen zu erreichen. Eine der Frauen, die ich zuerst besucht hatte, erschien bald mit ihrem Mann in der Gemeinde; sie wurden einige der ersten neuen Gläubigen unserer blutjungen Gemeinde. Ich arbeitete auch in der Sonntagsschule mit.

Als die Arbeit wuchs, benötigten wir mehr Hilfe. Viele junge Leute halfen aus, besonders Studenten von den verschiedenen christlichen Studentenorganisationen. (Ein Teil dieser Studenten ging später in die Mission ins Ausland.) Eine lebendige, wachsende Gemeinde nahm Gestalt an. Es begeisterte mich, Gott im Leben dieser Menschen wirken zu sehen, und das erste Mal sah ich, wie der neue Glaube bei Erwachsenen zu einer kompletten Veränderung im Leben führte. Ihr Eifer, die Bibel zu verstehen, forderte mich dazu heraus, entschiedener mit Christus zu leben. Gott bereitete mich für die Richtung vor, die mein Leben wenige Jahre später nehmen sollte.

Wegen anderer Verpflichtungen konnte Pete nicht mit mir zusammen in der neuen Gemeinde helfen. Einige sagten voraus, mein Wechsel würde unsere Freundschaft beenden; doch sie wurde stattdessen fester. Weg von den prüfenden Blicken unserer Freunde mussten wir nicht länger den unsinnigen Tratsch in der Jugendgruppe ertragen. Auf der anderen Seite zwang die Entfernung zwischen unseren Häusern Pete, kreativer zu sein, wenn er mich sehen wollte. Weil er das Familienauto nicht für unsere Treffen benutzen konnte, entschloss er sich, ein altes Auto zu kaufen und es selbst zu reparieren. Pete verstand zwar nichts von Autos, aber er kannte einige Jugendliche, die Ahnung hatten. Er hoffte, dass er dadurch, dass sie ihm etwas über Autos beibrachten, sie besser kennen lernen würde und ihnen etwas über seinen Glauben erzählen könnte.

Zusammen mit den Jugendlichen und ein paar Männern aus der Gemeinde gelang es, das Auto zu starten, aber es blieb in der Nähe von Petes Zuhause stehen. Ein paar Tage später sah Pete, dass sein Auto abgeschleppt worden war und er hatte kein Geld, um es wieder auszulösen. Sein Vater und ich hatten Mitleid mit ihm, weil seine Investition und seine Hoffnung auf Mobilität umsonst gewesen waren. Wir lernten jedoch, das Beste aus der Situation zu machen, und nahmen den Bus oder ließen uns von Freunden fahren, so dass wir uns treffen konnten. Wir besuchten uns nun öfter gegenseitig zu Hause, so dass wir auch unsere gegenseitigen Eltern besser kennen lernten. Wir waren selten alleine – ich habe z. B. nie Petes Schlafzimmer gesehen – aber wir schafften es, unsere gemeinsame Zeit zu genießen.

Pete hatte nicht nur Intellekt, sondern auch viel Sinn für Humor, allerdings versuchte er, andere dabei nicht zu verletzen. Als ich an der High School absolvierte, überraschte er mich mit einem wunderbar eingepackten Geschenk. Ich öffnete es vorsichtig und fand eine Schachtel mit Zigarren aus Schokolade! Ich wusste genau, worauf sie sich bezogen und schrie verlegen auf. Pete brüllte vor Lachen. Meine nichtsahnenden Eltern schüttelten bloß den Kopf.

Ereignisse wie dieses zeigten mir, dass Pete weniger eng in seinem Lebensstil war, als ich gedacht hatte. Wenn überhaupt, dann war er in seinem Lebensstil als Christ freier als ich – und auch reifer. Er zitierte oft die Bibelstelle über all die guten Dinge, die Gott uns gab, um sie zu genießen (1. Timotheus 6,17), was die Musik, die Literatur und die Schönheit der Natur umfasste. Er liebte die Berge und nahm jede Gelegenheit war, mit seinen Freunden eine Tour zu machen und Gottes Werk zu bestaunen. Pete glaubte, dass geistliche Reife letztendlich nicht von dem abhängt, was ein Mensch tut oder nicht tut, sondern von seiner Beziehung zu Gott und der Zielrichtung seiner Wünsche.

Nach meiner Absolvierung 1950 kehrte ich als Helferin noch einmal im Sommer in das gleiche Bibelcamp in Kanada zurück wie ein Jahr zuvor. Mir wurde bewusst, wie sehr ich seit dem letzten Mal hier gereift war. Dieses Jahr fiel es mir weitaus schwerer, Pete zurückzulassen, der sich über den Sommer in Kurse eingeschrieben hatte. Ich dachte nun oft an ihn. Wir schrieben uns dieses Mal regelmäßig.

Als ich im August nach Hause zurückkehrte, hatten Pete und ich ein Treffen, das für unsere Beziehung eine Weichenstellung war. Wir waren wieder zusammen mit Dave und Bernice ausgegangen, aber statt bei Pete zu Hause Musik zu hören, machten wir schließlich bei Mondschein einen Spaziergang durch den Park. Pete lief langsam und ließ sie vorangehen – ich dachte, damit sie für sich sein können. Aber tatsächlich wollte Pete allein mit mir sein. An diesem Abend schaute er mir das erste Mal tief in die Augen, sagte mir, dass er mich liebt und küsste mich. Es war ein besonderer, wunderbarer Augenblick, der den Beginn einer ernsten Freundschaft zwischen uns kennzeichnete – zumindest von Petes Seite. Denn obwohl er mir von nun an seine Gefühle für mich offener zeigte – und ich das genoss – war ich noch nicht so weit, um sie zu erwidern.

4.

ZWEI SEITEN

Als ich im Herbst 1950 an der Universität von Washington mein Studium begann, trafen Pete und ich uns regelmäßig. Ich fand es großartig, mit der High School fertig und wegen des Studiums näher an Petes Welt und seinen Interessen zu sein. Wir lebten beide zu Hause, aber weil die Universität sich auf halbem Weg zwischen uns befand, wurde sie unser Treffpunkt. Wir trafen uns nun fast jeden Tag und – das erste Mal – in einer entspannteren Atmosphäre als in der Gemeinde oder bei einem gemeinsamen Treffen mit einem anderen Paar.

Ich fand die Atmosphäre anfangs sogar *zu* entspannt. Der freie Austausch von Meinungen, wie er auf der Universität üblich war, entnervte mich. Ich wusste von einem meiner Lehrer auf der High School etwas über den Kommunismus, aber auf der Universität schienen die Studenten ständig kommunistische Literatur zu verteilen (aus dem Eigentum der Universität). Einige Mädchen sprachen von Abtreibung, die zu dieser Zeit noch nicht erlaubt war, als einzige Lösung bei einer ungewollten Schwangerschaft. Das erschreckte mich. Einige der Dinge, die ich hörte, ließen mich auch an den Moralvorstellungen von manchen Professoren zweifeln. Und manche der Dinge, die ich sah – z. B. pornografische Bilder, die Studenten passenderweise auf der Toilette angebracht hatten – entsetzten mich und widerten mich an. Irgendwie hatte mich meine behütete Erziehung nicht auf solche Dinge vorbereitet.

Um den Übergang zu erleichtern, nahm Pete mich mit zu der christlichen Studentenvereinigung, die mir die sehr benötigte Unterstützung und eine Perspektive aus christlicher Sicht bot. Sie wurde schnell zu einem wichtigen Bestandteil unseres Lebens an der Universität. Ich beobachtete Pete, wie er Bibelgespräche leitete und den Studenten den positiven Einfluss von Gottes Wort bezeugte. Er leitete auch eine wöchentliche Bibelgruppe für Jugendliche in seiner Gemeinde und sprach bei anderen Jugendgruppen rund um Seattle. Er vertiefte sich in sein Studium und in das Lehren von Gottes Wort; ich versuchte unterdessen, bei der christlichen Studentenvereinigung und in meinen Vorlesungen so gut zu lernen, wie ich nur konnte.

Auf Petes Empfehlung hin schrieb ich mich das erste und letzte Mal für eine Philosophievorlesung bei einem Professor ein, der Pete als Student beraten hatte. Es war für mich ein ziemlich schwieriger Kurs, aber ich schaffte es, den Professor auch außerhalb der Vorlesungen kennen zu lernen. Mit Petes Hilfe begann ich, diesen Mann und die philosophische Disziplin zu verstehen. Ich gewann auch mehr Einblick in die Welt der Akademiker, in der Pete sich so wohl fühlte.

Während ich mit meinem Studium kämpfte, schrieb Pete seine Magisterarbeit über *The confidence Man* – einen ziemlich undurchsichtigen Roman von Herman Melville. Ich hatte nie von Werken von Melville außer *Moby Dick* gehört, aber ich lernte noch eine Menge über ihn – und über Petes Auffassungen über Literatur – als ich den Entwurf seiner Arbeit abtippte. Manchmal schrieb ich seine handschriftlichen Notizen ab, ein andermal diktierte er mir, während ich schrieb.

Wir erholten uns gemeinsam, als dieses Jahr vorüber war und machten das Leben an der Universität zu unserem gemeinsamen Leben. Neben dem gemeinsamen Arbeiten in der Bibliothek und den Treffen der christlichen Studentengemeinschaft unternahmen wir viele Spaziergänge in dem wundervoll bewaldeten Universitätsgelände und paddelten durch die Sümpfe der Union Bay, die an einer Seite an das Gelände grenzten. Wiederum auf Petes Anregung nahm ich Golf-, Tennis- und Bowlingunterricht, um körperlich fit zu werden, aber ich konnte mich immer noch nicht mit ihm messen. Ich wollte Pete gefallen, und wir hatten eine Menge Spaß miteinander. (Mein Vater fragte mich einmal scherzhaft, ob ich überhaupt einen *ernsten* Kurs an der Universität belegen würde.)

Es wurde immer deutlicher, dass Pete mich liebte, und ich glaubte, mich in ihn verliebt zu haben, aber ich sagte es ihm noch nicht direkt. Ich interessierte mich mehr für die Dinge, die Pete mochte und mir machten die meisten dieser neuen Erfahrungen tatsächlich Spaß. Ich machte sogar einen Kurs für Musik, hatte aber – leider – immer noch große Probleme mit klassischer Musik. Pete versuchte, mit mir Geduld zu haben.

Von meinem Standpunkt aus war mein Leben schön; meine Zukunft schien deutlich und viel versprechend. Ich hatte mich in meinem ersten Jahr an der Universität eingelebt. In den nächsten drei Jahren wollte ich mein Studium beenden, während Pete eine Lehrtätigkeit anstrebte. Als aber seine Absolvierung nahte, stellte er sich plötzlich Fragen über seine Zukunft. Eines Tages sprach er mit mir über seine Gedanken.

»Ich habe jetzt bald meinen Magister, Olive, aber jetzt frage ich mich, ob ich wirklich Literatur unterrichten soll. Wie kann ich meine Berufslaufbahn damit zubringen, über Dinge zu sprechen, die sich so sehr mit Unmoral im Leben beschäftigen? Sie widersprechen grundlegend der Wahrheit des christlichen Glaubens.«

Seine Aussage überraschte mich. Ich hatte geglaubt, die Literatur sei eine große Liebe von Pete. »Warum hat es so lange gedauert, bis du das entdeckt hast, Pete?«, fragte ich.

»Es hat mich bis vor kurzem nie gestört. Aber je tiefer ich in die amerikanische Literatur eintauchte, desto schlimmer schien der Inhalt zu werden. Und was noch dazu kommt: Lehrstühle sind knapp und ich bräuchte wirklich einen Doktor der Philosophie, um auf Universitätsniveau lehren zu können. Ich bin mir nicht sicher, ob ich noch weiter Literatur studieren möchte.«

»Wie wäre es damit, an einem christlichen Seminar zu lehren?«, schlug ich vor. »Du müsstest nicht all das dekadente Zeugs hier lehren und bräuchtest wahrscheinlich auch keinen Doktor in Philosophie.«

»Stimmt, aber das macht meine Pläne zunichte, die ich vor allem damit verfolgte, diese Themen lehren zu wollen. Ich sah den Bedarf an christlichen Professoren an säkularen Universitäten. Das ist ein echtes Missionsfeld, und ich dachte, Gott würde mich in einen solchen Dienst führen.«

»Pete, ich verstehe nicht, was jetzt mit dir los ist. Du schienst dir so sicher zu sein, dass es das ist, wo Gott dich haben will.«

»Ich weiß, Olive. Ich glaube selbst nicht, dass ich so weit gekommen bin ohne eine klare Führung für meine Zukunft. Ich habe auch nicht das Gefühl, dass mein Studium vergeblich war, oder ich Gottes Führung nicht beachtet habe.« Aber Pete wusste nicht genau, was Gott für ihn vorhatte.

Als wir dann zusammen für Petes Zukunft beteten, begann er über die Erfahrung nachzudenken, die er durch sein Lehren über die Bibel in den vergangenen Jahren erlangt hatte. Andere bestätigten ihm, dass er Gaben auf diesem Gebiet habe.

Eines Tages fragte er mich: »Was hältst du davon, die Frau eines Bibellehrers statt eines Professors zu sein?«

Es war nur halb als Scherz gedacht. Früher in unserer Freundschaft hatte er mit mir über die Pflichten der Frau eines Universitätsprofessors gesprochen – ohne jemals direkt zu sagen, dass er mich damit im Blick hatte. Ich glaube, er versuchte einfach, indirekt herauszufinden, ob ich Interesse habe; ich habe dennoch darüber nachgedacht. Und ich hatte dem Herrn ehrlich gesagt, dass ich zu allem bereit bin, was er für mich vorhat. Aber Frau eines Bibellehrers? Das hatte ich nicht erwartet. Ich entschied mich, seine Frage ernst zu nehmen.

»Sprichst du davon, ein hauptamtlicher Bibelschullehrer zu werden?«

»Ja, das tue ich tatsächlich.«

»Das scheint mir ein starker Wechsel in den Berufsabsichten zu sein«, sagte ich. »Wo möchtest du lehren? Denkst du an ein Theologisches Seminar, eine Bibelschule oder an die Brüdergemeinden?« Ich dachte an die reisenden Bibellehrer, die in unserer Gemeinde sprachen.

Pete wurde sehr ernst. »Ich weiß noch nicht, wo mich das hinführen wird«, sagte er. »Mein Literaturstudium wird mir immer noch helfen, so dass es nicht umsonst war.« Dann nahm er meine Hand und sagte: »Olive, weißt du, dass ich dich liebe und glaube, dass Gott uns zusammengeführt hat? Du hast mir bis jetzt nicht gesagt, was du fühlst. Kannst du dir ein solches Leben vorstellen?«

Ich wusste, dass ich ihn liebe, aber ich hatte Angst, es ihm zu sagen. Ich wollte mir seiner Liebe sicher sein, weil für mich der nächste Schritt eine für immer dauernde Verpflichtung füreinander war. Ich glaubte, dass Gott uns zusammengeführt hatte, aber nun musste ich noch über etwas anderes nachdenken – die Frau eines Bibellehrers zu sein. Ich sah dies als etwas ganz anderes an, als Frau eines Professors zu sein. Ich brauchte noch Zeit, um nachzudenken und zu beten.

»Pete, darauf kann ich dir jetzt noch nicht antworten.«

Meine Worte enttäuschten ihn, da bin ich mir sicher, aber er schien einverstanden zu sein, darauf zu warten, dass ich »mich überzeugen ließ«. Unterdessen lastete auf ihm der Druck, seine Magisterarbeit zu beenden. Zwei Monate später war ich so weit und sagte Pete, dass ich ihn liebe. Unsere Zukunft blieb trotz allem unsicher.

Je mehr Pete darüber nachdachte, Bibellehrer zu sein, desto mehr begeisterte ihn diese Idee. Aber er fragte sich, ob er dazu die richtige Ausbildung hatte. Nachdem er sich Rat gesucht und die fünf Jahre seines Studiums und seiner Erfahrungen in der Gemeinde bewertet hatte, bekam er das Gefühl, dass er eine weitere Ausbildung benötigte.

Ende Januar sagte er mir, er würde nach einer Möglichkeit suchen, im Herbst auf ein Bibelseminar zu gehen. »Mein Griechischstudium an der Universität war nur ein Anfang«, sagte er zu mir, »und ich muss meine Kenntnisse ein wenig aufpolieren. Ich brauche auch Hebräisch und Theologie.«

Seine Worte hatten mich kaum erreicht, als mich ein Gedanke erschütterte: *Bibelseminar – heißt das, dass wir für lange Zeit weit entfernt voneinander wohnen werden?* Aber ich bewahrte die Fassung.

»Denkst du an das Seminar in Dallas?«, fragte ich mich und nannte den Namen des einzigen Seminars, von dem ich wusste.

»Ja, ich habe daran gedacht. Mein Onkel und meine Tante sind große Unterstützer dieses Seminars und würden es gerne sehen, wenn ich dorthin gehe. Sie haben mir sogar angeboten, mich finanziell zu unterstützen, wenn ich nach Dallas gehe. Aber ich muss sie vielleicht enttäuschen. Der Dozent für Neues Testament, den ich gerne hören möchte – Dr. Everett Harrison – hat Dallas verlassen und lehrt jetzt an einem neuen Seminar in Kalifornien – am Fuller Seminary.«

»Kalifornien hört sich wenigstens etwas näher an als Texas. Wirst du dort ein Jahr lang sein?« Ich versuchte, unbekümmert zu bleiben.

»Das hängt von meinem Lehrplan ab«, antwortete er. »Normalerweise dauert das Studium drei Jahre.«

»Drei Jahre!«, keuchte ich.

»Richtig. Aber das ist noch nicht alles. Es gibt noch eine andere Möglichkeit für die nächsten Jahre. Sie sitzt mir im Nacken. Sobald ich meinen Magister habe, könnte ich zum Wehrdienst eingezogen werden. Vater redet mir immer noch zu, mich freiwillig zur Navy zu melden – er möchte nicht, dass ich zum Heer komme. Ich sehe das nicht so. Ich möchte mir lieber alle Möglichkeiten offenhalten, indem ich zwei Jahre bei der Armee diene, als mich für vier Jahre festzulegen. Wenn die Einberufung kommt, ehe ich beim Seminar angenommen bin, akzeptiere ich dies als Gottes Willen.«

Ich konnte jetzt meine Angst nicht länger verbergen. »Was sagst du da, Pete – egal, was jetzt im Herbst geschehen wird, Seminar oder Wehrdienst – erwartet uns eine zwei- oder dreijährige Trennung voneinander? Was heißt das für uns?« Nun, wo ich Pete meine Liebe gestanden hatte, erschreckte mich der Gedanke an eine Trennung.

»Ich denke, das ist das Beste für uns«, sagte Pete und versuchte, mich zu beruhigen. »Es kann eine Zeit werden, in der wir als Christen wachsen und unsere Liebe zueinander gestärkt wird.« Er hielt einen Moment lang inne. »Olive, ich bin jetzt noch nicht bereit, um zu heiraten, und du hast noch drei Jahre Studium vor dir. Wir waren sehr viel zusammen dieses Jahr und sind zusammengewachsen, aber noch drei Jahre so eng zusammen zu sein, während wir auf die Ehe warten, kann problematisch werden. Wir haben noch Ziele vor uns, die wir erreichen müssen, bevor wir daran denken können, zu heiraten. Wenn Gott uns wirklich zusammengebracht hat, wird er uns nicht im Stich lassen.«

Es war das erste Mal, dass Pete direkt mit mir über Heirat sprach. Ich wusste, dass er es ernst meinte. Im frühen Frühjahr »verpflichteten« wir uns deshalb voreinander, zusammenzubleiben – im Vertrauen darauf, dass der Herr uns für eine Ehe in drei Jahren bewahren wird. Wir sagten niemandem etwas von dieser Verpflichtung, weil wir nicht wirklich verlobt waren. Eine dreijährige Verlobungszeit wäre zu lang gewesen und wir hatten auch noch zu viele Fragen in Bezug auf unsere Zukunft. Aber wir waren uns sicher, dass Gott wollte, dass wir heiraten.

Pete schrieb dann seine Magisterarbeit fertig und erhielt im Juni 1951 seinen Magister. Er meldete sich dann am Fuller Theological Seminary an, obwohl er sich nicht sicher war, dass seine Pläne richtig sind. Er konnte mit dieser Bewerbung seiner Einberufung entgehen, aber er wollte nicht, dass dies sein Motiv hierfür war.

Der Sommer begann gut für uns. Nun konnten Pete und ich unsere freie Zeit gemeinsam genießen, ohne den Druck meines Studiums und seiner Arbeit. Und wir konnten auch offen über unsere Liebe füreinander sprechen, auch wenn wir nicht wussten, wohin uns diese Liebe letztendlich führen würde.

Als der Juni und der Juli vorüber waren, dachte Pete immer intensiver über seine Zukunft nach. Er hatte keinen vollkommenen Frieden über seine Entscheidung, sich am Fuller Seminary zu bewerben. Er suchte Rat bei Ältesten, aber er bekam in seiner Gemeinde wenig Ermutigung. Die Brüder sahen wenig Notwendigkeit für eine förmliche theologische Ausbildung. Seminare sahen sie oft als Institutionen, die Pastoren für bestimmte Denominationen ausbildeten. Weil unsere Gemeinde das Amt des Pastors allgemein ablehnte und auf die Bildung von Denominationen herabsah, stellten viele Petes Gedanken, an ein Bibelseminar zu gehen, in Frage.

Mein Vater äußerte auch Zweifel. »Ich kann nicht verstehen, warum du glaubst, dass du auf ein Seminar gehen musst«, sagte er zu Pete, als er mich besuchte. »Es gibt so viel Bedarf an christlichen Professoren an säkularen Universitäten. Warum kannst du nicht dort lehren und zu gleicher Zeit Zeuge Christi sein? Denke doch an all die ausländischen Studenten, die aus Ländern kommen, welche für das Evangelium verschlossen sind.« Pete versuchte, seinen Standpunkt zu erläutern; sie sprachen manchmal fast den ganzen Abend darüber. Aber mein Vater war nicht zu überzeugen.

Auf dem Hintergrund dieser Unsicherheit betrat Jim Elliot an einem Sonntagnachmittag Mitte Juli die Bühne. Freitag und Samstag waren Pete und ich mit Freunden aus der Gemeinde in der Nähe des Mount Baker gewandert. Es war wunderschön, wegzukommen, und ich spürte sehr intensiv meine Liebe zu Pete. Wir hatten gerade mit meinen Eltern zu Mittag gegessen und lehnten uns zurück, um einen ruhigen gemeinsamen Sonntagnachmittag zu genießen, als Jim anrief. Er wollte vorbeischauen und mit Pete sprechen. Der Anruf überraschte Pete, obwohl er Jim eingeladen hatte, an diesem Abend in der Jugendgruppe von seiner Gemeinde über seine Pläne zu sprechen, nach Ecuador zu gehen.

Bis zu diesem Nachmittag hatte ich Jim nicht kennen gelernt, wenn ich ihn auch aus der Entfernung gesehen hatte. Was ich als Jugendlicher von ihm wusste und sah, hatte mich erschreckt. Ich hatte noch nie einen so starken jungen Mann gesehen: Er schien mir so selbstbewusst und sicher. Ich hatte einmal erlebt, wie er bei einem Straßeneinsatz in Portland das Evangelium verkündigte und die Leute dann in die Enge trieb, indem er sie fragte, ob sie nun gerettet seien.

Pete war ein guter Freund von Jim und seiner Familie. Er bewunderte Jim, wenn er auch nicht alle seine strikten Ansichten teilte. Zu dieser Zeit glaubte Jim, dass man die Ehe meiden sollte, weil sie Zeit und Energie kostete, die man für den Dienst am Herrn verwenden könnte. Pete war nicht gegen die Ehe, aber teilte manche der Ängste von Jim darüber, dass die Verantwortung einer Ehe dem Weg in den Dienst entgegenstehen könnte.

Als Jim ein paar Minuten später ankam, erschien er irgendwie ernst und wollte mit Pete herausgehen, um sich mit ihm im Auto zu unterhalten. Sie sprachen fast den ganzen Nachmittag miteinander. Ich fand es recht merkwürdig, dass Pete so lange nicht erschien, tat es aber als das intensive Gespräch zwischen zwei alten Freunden ab. Ich ahnte wenig davon, wie bedeutend dieses Gespräch war.

An diesem Abend sprach Jim davon, sich selbst zu »verschneiden« um des Evangeliums willen. Er sprach von seiner Berufung, als allein stehender Missionar unter den Indianern Ecuadors zu arbeiten. Alles, was ich vorher über Ecuador wusste, hatte ich durch das Sammeln von Briefmarken erfahren: Ich wusste, dass es ein kleines, südamerikanisches Land mit großen Briefmarken ist. Ich hatte keine Ahnung, dass dort primitive heidnische Stämme lebten. Jim erzählte

Pete, er wolle zu zweit hinausgehen, und da zwei seiner Freunde vom Wheaton College, von denen er geglaubt hatte, dass sie sich ihm anschließen würden, jetzt verheiratet seien, suche er jetzt nach einem anderen ledigen Mann, der ihn begleiten könne. Ich muss zugeben, dass der kraftvolle Sprachstil Jims die ganz und gar nicht erregende Idee, für Jesus Christus alleine zu bleiben, denkbar machte. Ich dachte schon damals, er würde einen fabelhaften Missionar abgeben. Aber weiter gingen meine Gedanken nicht.

Pete war jedoch nicht mehr derselbe, als Jim wegfuhr. Er wurde immer geistesabwesender, aber er sprach nicht darüber. Er verhielt sich gegenüber mir kühl und gleichgültig. Er rief auch nur noch gelegentlich an, und dann sprach er fast nichts. Ich verstand nicht, was geschehen war. Das passte nicht zu Pete. Er wusste, dass ich unglücklich war, aber er unternahm nichts, um diese Spannungen zwischen uns zu lösen.

Mehrere Wochen vergingen. Die Zeit, auf die ich so sehr gehofft hatte und mit Pete verbringen wollte, bevor er nach Kalifornien wollte, ging spurlos vorüber. Ich sah ihn selten; er schien keine Zeit für mich zu haben. Aber er hatte Zeit, um nach Portland zu fahren und Jim zu sehen. Ich bemerkte auch, dass Pete aufhörte, darüber zu sprechen, zum Fuller Seminary zu gehen; aber er schien keinerlei andere Pläne zu haben. Wir sprachen nicht mehr miteinander. Was lief falsch? Ich bekam Angst, dass die Liebe, die so stark war, als wir nur wenige Wochen vorher in den Bergen wanderten, jetzt erloschen war.

Eines Augusttages rief Pete mich an. Ein englischer Missionar in Ecuador, Dr. Wilfried Tidmarsh, sprach in seiner Gemeinde. Pete wollte, dass ich komme und ihn höre. (Pete hatte ihn bereits in Portland an dem Wochenende gehört, als er Jim besucht hatte und hatte mir gesagt, wie beeindruckt er gewesen war.)

»Gut, kannst du mich abholen?«, fragte ich etwas verärgert, dass er mich nur angerufen hatte, um über einen Termin in der Gemeinde zu sprechen.

»Es tut mir leid, das kann ich nicht. Aber du findest bestimmt eine Möglichkeit, um hinzukommen.« Er wusste, dass ich keine Transportmöglichkeit hatte und abends nicht den Bus nehmen würde. Und doch verlangte er, dass ich jede Anstrengung unternehmen soll, um dort hinzukommen. Er wirkte so kühl, und das kränkte mich. Ich ging nicht zu diesem Gottesdienst.

Wie die Tage vergingen, verstärkten sich meine Ängste. Jede Art von schlimmen Gedanken, dass meine Beziehung zu Pete in die Brüche ging, kamen mir in den Sinn. Hatte sich unsere »Liebe« nur daraus ergeben, dass wir jeden Tag an der Universität zusammen waren, und kühlte sich jetzt, wo diese Zeit vorüber war, schnell ab? Hatte er mich nur gebraucht, damit ich ihm seine Magisterarbeit tippe und hielt mich jetzt nicht mehr für nützlich? Hatte er ein anderes Mädchen kennen gelernt?

Ich hatte idealistische Vorstellungen über die Liebe und über den Mann, den ich einmal heiraten würde. Ich dachte wirklich, dass Gott mir zu seiner Zeit den Richtigen zeigen und mich vor dem Liebeskummer bewahren würde, den manche meiner Freunde wegen zerbrochener Beziehungen erlitten. Nun schien sich meine schlimmste Angst zu bestätigen: dass, sobald ich einem Freund sagen würde, dass ich ihn liebe, er mich »fallen lassen« würde.

Meine Eltern stellten mir schonungslos die Tatsachen vor Augen: Pete war nett, aber nun wollte er sein eigenes Leben leben. Die Romanze an der Universität war vorüber. Da er im September weggehen wollte, war jetzt eine gute Zeit, um mit ihm Schluss zu machen. (Sie wussten natürlich nichts von dem Versprechen, das Pete und ich uns gegeben hatten.)

Bemerkenswerterweise geschah es in diesen Wochen nie, dass Pete vor mir in Erwägung zog, selbst nach Ecuador zu gehen. Ich glaubte, er wäre an Jims Plänen interessiert, weil er ein Freund von ihm war. Im vergangenen Jahr hatten wir uns oft wegen Petes Bruder Ken und seine Frau Helena über die Mission unterhalten, die sich auf eine Missionstätigkeit unter den Zulus in Südafrika vorbereiteten. Aber nie, wenn wir über unsere eigene Zukunft sprachen, kamen wir auf das Thema Mission. Pete sprach immer von dem Universitätscampus als seinem Missionsfeld und er gab nie den Gedanken völlig auf, eines Tages doch an einer Universität zu lehren.

Während die Sorge um unsere Beziehung meine Tage erfüllte, suchte Pete selbst nach Gottes Weisheit für seine Zukunft. Er sprach nicht mit mir über seine Gefühle; aber er sprach mit anderen über seine Pläne, in die Mission zu gehen. Er schrieb sich auch mit Jim und Dr. Tidmarsh. Nach seinem Besuch bei Jim in Portland im August schrieb Pete ihm:

> Junge, das war großartig ... Ich habe das Wochenende bei dir wirklich genossen, Jim, und es brachte mir auch sehr viel. Meine Seele ist jetzt seit meiner Rückkehr voller reicher Dinge, über die ich nachdenken kann. Die [Kameradschaft] war wirklich *toll* ...
>
> Die Hauptsache, warum ich dir schreibe, Jim, ist, dass ich dich bitten möchte, noch mehr für mich zu beten in Bezug auf meine Gedanken wegen Ecuador. Ich habe gegenüber Dr. T. etwas angedeutet und er schien so etwas erhofft zu haben und sagte mir, er habe für einen Arbeiter gebetet, der mit dir zusammen hinausgeht. Er sagte mir auch, dass ich in Ecuador herzlich willkommen wäre, wenn Gott mich so führt. Persönlich hat mir der Herr diese Sache aufs Herz gelegt, obwohl ich nicht weiß, was Gott mit mir hier vorhat. Bruder, flehe Gott an, dass er meine Gedanken über Ecuador lenkt. Ich kenne mein Herz, und das ist immer schwierig – ich bin bereit, zu gehen, wenn Gott dies von mir will. Bete, wenn Gott dich dazu treibt! Deine Gedanken in dieser Sache werden mir eine Hilfe sein. Sage mir deine Meinung und sage sie mir geradeheraus, wenn es nötig ist ...
>
> Wie du weißt, kommt es bei allen Plänen – sowohl für die Gegenwart (d. h. Fuller, usw.), als auch für die Zukunft – darauf an, Christi Gedanken über Ecuador zu folgen und mit dir zusammen hinauszugehen. Eine große Tür ... viele Gegner.

Vor mir verborgen hatte Pete eine Entscheidung getroffen, die nicht nur seine Pläne bezüglich des Bibelseminars, sondern sein ganzes Leben – und schließlich auch meines – völlig veränderte.

5.
ALLEIN

Ende August 1951 schrieb Pete an Jim:

> [Der Herr] führte meine Gedanken zu den strengen Aussagen von Christus bezüglich Jüngerschaft – besonders die Worte, die Christus seinen Jüngern gesagt hat, bevor er sie zu zweit aussandte, um zu predigen: »Wer Vater oder Mutter mehr liebt als mich, der ist meiner nicht wert.« Und der oft genannte Schlüssel zum Leben: »Wer sein Leben findet, der wird es verlieren; und wer sein Leben verliert um meinetwillen, der wird es finden!« Ich wurde immer und immer wieder zu diesen und ähnlichen Abschnitten geführt. Ich sollte diese Wahrheiten auf ihren Gehalt prüfen – Gott wird, so glaube ich es, geehrt, wenn wir große Versprechen machen und im höchsten Maß Verpflichtungen eingehen. Ecuador erscheint mir als eine Möglichkeit, Gott zu prüfen – ganz im Geist von Mose in 2. Mose 33. Persönliche Unfähigkeit und Unvermögen erfordern von Gott, dass er für mich das Unmögliche möglich macht. Anscheinend gefällt es Gott in vielerlei Hinsicht, Männer in Situationen zu stellen, die ihre Schwachheit vergrößern, weil es ihm einfach Vergnügen bereitet, seine Stärke allen Betrachtern zu zeigen.

Pete hatte in weniger als einem Monat eine lebensverändernde Entscheidung getroffen. Er war bereit, dem Herrn in den primitiven Dschungel von Ecuador zu folgen. Gerade die Schwächen, die ihn vorher davon abgehalten hatten, in die Mission zu gehen, sah er jetzt als Bewährungsprobe, um Gottes Macht herauszustellen.

Die ganze Zeit hatte Pete mich über die in ihm wachsende Überzeugung im Dunkeln gelassen. Ohne zu wissen warum, fühlte ich mich, als würde ich für ihn immer unbedeutender. Dann rief er mich gegen Ende des Sommers an und bat mich, mit ihm einen Nachmittag am Strand zu verbringen. Ein Rendezvous!

Ich habe nicht viel von der Busfahrt zu der Gemeinde, wo Pete als Hauswächter arbeitete, mitbekommen. Ich sollte ihn dort treffen, und dann würden wir einen anderen Bus hinunter zum Strand nehmen. Pete und ich würden bald zusammen sein. Jetzt schienen alle Zweifel an seiner Liebe zu mir töricht.

Als ich bei der Gemeinde ankam, war Pete nirgends zu sehen. Ich wurde wütend, und meine Zweifel kehrten zurück. Schließlich kam er, aber er gab mir keinen Kuss und umarmte mich nicht zur Begrüßung. Er würde noch ein Gebetstreffen mit einem Freund haben, sagte er, und könne erst in einer Stunde. Ob es mir etwas ausmachen würde, zu warten?

Was sollte ich sagen? Er betete mit jemandem. Widerwillig wartete ich und machte mir Sorgen. Ich glaubte, dass Menschen, die sich lieben, zusammen sein möchten. Dies war unser erstes Treffen seit einem Monat. Wer weiß? Vielleicht war es auch unser letztes, bevor er auf das Seminar ging – wenn er tatsächlich noch dorthin wollte. Ich begriff es nicht: Seit wir uns gegenseitig unsere Liebe gestanden hatten und uns ein Versprechen für unsere Zukunft gegeben hatten, redeten wir nur noch selten miteinander und wenn wir es taten, waren wir übernervös. Vielleicht waren Petes Ängste größer geworden, dass die Ehe ihn im Dienst einschränken würde. Ich versuchte, Gott unsere Beziehung anzuvertrauen, aber das fiel mir schwer, weil ich merkte, dass er irgendwie für das verantwortlich war, was jetzt passierte.

Als Pete schließlich von seinem spontanen Gebetstreffen kam, hatten wir keine Zeit mehr für den Strand – nur noch für ein kurzes Gespräch. Deshalb fuhren wir zu einem nahe gelegenen Park, von dem aus wir den Strand überblicken konnten. Während wir im Bus saßen, war Pete zurückgezogen und ich war unglücklich. Er gab mir kein Zeichen seiner Liebe und er entschuldigte sich nicht dafür, dass er unser erstes und einziges Treffen in diesem Monat so gekürzt hatte. Ich war so gekränkt über das, was mit unserer Beziehung geschehen war, dass mir seine Entscheidungen bezüglich seines Dienstes und seines Berufes egal waren. Ich fragte ihn nicht über seine Pläne bezüglich des Seminars. Ich versuchte, eine lockere Unterhaltung zu führen und mich zusammenzureißen; ich wusste, ich würde anfangen zu weinen, wenn ich mit den in mir aufgestauten Fragen herausplatzen würde.

Wir stiegen aus dem Bus und liefen eine Weile durch den Park. Pete hielt nicht meine Hand, und zwischen uns herrschte ein peinliches Schweigen. Die Sonne hatte gerade begonnen, hinter den großen Bäumen zu verschwinden. Wir fanden einen wunderschönen, grasbewachsenen Hang und setzten uns.

»Was ist mit uns geschehen, Pete?«, fragte ich schließlich. »Du bist so verändert. Ich kann es nicht verstehen.«

Endlich brach Pete sein Schweigen. »Erinnerst du dich, wie ich wollte, dass du Dr. Tidmarsh über seine Missionstätigkeit in Ecuador reden hörst?«, begann er. »Es war eine der unglaublichsten Missionsgeschichten, die ich je gehört habe. Ich war so beeindruckt von dem harten Leben im Dschungel. Ich denke, wenn du ihn über die Arbeit in Ecuador gehört hättest, könntest du das verstehen, wovon ich dir jetzt erzähle.«

»Aber Pete, ich hatte keine Möglichkeit an diesem Abend, dort hinzukommen. Ich erinnere mich, dass du mir ein paar Dinge über ihn am Telefon erzählt hast – den primitiven Lebensstil, den seine Frau und er dort pflegen mussten, und dann über den Flugzeugunfall, in den sie verwickelt war.«

»Richtig. Wegen diesem Unfall werden sie wahrscheinlich nie wieder im Dschungel leben können. Er hat für ledige Männer für diese Arbeit gebetet.«

»Und dort geht Jim jetzt hin, richtig?«

»Ja, und er hatte für einen anderen ledigen Mann gebetet, der mit ihm geht. Er hatte gehofft, dass zwei von seinen Freunden vom Wheaton College mitgehen würden, aber sie haben beide im Juni geheiratet.«

»Und was hat das jetzt mit uns zu tun?«

Pete atmete tief durch, ehe er fortfuhr. »Es fällt mir sehr schwer, dir dies zu sagen, Olive, aber ich denke, du sollst es wissen, bevor ich mit den Ältesten in der Gemeinde rede. Ich plane, so Gott will, mit Jim nach Ecuador zu gehen.«

Ich registrierte nicht gleich die Wirkung seiner Worte. Ich hatte sofort gedacht, das sei etwas, was er in Betracht ziehe, etwas, worüber wir reden könnten.

»Ich verstehe nicht«, sagte ich. »Wie lange denkst du schon darüber nach? Was ist mit deinen Plänen bezüglich des Seminars und des Lehrens? Was ist mit dem Missionsfeld, das du immer auf dem Universitätscampus gesehen hast? Hat Jims Besuch letzten Monat etwas mit dieser Entscheidung zu tun?«

»Ich war so unsicher bei meiner Entscheidung für das Seminar und ich erhielt so wenig Ermutigung, dass ich dies als Zeichen dafür nahm, dass mich der Herr nicht dorthin führt. Als Jim mich letzten Monat besuchte, sprachen wir über Ecuador und er erzählte mir, dass dort noch ein lediger Mann benötigt werde. Diese Möglichkeit kam genau zu der Zeit, als ich auf eine Antwort von Gott für meine Zukunft wartete. Da ich alleine bin, erfülle ich alle Voraussetzungen. Ich glaube wirklich, dass Gott mich zu dieser Entscheidung geführt hat.«

Ich war mir immer noch nicht im Klaren darüber, was dies für unsere Beziehung bedeutete. »Nun, für wie lange möchtest du dort hinuntergehen?«

»Ich habe keine Ahnung. Solange, wie es braucht, diese Arbeit zu tun. Das können zehn Jahre sein.«

»Zehn Jahre! Pete, was wird dann aus uns?«

»Olive, ich weiß nicht, wie ich es dir sagen soll, aber ich sehe keinen anderen Weg. Ich kann dich nicht bitten, zehn Jahre lang auf etwas Ungewisses zu warten. Es kann sein, dass ich nie heirate. Diese Arbeit muss von allein Stehenden Männern getan werden, die keine Verantwortung für eine Familie haben.«

Die schreckliche Gewissheit stieg in mir auf. Er *hatte* tatsächlich bereits eine Entscheidung getroffen. »Willst du sagen, dass es aus ist zwischen uns?«

»Ja, leider muss ich das sagen.«

Tränen stiegen mir in die Augen. Ich konnte einfach nicht glauben, was ich da hörte. Er traf, wahrscheinlich durch Jim, eine überhastete Entscheidung. »Wie kannst du eine solche Entscheidung treffen, ohne auch nur einmal mit mir darüber zu reden?«, protestierte ich. »Wie kannst du einfach so aus meinem Leben verschwinden? Was ist mit Gottes Führung für unser gemeinsames Leben? Was ist mit unserer Liebe? Was mit unserem Versprechen? Wie kannst du einfach sagen, das alles zählt nicht mehr?«

»Wir waren nicht verlobt, Olive. Keiner weiß von diesem Versprechen, deshalb müssen wir niemandem etwas erklären.«

Ich sah, dass er auf mich überhaupt keine Rücksicht nahm. Mir schnürte sich die Kehle zu und ich begann zu weinen. Offensichtlich hatte ich ihm überhaupt nicht viel bedeutet. Sicherlich waren ihm die Folgen seiner Entscheidung gar nicht klar.

»Was ist mit deiner Gesundheit?«, fragte ich unter Tränen. »Du hast mir vorher gesagt, dass sie einer der Hauptgründe ist, weshalb du nicht ins Ausland gehst. Und nun sprichst du davon, in den Dschungel zu gehen. Was hat sich geändert? Mit Sicherheit nicht deine Gesundheit.«

»Kennst du die Verse in 1. Korinther 12 – dass Gottes Gnade für mich ausreicht und seine Kraft in meiner Schwachheit vollkommen wird? Ich glaube, dass dies auf mich zutrifft.«

Ich war immer noch nicht überzeugt. »Was ist mit deiner Ausbildung und deinem Wunsch, ein Bibellehrer zu werden?«

»Ich glaube nicht, dass mein Gang nach Ecuador diese Möglichkeit für immer ausschließt«, sagte er. »Ich bin einfach zu jung und unerfahren, um jetzt schon ein guter Lehrer sein zu können. Aber in Ecuador habe ich die Möglichkeit, als junger Mann an vorderster Front zu kämpfen. Ich muss meine Zukunft bezüglich des Lehrens in Gottes Hand legen.«

Okay, so hat er das Problem des Lehrens gelöst. Aber warum hatte er nicht darüber nachgedacht, dass ich mit ihm nach Ecuador gehen könnte?

»Da gibt es noch einen Unsicherheitsfaktor für meine Zukunft«, fuhr Pete fort und beantwortete meine unausgesprochene Frage. »Jim erzählte mir über einige unerreichte Stämme in Ecuador – die Aucas und die Cofanis. Die Aucas sind bekannt als gefährliche Mörder. Wenn Gott Jim und mich dazu beruft, zu diesem Volk zu gehen, müssen wir alleine bleiben. Diese Stämme wurden noch nicht genau lokalisiert, und wir haben keine Ahnung, wie lange es dauern wird, sie zu finden. Deshalb kann ich dich nicht bitten, auf unbestimmte Zeit auf mich zu warten.«

Ich konnte mir ihn nicht an einem solchen Platz vorstellen. »Pete, du hast dein ganzes Leben mit Büchern zugebracht. Wie wirst du da im Dschungel überleben?«

»Dass ich mit Jim zusammen gehe, wird mir helfen. Er hat viel praktisches Wissen und ich kann von ihm lernen. Ich bin überzeugt, dass Gott uns gemeinsam in diese Arbeit gerufen hat.«

Ich saß dort und schwieg wie betäubt. Mir waren die Argumente ausgegangen. Pete war es absolut ernst mit Ecuador – und damit, mit mir zu brechen.

Dann kam der letzte Schlag. »Olive«, sagte Pete, »ich denke, wir sollten uns nicht mehr sehen. Es würde den Schmerz nur verlängern. Ich denke, es ist das Beste, dass wir einen klaren Schlussstrich ziehen und uns auch nicht mehr schreiben. Die Zeit ist knapp, und ich will gehen, sobald ich von den Ältesten die Empfehlung habe, um nach Ecuador zu gehen. Dann möchte ich mich in einem Monat im Osten der Staaten mit Jim treffen, um in mehreren Gemeinden zu sprechen. Jim hofft, Ende des Jahres nach Ecuador gehen zu können. Ich vertraue darauf, dass bis dahin auch mein Visum da ist, so dass ich – so Gott will – mit ihm zusammen gehen kann. Deshalb glaube ich, dass ich mich nun von dir verabschieden muss.«

»Was wird aus unseren Plänen für die Konferenz im September?«

»Ich werde mit Ken und Helena hingehen, aber ich denke, es wäre für uns sehr peinlich, wenn du kommen würdest. Ich werde bei Jim in Portland bleiben.«

Es war vorbei. Einfach so. In meinem Kopf tobten Millionen von Dingen, die ich Pete sagen wollte, aber das hätte nichts mehr geändert. Ohne ein weiteres Wort zu sagen, sprang ich auf und lief aus dem Park zum Bus. Ich musste dort weg, bloß weg von Pete. Glücklicherweise wartete der Bus, und ich kam noch rechtzeitig, um ihn zu erreichen.

Die Sonne, die auf den Wellen von Puget Sound glitzerte, ließ mich immer blinzeln, wenn ich am späten Nachmittag auf das Wasser blickte. Aber an diesem Tag blendeten mich meine Tränen, als ich aus dem Busfenster schaute. Ich war todunglücklich. Ich fühlte mich überfahren und benutzt. Während der halbstündigen Busfahrt nach Hause wiederholte ich in Gedanken all die Dinge, die Pete mir gesagt hatte. Evangelisation und Mission und Dschungel und Indianer kümmerten mich zu dem Zeitpunkt nicht. Alles, woran ich denken konnte, war, was mir eben passiert war. Wie konnte Gott das zulassen, nachdem er Pete und mich zusammengebracht hatte?

Ich konnte nicht beten; ich wusste nicht, wie ich für diese Situation beten sollte. Petes Freunde hatten ihm ein Jahr vorher gesagt, dass ich nicht zu ihm passen würde. Wenn wir auf sie gehört hätten, oder wenn Jim vorher in Petes Leben getreten wäre, wäre ich nicht so verletzt worden. Wir wären Freunde gewesen und hätten auch Freunde bleiben können. Aber stattdessen hatten wir uns ineinander verliebt und uns ein Versprechen gegeben. Nun wurde dieses Versprechen gebrochen und wir konnten nicht einmal Freunde bleiben.

Ich wusste, es muss Pete schwer gefallen sein, so zu mir zu sprechen, aber warum war er so kühl und gefühllos gewesen? Er hätte mich in den Arm nehmen und mir sagen können, wie sehr er mich liebt, oder wenigstens hätte er sagen können, dass es ihm Leid tut, dass sich seine Pläne geändert haben. Aber das tat er nicht. Er zählte einfach die bloßen Fakten auf, wie Gott ihn in einen völlig neuen Dienst geführt hat. Aber selbst wenn er mir diese Nachricht ungeschickt beigebracht hat – sollte ich seine Entscheidung nicht akzeptieren und dankbar sein, dass Gott seine Gebete beantwortet hat? Nein, so einfach war das nicht, sagte ich zu mir selbst. Ich war vorher ein fester Bestandteil dieser Gebete gewesen. Nun behauptete Pete, den »vollkommenen Willen« Gottes für sein Leben gefunden zu haben, und das ohne einen Gedanken (oder zumindest ohne jede Diskussion) über die Folgen für mich.

Je mehr ich über Petes Entscheidung nachdachte, desto überzeugter wurde ich, dass Jim ihn dazu gebracht hatte. Es geschah alles viel zu schnell. Jim, der sich so sicher war, den Willen Gottes für sein Leben zu kennen, erwartete einfach von seinen Freunden, dass sie ihn auf das Missionsfeld begleiten würden, »wo doch der Bedarf so groß ist«.

So weit ich es beurteilen konnte, würde ich Pete nie wieder sehen. Ich war zu diesem Zeitpunkt so verletzt und gekränkt, dass mich das überhaupt nicht kümmerte. Ich wollte einfach nur jede Erinnerung an diesen Nachmittag aus meinem Gedächtnis löschen. Schließlich kam der Bus an meine Haltestelle und ich stieg aus. Wenigstens hatte mir die Busfahrt die Zeit verschafft, mich zusammenzureißen, bevor ich meinen Eltern entgegentrat.

Die übereilte Entscheidung, die Pete getroffen hatte, stammte nicht von dem Pete, den ich kannte. Er wusste wenig über die Arbeit außer dem, was Jim und Dr. Tidmarsh ihm gesagt hatten. Alles, was er wusste, schien die Tatsache zu sein, dass Ehelosigkeit eine Vorbedingung war. Dr. Tidmarsh hatte die Arbeit unter den Indianern im Dschungel selbst als lediger Mann begonnen. Als er geheiratet hat, nahm er seine Frau mit und sie haben beide sehr primitiv gelebt. Bei einem der Flüge von Mrs. Tidmarsh in den Dschungel hatte das Flugzeug eine Bruchlandung und sie wurde so schwer verletzt, dass Dr. Tidmarsh die Arbeit im Dschungel aufgeben musste. Seine Schlussfolgerung? Die Härte des Lebens im Dschungel ist zu viel für eine Frau. Deshalb hielt er nun nach zwei ledigen jungen Männern wie Jim – und nun auch Pete – Ausschau, welche die Station, die er Shandia genannt hatte, wieder eröffnen können.

Unterdessen schrieb Jim an Pete zurück:

> Ein entscheidendes Wort für dich in der Frage mit Ecuador kann ich leider nicht sagen. Freuen würde ich mich natürlich sehr, wenn Gott dich bewegte mitzukommen. Aber er muss dich bewegen. Wie sollen sie predigen, wenn sie nicht gesandt werden? Wenn nicht Gott selbst dich bewegt, hoffe ich, du bleibst hier. Es sind so viele Mauern zu überklettern, und das kann man nur, wenn man völlig gewiss ist, in seinem Auftrag zu handeln.[1]

Meine Zweifel und meine Verzweiflung nahmen in den nächsten Tagen noch zu. Ich wagte es, Gott zu fragen, wie er uns so völlig getäuscht haben könne. Wie konnten wir nur zwei Jahre der Freundschaft, Gemeinschaft, des Betens, der gemeinsamen Zeit und schließlich der Liebe einfach abtun? Petes Nachricht ließ mich fragen, wie wir überhaupt den Unterschied zwischen Gottes Willen und unserem Eigenwillen erkennen konnten. Hatte Gott uns wirklich zusammengeführt oder sagten wir das einfach, um uns zuzusichern, dass wir das Richtige taten?

Ich hatte Pete geglaubt, als er mir sagte, dass er mich liebt, und ich hatte geglaubt, dass Gott uns zusammengeführt hatte. Wir waren über viele Jahre zusammengewachsen. Nun hatte Pete das Gefühl, wir hätten uns geirrt – Gott hätte ihm jetzt eine Tür geöffnet und er hätte ohne Rücksicht auf frühere Versprechen zu reagieren. Wenn Pete sich so sicher war, dass Gott ihn nun anders führt, warum war ich von Gott dann nicht zu dem gleichen Schluss geführt worden? Ich konnte einfach nicht glauben, dass er unsere Verpflichtung füreinander nur aufgrund der Erfahrungen, die er in der Zeit eines Monats gemacht hat, beiseite schieben konnte. Entweder hatte Pete mich nie wirklich geliebt, oder Gottes Führung und menschliche Liebe hatten nichts miteinander zu tun.

In seiner Antwort an Jim schrieb Pete: »Ecuador scheint meine Antwort auf strenge Forderungen zu sein, die Gott an seine Nachfolger stellt ... das Leben als Missionar in Ecuador ist eine Antwort, die materiell gesehen hart genug ist und der Strenge der Selbstaufopferung entspricht, die Jesus in seinen Reden fordert.« Diese »strenge Forderung« schien für Pete offensichtlich zu bedeuten, alle irdischen Verbindungen kappen zu müssen, die ihn in seinem Dienst behindern könnten. Ich fragte mich: Tat er diesen Glaubensschritt alleine – als Antwort auf das, was er als Gottes Willen für sein Leben ansah – oder stand er völlig unter dem Einfluss anderer?

6.

EINE VERPFLICHTUNG

Am 28. August 1951, ein paar Tage, nachdem Pete mir seine Entscheidung mitgeteilt hatte, schrieb er Jim:

> ... diese Herausforderung kam zu einer Zeit, als ich auf Gottes Führung wartete – mein Weg war nicht vollkommen klar und meine Entscheidung für Fuller war zögerlich. Dies könnte die offene Tür sein, für die ich schon jahrelang gebetet habe.
>
> Die Arbeit dort erfordert es, in Zweiergruppen hinauszugehen – ein durch und durch biblisches und vernünftiges Prinzip, um zu arbeiten. Gott hat auch unsere Wege auf dieser Linie zusammengeführt – und das unverhofft und ungeplant – und der Gedanke, in Ecuador zusammen zu arbeiten, kann nicht das Ergebnis einer geheimen Übereinkunft oder persönlicher Sympathie sein.
>
> Wenn ich nach Ecuador gehen soll, dann muss Gott alleine mich führen, und deshalb bin ich froh, dass er uns ein Maximum an Aufgaben und – bis jetzt – ein Minimum an gemeinsamer Planung gegeben hat. Ich bin dir sehr dankbar, dass du in keiner Weise versucht hast, mich davon zu überzeugen, mit dir zu gehen; Gott hat dich hierbei geführt. Und wie du gesagt hast, muss es ja auch seine Führung sein. Aber wenn es dies ist, und er führt mich wirklich, dann ist es großartig, zu wissen, dass es das göttliche Vorbild des Herrn der Ernte ist, welches uns hinausgehen lässt ...
>
> Die Arbeit erfordert ledige Männer, die frei sind, eine Zeit lang alleine zu bleiben – und ich bin in dieser Lage. Bis vor kurzem *hatte ich noch eine Verpflichtung* [das Kur-

> sive ist hinzugefügt] – ich werde dir darüber berichten, wenn ich bei dir bin und mehr Zeit habe – aber jetzt bin ich frei, auf jedes Feld als lediger Mann zu gehen. Sollte Gott mir zeigen, dass ich mich um des Reiches der Himmel willen verschneiden soll, werde ich es dankbar annehmen und dies als ein Privileg ansehen: Jesaja 56,4–5.

Hier steht es schwarz auf weiß: Ich war eine »Verpflichtung«, von der Pete dachte, frei werden zu müssen. Er mag gedacht haben, dass es den Schlag abmildert, von »Gottes Führung« oder »Gottes Willen« zu sprechen. Aber da gibt es nichts drum herum zu reden. Die Forderungen, die Pete an sich selbst stellte, hatten ihn dazu geführt, mich und meine Liebe zu verwerfen. Mein Verdacht stimmte. Als Reaktion auf diese Ablehnung beschuldigte ich Gott, uns falsch geführt zu haben. Ich beschuldigte auch Jim Elliot, er habe Pete völlig beeinflusst – nicht notwendigerweise, indem er ihn direkt überredet hat, aber durch seine starke Persönlichkeit.

Ich hoffte weiter, dass Pete seinen Fehler bemerken würde. Aber die Tage vergingen und ich hörte nichts von ihm. Meine Eltern, die Pete mochten und unsere Beziehung nie in Frage gestellt hatten, hassten es, mich so aufgelöst zu sehen. Sie dachten, ich hätte vielleicht schon früher Petes Absichten missverstanden. Sie kannten nicht die ganze Geschichte, aber sie unterstützten mich und zeigten echtes Mitgefühl.

Unterdessen wurde Pete überzeugter, als er je gewesen war, dass Gott ihn wirklich diesen Weg führte. Offensichtlich bekam er durch den Gedanken, in Ecuador zu arbeiten, eine neue Art von Entschlossenheit – er bekam dort eine Herausforderung, die er durch »verlassen« (ein Ausdruck, den Jim benutzte) verfolgen konnte. Die Art, wie er Jims starken Ausdruck »sich verschneiden« benutzte und mich einfach als »Verpflichtung« in seinem Brief bezeichnete, zeigt, wie groß diese Entschlossenheit war. Er sah mich als die eine Sache an, die einer völligen Hingabe an den Herrn, um ihm zu dienen, im Weg stand.

Obwohl mir Pete deutlich gesagt hatte, er würde nach Ecuador gehen, hatte er sich augenscheinlich noch nicht völlig entschieden.

Im selben Brief schrieb er an Jim: »Ich bin mir noch nicht absolut sicher, aber ich warte auf Gott und bin ruhig, weil ich weiß, dass du das Gleiche tust. Ich fühle, dass, wenn Gott uns gemeinsam in diese Arbeit führt, er mein Herz mit dem Deinen verbinden wird, so dass wir dann gemeinsam von Gott geführt werden. Wir müssen uns Gott im Gebet überantworten!«

»Gott hat unsere Herzen verbunden.« »Teilhaben an meiner Führung.« Pete hatte die gleichen Ausdrücke mit mir in den Monaten, als wir für unsere Zukunft beteten, benutzt – und das sogar, als wir erwarteten, für mehrere Jahre getrennt zu werden. Warum genau Pete glaubte, er könne auf mich verzichten und diese Sprache für Gottes Willen jetzt bei Jim benützen, wurde nie ganz klar. Sah er sich gezwungen, klar mit mir zu brechen, um Gott zu beweisen, dass er es ernst meint? Musste er Jim beweisen, dass er auf ihn zählen könnte und ihn nicht alleine in Ecuador sitzen lassen würde, um zu heiraten? Oder sah er seine Entscheidung wirklich als die Antwort des Jüngers auf die Forderung Gottes? Was immer Pete auch dachte – von meiner menschlichen Sicht aus schloss ich, dass Jim ihn überzeugt hatte, er müsse ledig bleiben, um Gott zu dienen. Von mir wurde jetzt erwartet, dies als Gottes Willen zu akzeptieren.

(Ich sollte an dieser Stelle sagen, dass ich den erwähnten Brief von Pete an Jim nie zu Gesicht bekam, bis ich ihn 25 Jahre später fand. Seine starke Ausdrucksweise, die mich einfach als »Verpflichtung« bezeichnete, war sogar nach all den Jahren noch ein Schock für mich. Aber er bestätigte mir, dass mein Verdacht zu dieser Zeit richtig war. Hätte ich gewusst, dass er diese Worte an Jim geschrieben hat, wäre ich wahrscheinlich an jenem Tag im Park für immer aus seinem Leben verschwunden.)

Eine Woche, nachdem Pete mir seine Pläne mitgeteilt hatte, traf er in Portland Jim auf der Septemberkonferenz der Brüdergemeinden. Obwohl er mir gesagt hatte, ich solle nicht kommen, bin ich mit einigen Freunden doch hingefahren. Ich hielt mich von ihm fern, wie er es wollte, aber ich sah in von weitem. Ich erwartete, ihn glücklich und aufgeregt zu sehen, weil Gott ihm jetzt seinen zukünftigen Weg gezeigt hatte – er erschien mir stattdessen ziemlich ernüchtert. Ich war es mit Sicherheit.

Während der Konferenz sprach Pete ausführlich mit Jim über Ecuador. Hinterher, am 6. September, schrieb er Dr. Tidmarsh und fasste die Kette von Ereignissen zusammen, die ihn zu dieser Entscheidung geführt hatten:

> Seit Ihrem Besuch – und sogar schon vorher – haben Jim und ich uns ständig geschrieben wegen meiner Ausbildung für Ecuador, und letztes Wochenende [auf der Septemberkonferenz] hatten wir die Chance, darüber zu sprechen. Wir bestätigten uns gegenseitig eine Reihe von Entscheidungen, die wir unabhängig voneinander getroffen hatten ...
>
> Bis vor etwa einem Jahr dachte ich eher daran, Gott hier zu Hause durch das Lehren der Bibel zu dienen.

Er fuhr fort, indem er die verschiedenen Bibelgruppen beschrieb, die er für die christliche Studentengemeinschaft und in seiner Gemeinde geleitet hatte.

> All dieses, plus viele unregelmäßige verantwortliche Tätigkeiten, führten mich zu der Annahme, dass Gott mich *vielleicht* für diese Art von Dienst vorbereitet, und meine Ausbildung benutzt, um meinen Verstand zu schärfen und mir als Vorbereitung das nötige geistige Rüstzeug zu geben. Aber vor einem Jahr erfuhr ich, gerade zu der Zeit, als mein Bruder sich bestätigt sah, nach Südafrika zu gehen, immer mehr über die Außenmission. Ich verschlang alle Bücher und Magazine, die ich über die Mission finden konnte ... Ich erfuhr etwas über Mittel- und Südamerika und sammelte so viel Gebetsinformationen über die Missionare in diesen Ländern, wie ich nur konnte. Besonders folgte ich im Gebet Ihren Nöten und Taten ...

Er erwähnte, dass er in Betracht gezogen hatte, zum Seminar zu gehen, und fuhr fort:

> Auf jeden Fall vertraute ich Gott meine Zukunft an und erwartete, dass er mir, zu der Zeit, wenn es ihm gefällt, eine Tür für den Platz öffnen würde, an dem er mich haben möchte.

Dann sprang er zu dem frühen Sommer dieses Jahres und schrieb:

> Nach dieser Zeit hörte ich nach einer Weile, in der wir uns nicht geschrieben hatten, wieder von Jim, und obwohl er in seinem Brief fast nichts von Ecuador schrieb und absolut nichts darüber sagte, dass ich mich mit Ecuador beschäftigte, fühlte ich mich gezwungen, über die Möglichkeit nachzudenken, dass ich auch nach Ecuador gehe. Mitte Juli kam Jim für ein Wochenende nach Seattle, und dort erwähnte er, dass ein lediger Mann in Ecuador benötigt werde und bat mich, darüber zu beten, obwohl er natürlich *keinerlei* Druck ausübte ...
>
> Ich fühlte, dass Gott mich vielleicht durch unseren Kontakt und die Bilder, die ich von der Arbeit dort sah, beruft, mit Jim zusammen dorthin zu gehen, denn ich wusste von seinem tiefen Wunsch, einen jungen Mitarbeiter wie sich selbst zu finden, der mit ihm geht, und ich fühlte die Freiheit, zu gehen, wenn Gott mir dies deutlich zeigt. Aber ich wollte sichergehen, dass meine Gedanken von Gott kamen und nicht einfach ein Produkt der Umstände waren. Deshalb sagte ich dort wenig davon, und sagte sogar Jim wenig. Wir kamen nur überein, dass wir füreinander beten, damit nichts übereilt und ohne die klare Zustimmung Gottes geschieht ... Ich bin frei zu gehen, und ich habe den Wunsch, es zu tun.

Pete hatte nicht nur auf der Konferenz etwas über Ecuador erfahren. Er lernte auch eine interessante Sache über Jim: Der hatte seine Verbindung zu Betty Howard, einer jungen Frau, die er in Wheaton kennen gelernt hatte, nicht gelöst. Pete entdeckte ein Foto von ihr in Jims Schlafzimmer. Jim gab zu, sie wäre ihm immer noch wichtig, aber Heirat stände für sie außer Frage, weil sie nach Afrika wolle und er nach Ecuador. Diese Neuigkeit muss Pete erschreckt haben, gerade weil er Jim soeben gesagt hatte, dass er sich von seiner eigenen »Verpflichtung« befreit habe.

Ein paar Tage nach der Konferenz rief Pete mich zu meiner Überraschung an. Ich hatte nicht erwartet, noch einmal von ihm zu hören. Wir unterhielten uns über die Konferenz. Ich habe mich nicht besonders gefreut, etwas über Jim zu hören, aber ich hörte trotzdem zu. Dann erzählte er mir von Bettys Bild.

»Hmmm«, sagte ich. »Ist das das Mädchen, das ihn vor zwei Jahren besucht hat? Ich erinnere mich, dass alle überrascht waren, dass Jim eine Freundin hat. Ist er mit ihr zusammen?« Ich konnte das nicht ganz mit Jims Worten in Einklang bringen, sich zu verschneiden.

»Ja, es ist das gleiche Mädchen«, antwortete Pete. »Er sagte, sie bedeutet ihm sehr viel, aber es gibt für sie keine gemeinsame Zukunft. Er plant, sie zu sehen, wenn er im Osten spricht, und ihre Beziehung zu regeln.« Pete schien das Gefühl zu haben, Jim wolle mit Betty Schluss machen.

Nach diesem Anruf fragte ich mich, ob Pete über unsere Beziehung nachdenkt. Seine unerwartete Entdeckung über Jim und Betty hatte ihn so sehr beeindruckt, dass er sein Schweigen brach und mit mir darüber sprach. Ich wunderte mich, dass Jim vorher kein Wort über Betty gesagt hatte. Und ich fand es merkwürdig, dass Jim nicht sagte, er könne Betty nicht heiraten, weil er sich verpflichtet habe, allein zu bleiben, sondern weil sie nach Afrika geht.

Unsere Unterhaltung machte mich um so sicherer, dass Pete unter Jims Einfluss stand – wenn nicht durch offenen Druck, dann doch sicher durch seine starke Überzeugung. Nun sah Pete eine andere Seite von Jim. Veranlasste dies ihn, meinen Platz in seinem Leben zu überdenken? Ich habe ihn nie danach gefragt.

7.
GEMISCHTE ZEICHEN

Ich weiß nicht, wann Petes Vater genau von den Neuigkeiten erfuhr, aber ich hörte, dass es ihn völlig aus der Fassung brachte. Er »verlor« bereits einen Sohn, Ken, an die Mission, aber Ken hatte sich über mehrere Jahre vorbereitet und geplant. Der Gedanke, dass sein anderer Sohn zur gleichen Zeit weggeht – und das so schnell und kurzfristig – erfüllte ihn mit Sorge. Er hatte von dem harten und primitiven Leben im Dschungel gehört und konnte sich nicht vorstellen, dass Pete mit seinen gesundheitlichen Problemen dort überleben kann. Pete war sein ganzes Leben lang zur Schule gegangen und hatte Bücher gelesen; er war ein Denker, nicht der »Hans-Dampf-in-allen-Gassen«, der außerhalb der Zivilisation gebraucht wird.

Er versuchte verzweifelt, seinen Sohn davon abzubringen, zu gehen, und benutzte dabei die gleichen Argumente wie ich: die Gesundheit, Gaben, die nicht zu dieser Aufgabe passten, die plötzliche Richtungsänderung, usw. Weil er wusste, dass Pete die Zustimmung der Ältesten in seiner Gemeinde wollte, ging sein Vater sogar zu einigen von ihnen, um seine Sorgen zu schildern. Er hatte die feste Überzeugung, dass Jim Pete beeinflusst hatte, weil er Pete nach Jims Besuch sehr stark verändert vorgefunden hatte.

Einmal konnte ich kurz mit Petes Vater sprechen. Ich wusste nicht, was Pete ihm über unsere Beziehung erzählt hatte oder ob er wusste, dass Pete mit mir Schluss gemacht hatte. Er ahnte sicherlich ein wenig, was geschehen war, weil er uns nicht mehr zusammen sah.

»Mein Sohn ist ein anderer geworden«, sagte er frei heraus zu mir, »und ich glaube, Jim ist dafür verantwortlich. Er hat Pete überredet, mit ihm nach Ecuador zu gehen.«

Petes Entscheidung hatte ihn ein wenig verletzt, weil er sich von seinem Sohn etwas anderes erhofft hatte. Aber wie Pete mich behandelt hatte, regte ihn sogar noch mehr auf als meine Eltern. Er sagte das Gleiche: »du musst Pete vergessen und dein eigenes Leben führen.« Dass alle Elternteile glaubten, Jim habe Pete voll und ganz beeinflusst, bestärkte mich noch in meiner Meinung, dass es so war.

Trotz der Proteste seines Vaters und von mir versuchte Pete, einen weiteren Schritt Richtung Ecuador zu machen und eine »Empfehlung« der Ältesten seiner Gemeinde zu bekommen. Die Brüder haben eine Dienststelle für Missionare, die christliche Mission für alle Länder, aber diese ist keine Missionsgesellschaft. Sie sucht nicht die Missionare aus. Jede Gemeinde muss die volle geistliche Verantwortung für die Leute übernehmen, die sie sendet. Deshalb müssen die Ältesten sich vollkommen sicher sein, dass der Kandidat so von Gott geführt wird. Sie befragen ihn sorgfältig, schauen, ob wirklich ein gottgefälliges Leben und die erforderlichen Gaben in den entsprechenden Bereichen des Dienstes vorliegen. Auch wenn diese Empfehlung nicht das Gleiche wie eine Aussendung ist, wird sie nur denjenigen gegeben, von denen die Ältesten glauben, dass sie in den vollzeitlichen Dienst berufen sind. (Die meisten Jugendlichen werden schon lange, bevor feststeht, in welchen Dienst sie gehen können, über ihre Absichten oder ihren Wunsch, in den vollzeitlichen Dienst zu gehen, mit den Ältesten sprechen, so dass die Ältesten, wenn die Zeit da ist, dass offiziell um eine Empfehlung nachgesucht wird, nicht überrascht sind. Selbst dann werden sie aber vielleicht dem Kandidaten empfehlen, ein Jahr lang in der Gemeinde am Ort zu arbeiten, um ihre Berufung zu bestätigen und ihre Gaben zu prüfen.)

Nach seinem ersten Treffen mit den Ältesten gab Pete Jim den folgenden Bericht:

> Die Lage bezüglich Ecuadors wirkt auf mich ermutigend. Als ich letzten Mittwoch [aus Portland] zurückkam, erzählte ich den Brüdern nach dem Gebetskreis von meinen Absichten. Sie schienen ein wenig überrascht zu sein, aber die meisten waren interessiert und erfreut. Nachdem ich die Arbeit dort beschrieben hatte, bat ich sie, darüber zu beten, ob sie mich dafür empfehlen könn-

ten ... Ich versuchte, ihnen vorsichtig zu sagen, dass es für mich hilfreich wäre, wenn sie so schnell wie möglich eine Entscheidung treffen könnten – das heißt, so schnell, wie es diese Sache erlaubt.

Ihre Geschwindigkeit überraschte jeden, sogar mich. Sie beriefen für den Montag eine Sitzung ein ... sie diskutierten zwei Stunden über die biblische Basis meiner Berufung ... Um die weitläufige und zum Teil lebhafte Diskussion zusammenzufassen: Die Brüder entschlossen sich, nächsten Montag noch einmal für eine endgültige Entscheidung zusammenzukommen. Die meisten der Brüder waren auf diesem Treffen dann willens, mich zu empfehlen, aber ein paar hatten Bedenken – deshalb die Verzögerung. Die Bedenken kamen durch eine Meinungsverschiedenheit über die Frage, ob ich die gesundheitlichen und körperlichen Voraussetzungen für das harte Leben im Dschungel mitbrächte und fähig wäre, in der Wildnis zu leben. Die meisten waren der Meinung, dass der Herr die nötige Gnade und Kraft geben würde, wenn er mich berufen hat, aber manche meinten, es wäre weise, sich hier in der Heimat kurz auf diese Situation vorzubereiten. Anscheinend wäre es keine Frage gewesen, mich zu empfehlen, wenn ich in eine Gegend gehen wollte, die halb zivilisiert wäre; die extreme Situation in Ecuador warf die Fragen auf ... Sie haben mir geraten, an Fuller zu schreiben, dass ich dieses Jahr nicht kommen werde. Ich nehme dies alles als Zeichen von Gott ...

Die Ältesten dachten an die Beschreibung des Lebens im Dschungel von Dr. Tidmarsh und fürchteten, dass Pete mit seinen körperlichen Schwierigkeiten unter den anstrengenden Bedingungen dieses Lebens zusammenbrechen würde. Die Tatsache, dass seine Gaben vor allem intellektuell und nicht praktisch waren, veranlasste sie zu weiterer Sorge. Die Ältesten mussten sich selbst versichern, dass Pete nicht einfach seine Gaben im Dschungel Ecuadors »vergraben« würde.

Pete hatte gehofft, Jim in Chicago sprechen zu können, um mit ihm zusammen zu planen und in mehreren Gemeinden zu sprechen, aber die Ältesten in Seattle wollten ein weiteres Treffen mit ihm, deshalb wollte er Jim später in New Jersey treffen. Die Zeit wurde langsam knapp: Er musste noch ein Visum beantragen, und vielleicht dauerte es Monate, bis sein Antrag bearbeitet wird. Es konnte somit Anfang des Jahres, wo Jim ausreisen wollte, noch nicht da sein.

Obwohl manche die Entscheidung Petes in Frage stellten, unterstützten ihn sein Bruder Ken und viele seiner Freunde durch Gebet und ermutigten ihn. Einige meinten sogar, er solle auch ohne die Empfehlung der Ältesten nach Ecuador gehen. Sie hielten es für eine überwältigend große Möglichkeit und bewunderten Pete für seine Entscheidung, ohne Rücksicht auf die Kosten dem Herrn zu folgen. In Petes Gemeinde waren manche sehr dagegen, dass er geht. Andere stimmten völlig seiner Ansicht zu.

Petes Freund David Dye schrieb später, was seiner Meinung nach zu dieser Zeit in Petes Kopf vorging:

> Er hätte sagen können, er müsse gehen, weil Gott ihn gerufen hat – mit oder ohne Billigung der Gemeinde – damit hätte er die Tatsache missachtet, dass Gottes Willen auf Gottes Art getan werden muss. Oder er hätte sagen können, dass Gott ihn vielleicht nicht berufen hat – wie einige der Ältesten für einige Zeit zu glauben schienen – und die ganze Sache fallen lassen können, was eine Missachtung der Tatsache gewesen wäre, dass ein Christ Gott gefallen soll und nicht Menschen. Doch er ließ sich trotz vieler schlechter Ratschläge von impulsiven jungen und engstirnigen alten Menschen nicht aus der Fassung bringen.[2]

Ich habe immer noch gedacht, dass Pete einen Fehler macht und egoistisch gehofft, dass die Ältesten ihm keine Empfehlung geben würden. Sie gaben Pete jedoch schließlich ihre Unterstützung und ihren Segen. Sie konnten zum Schluss nicht mehr leugnen, dass dieser 22-jährige Mann dem Herrn ganz hingegeben lebt. Und sie sagten, sie könnten nicht ablehnen, wenn jemand trotz scheinbar unerreichbar hoher Forderungen versucht, Gottes Ruf zu gehorchen. Pete glaubte, dass Gott ihm helfen wird, jedes Hindernis zu überwinden. Nun, als die Gemeinde ihre Zustimmung gegeben hatte, konnte er mit größerem Vertrauen dafür beten, dass Gott ihm das Visum rechtzeitig schenken würde.

Pete hatte in kurzer Zeit mehrere grundlegende Entscheidungen getroffen: in die Mission zu gehen und hier insbesondere nach Ecuador, seine Seminarpläne aufzugeben, alleine zu bleiben und mich fallen zu lassen. Er war sich so sicher, dass Gott ihn ruft, dass er ganz schnell alle Hindernisse aus dem Weg räumen wollte. Er wollte schlicht und einfach Gott gehorchen.

Bei seinem Aufenthalt mit Jim zusammen in New Jersey merkte Pete jedoch schnell, dass Gottes Ruf nicht so klar und deutlich sein muss, wie er das gedacht hatte.

Um zu verstehen, was Pete bald darauf erfuhr, müssen wir ein paar Hintergrundinformationen über Jim und seine Beziehung zu Betty Howard kennen. In seinen ersten Jahren auf dem Wheaton College hatte Jim den Ruf eines »Weiberfeindes« dadurch erworben, dass er alles Unwesentliche rücksichtslos aus seinem Tun ausschloss. Verabredungen, fand er, gehörten zu den Dingen, auf die er gut verzichten konnte. Zudem hatte … Gott ihn angesprochen durch das Wort in Matthäus 19,12: *»Es gibt Verschnittene, die sich selbst verschnitten haben um des Reiches der Himmel willen. Wer es fassen kann, der fasse es.«*[3] Sein Wunsch, zu den Indianern im Dschungel Südamerikas zu gehen, der wuchs, je mehr er sein Studium fortsetzte, war auf der ersten Missionskonferenz in Urbana im Dezember 1948 geweckt worden:

> Die Entscheidung kam mir dadurch, dass ich einen Mann aus dem Innern Brasiliens kennen lernte, der dort eine ähnliche Arbeit getan hat wie die, zu der ich mich befähigt fühle. Er sagte, bei den Verhältnissen, unter denen er dort arbeite, sei es unmöglich, eine Ehe zu führen. Das war alles – keine Stimmen, keine Bibelstel-

len, nur der Friede, der über die verwirrte Seele kommt, wenn eine lang erwartete Entscheidung endlich fällt. Ich will damit nicht sagen, Gott wiese mich zu einem ehelosen Leben. *Ich weiß nur, was ich für den gegenwärtigen Augenblick wissen muss,* und das ist Folgendes: Gott will nicht, dass ich mir eine Frau suche, bevor ich nicht ein deutliches Zeichen von ihm bekomme. Und allem Anschein nach besteht zunächst kein Grund, dieses Zeichen zu erwarten.[4]

Er hatte seine Entscheidung getroffen, fand sich aber dennoch – fast bis zur Märtyrerschaft – mit seiner Liebe zu Betty kämpfend. Er hatte sie während seines ersten Jahres in Wheaton kennen gelernt. Im Frühjahr 1948 hatte er ihr seine Liebe gestanden, obwohl er nicht wusste, ob er überhaupt einmal heiraten würde. Er war überzeugt davon, dass Gott ihn als ledigen Mann in den Dschungel geführt hat, aber er hatte noch nicht »sein endgültiges Zeichen« bezüglich einer Ehe erhalten.

Bei einer Selbstprüfung, die ich im Hinblick auf die Frage gehalten hatte, wie Gott diejenigen gebraucht, die sich um des Himmelreichs willen zu Eunuchen gemacht haben, entschied ich, dass niemand von meiner Verbundenheit mit jenem Mädchen etwas wissen solle, auch wenn alle sehen konnten, dass wir viel zusammen waren. Ich kann mich noch erinnern, dass ich dem Herrn bekannte, was ich 'meine Liebe zu ihr' nannte, und dass ich jeden Tag mich bemühte, zu vergessen und alles in mich hineinzuschlucken. Damals, als ich beschloss zu schweigen, kam es mir vor, als habe ich den ganzen Lauf meines Lebens festgelegt, und ich muss gestehen, ich fühlte mich ein bisschen als Märtyrer.[5]

Bald nachdem Jim Betty seine Liebe gestanden hatte, schrieb er in seinem Tagebuch: »Ich habe letzten Abend vor dem Kreuz eine Vereinbarung mit Betty getroffen. Der Herr gab mir das Gefühl, als legte ich diese Sache als Opfer auf den Altar. Sie hat ihr Leben dort hingelegt, und ich hatte fast das Gefühl, ich würde meine Hand darauf legen, um es für mich zurückzuholen, aber es gehört nicht mir, sondern ganz und gar Gott.«[6] Am 15. Juni findet sich die Eintragung: »Habe mich letzte Nacht in den Schlaf geweint, nachdem ich mich von Betty am Bahnhof verabschiedet hatte. Fühle heute den ganzen Tag hindurch Wehmut, obwohl ich draußen Sport getrieben habe. Habe sogar jetzt noch einen dicken Kloß im Hals. Vielleicht habe ich auch Heimweh – aber ich habe mich nie so gefühlt, bevor sie weg war.«[7] Zu diesem Zeitpunkt plante Betty, als Missionarin nach Afrika zu gehen und Jim wollte nach Südamerika. Später änderte sie ihre Absichten und wollte zu den Inseln in der Südsee.

Im September 1949 reiste Betty nach Portland, um Jim auf einer Konferenz der Brüder zu besuchen. Das war das erste Mal, dass Jims Freunde einschließlich Pete von ihr hörten. Da Pete und ich von Jims strengen Überzeugungen über die Ehe wussten, waren wir sehr erstaunt, zu erfahren, dass er eine Freundin hat.

Jims Tagebuch zeigt mehr über seine starken Gefühle für sie während dieses Besuchs: »Habe mit Betty sehr offen und persönlich über unsere Beziehung gesprochen ... Wir waren erschrocken, dass wir am vorigen frühen Abend so leicht auf das Thema Heirat kamen.«[8]

Als Betty aus Portland fortfuhr, schrieb er:

> Sie ist jetzt gerade eine Stunde weg. Was für Gefühlsstürme habe ich in dieser kurzen Zeit erlebt ... Der Abschied von ihr ist schrecklich ... Denn jedes Mal, wenn ich sie sehe, scheint sie eine Antwort zu wollen, eine kleine Zusicherung, ein kleines Versprechen für die Zukunft. Und das ist richtig so. Aber jedes Mal kann ich nichts sagen, außer, dass ich abwarten muss. Wie lange? Wofür? Ich weiß es nicht. O du Gott meiner bitteren Augenblicke, du Vater von Christus, der selbst geweint hat, gewähre mir Weisung direkt von Dir. Darf ich dich in vom Geist gewirkten *Glauben* bitten, Herr? Bitte, lass

> uns nicht wieder schweigend voneinander gehen. Ich würde sie lieber nie wieder sehen, als sie durch diese Stille gehen zu lassen. Ihre Rechtschaffenheit macht es so schwer. Sie liebt mich, das weiß ich, aber, oh, wie bitter ist Liebe, wenn sie nicht ausgedrückt wird. Und sie wird nicht zulassen, dass ich sie festhalte und erst recht nicht, dass ich sie berühre, denn sie sagt: »Ich kann mich dir nicht geben.« Wenn Gott sie mir schenkt und wir sicher wären, wenn wir nicht *schweigen* bräuchten, sondern sicher wären, dass er uns einander schenkt, dann wäre es einfacher. Sie könnte ihre Vorsicht aufgeben und wir könnten uns umarmen. Aber sie tut es nicht, und ich weiß, wie lange sie sich schon nach Klarheit und von da her nach Liebe sehnt.[9]

Und zusätzlich zu ihrer eigenen Unsicherheit mussten Jim und Betty auch noch das negative Urteil ihrer Freunde und ihrer Familie ertragen. Sie haben Betty durch und durch gemustert. Ihre Schlussfolgerung? »Betty hinterließ einen sehr dürftigen Eindruck bei meiner Familie«, schrieb Jim. »Anscheinend glaubt niemand, dass sie zu mir passt, nur wir selbst fühlen uns ungeheuer zueinander hingezogen. Aber vor anderen ist sie reserviert.«[10] Die Meinung der Familie verstärkte noch ihre Verwirrung.

Es war eine schwierige, aber auch wundervolle Beziehung. Jim schrieb von diesen Tagen als »sonderbare, aber ach, wie glückliche Tage! Waren sie nicht von dir, o mein Gott? Und wirst du einer solchen Liebe, wie wir sie kennen gelernt haben, die Verwirklichung verwehren?«[11] Betty brauchte von Jim die Zusicherung, dass er sie heiraten würde. Jim suchte nach einem Ausdruck ihrer Liebe. Auf der anderen Seite liebte er sie, aber er wusste nicht, ob er jemals heiraten würde.

Vom Herbst 1949 bis 1951 schrieb Jim wenig über Betty in seinem Tagebuch, auch wenn sie in Kontakt blieben. 1950 hatte Jim erfahren, dass in Ecuador Missionare benötigt wurden und spürte, dass Gott ihn dorthin führte. Äußerlich schien er die Frage der Ehelosigkeit abgehakt zu haben. Immer, wenn er vor Gemeinden oder mit seinen Freunden sprach, sagte er, er kenne Gottes Willen für sich klar und deutlich und würde ihn voller Freude befolgen.

Sein Tagebuch zeigt etwas anderes. Jim hatte seine Liebe zu Betty behalten und verbarg seinen inneren Kampf über die Frage des Ledigseins als tiefes Geheimnis. Das erklärt, warum Pete so überrascht war, als er erfuhr, dass Betty Jim immer noch viel bedeutet.

Die Woche, bevor Pete Jim im Herbst 1951 in New Jersey besuchte, glaubte er, Jim würde mit Betty Schluss machen. Tatsächlich aber war Jim klar geworden, dass seine Sehnsucht nach Betty stärker sein könnte als sein Entschluss, alleine zu bleiben. Anstatt Betty Lebewohl zu sagen, gestand Jim ihr immer wieder seine starken Gefühle für sie ein. In ihrem Zuhause in Moorestown schrieb er:

> Kam zu völliger Ruhe wegen Betty. Ich liebe sie. Die Frage von nun an lautet nicht mehr »Wen soll ich heiraten?« sondern »Soll ich heiraten?« Ich fühle mich ihr näher als je zuvor, bin aber immer sicherer, dass Gott mich von ihr wegführt nach Ecuador mit Pete – und sie in die Südsee ... Ich habe später erfahren, dass dieses Treffen sie schrecklich aus dem Gleichgewicht gebracht hat. Sie weinte den ganzen Sonntag und hat sich am Montag aber beruhigt.[12]

Dies ist nun die Situation, als Pete voller Freude und Aufregung darüber, dass seine Zukunft jetzt klar war, nach New Jersey fuhr. Er ging nach Ecuador und die Dinge schienen sich schnell zusammenzufügen. Mehrere Gemeinden im Großraum New York vereinbarten Termine, an denen er bei ihnen sprechen sollte.

Als er ankam, erlebte er einen Schock. Jim wohnte auf Bettys Einladung in ihrem Haus. Sie sahen sich nicht nur weiterhin, ihre Beziehung war auch noch intensiver als jemals zuvor.

Jim schrieb in seinem Tagebuch, dass er gezögert hatte, bei Betty zu bleiben, »weil es die Dinge kompliziert und Verwirrung bringt, denn Pete erwartet mich bereits. Führe mich, Herr, lass mich in keiner Weise den Pfad, den ich gehen muss, um richtig zu handeln, verlassen ... sie hat ihren Eltern die Neuigkeit über unseren Wunsch und unsere Absicht erzählt, so Gott will, zu heiraten.«[13]

Ein paar Tage später holten Jim, Betty, ihr Bruder Phil und seine Frau Pete ab und fuhren für ein paar Tage nach Franconia Notch in New Hampshire. Wie sie wanderten und die Natur genossen, bemerkte Pete, dass Jim und Betty mehr waren als gute Freunde – sie liebten sich ernstlich. Er konnte auch sehen, dass sie beide betrübt waren, dass sie bald Abschied voneinander nehmen mussten. Die zwei verliebten Paare inmitten der Pracht der Berge gaben Pete das Gefühl, außen vor zu sein.

Ungefähr zu dieser Zeit erhielt ich von Pete den ersten wirklich persönlichen Brief an mich. Er vermisste mich tatsächlich! Sein Brief zeigt etwas davon:

> Dir würde es hier gefallen. Wir haben die ganzen Tage hindurch die schöne Natur genossen. Am Abend, wenn wir zusammensitzen, ist es jedoch anders. Die beiden Paare freuen sich aneinander und ich fühle mich wie das »fünfte Rad am Wagen«. Jim und Betty tragen schwer an dem Gedanken, dass sie bald für Gott weiß wie lange voneinander Abschied nehmen müssen. Jim hat mir erzählt, er ist sich nicht sicher, ob Betty ihn liebt, weil Betty es ihm nicht sagen kann und es auch nicht ausdrückt.

Ich fragte mich, warum Pete mir das schrieb, wenn er anscheinend nicht sagen konnte, dass er mich noch liebt oder sonst irgendwie seine Zuneigung zeigen konnte. Ich empfing von ihm keine eindeutige Worte.

Ich habe seinen Brief nicht gleich beantwortet. Ich fühlte mich noch wegen dieser ganzen Sache gekränkt und verbittert. Ich dachte, Pete habe mir nur aus Einsamkeit und Verwirrung geschrieben. Doch dann kam ein weiterer Brief von ihm. Und noch einer. Pete schien mich zu vermissen, aber ich konnte noch keine große Veränderung zu jenem Tag im August erkennen. Jeder Brief stürzte mich nur noch tiefer in die Verzweiflung.

Eines Tages erhielt ich die Kopie eines Rundbriefes, den Pete an seinen Vater geschrieben hatte. Ich las, dass ein Ehepaar namens Bill und Irene Cathers zusammen mit Jim und Pete nach Ecuador gehen wollte. Bill hatte zusammen mit Jim im Sommer 1950 einen Kurs an der Sommerschule für Linguistik besucht und dort hatten sie das erste Mal über Dr. Tidmarshs Arbeit im Dschungel von Ecuador und über den unerreichten Indianerstamm der Aucas gehört. Während dieses Sommers kam Jim zu dem Schluss, dass Gott ihn auch in die Arbeit unter diesen Indianern führte. Er hatte gehofft, dass Bill ihn als lediger Mann begleiten würde, aber im Juni 1951 heiratete Bill Irene. Trotzdem entschieden sich die Cathers immer noch dazu, zu gehen. In dem Brief wurde auch noch ein anderes Ehepaar ohne Namen erwähnt, die auch in Ecuador ihren Dienst tun wollten.

Hier gab es nun eine weitere überraschende Wendung. Pete hatte mit mir Schluss gemacht, weil für die Arbeit im Dschungel junge ledige Männer nötig waren. Dann kam Jim mit Betty zusammen und nun gaben ein – vielleicht sogar zwei – Ehepaare bekannt, dass sie zusammen mit Pete und Jim gehen wollten. Je mehr ich versuchte, die Führung Gottes zu verstehen, desto verwirrter wurde ich.

An den Schluss des Briefes hatte Pete eine kurze Notiz für mich hingekritzelt: »Ich habe jetzt noch mehr über die Arbeit in Ecuador erfahren, aber ich warte damit, bis ich nach Hause komme und dir alles erzählen kann. Ich habe dir auch die Adresse von meinem nächsten Aufenthaltsort geschrieben. Ich hoffe, du wirst mir schreiben. Ich freue mich darauf, von dir zu hören.« Anscheinend begann Pete, seine Zukunft neu zu überdenken.

Mein Antwortbrief war irgendwie vorsichtig, aber voller Fragen. Schmerz und Verwirrung hielten mich davon ab, ihm meine wirklichen Gefühle mitzuteilen. Ich wollte nicht wieder das Risiko eingehen, noch einmal so verletzt zu werden.

Aber ich begann mich zu fragen, ob Pete langsam damit begann, unsere Beziehung wiederherzustellen. Was waren das für neue Informationen, die er jetzt hatte? Wenn die Cathers hinausgingen, musste es offensichtlich auch für Ehepaare einen Platz im Dschungel geben. Es kam mir der Gedanke, dass Pete mich fragen könne, ob ich mit ihm zusammen nach Ecuador gehen würde. Ich musste ernsthaft darüber nachdenken, wie ich ihm antworten sollte. Ich fand es entsetzlich schwer, zwischen meinen Gefühlen für Pete und dem Willen Gottes für mich – wenn er wirklich anders war – zu unterscheiden. Sollte ich mich darauf einstellen, dass Gott mich unabhängig von Pete führen würde? Ich war viel zu jung, um als ledige Frau auf das Missionsfeld zu gehen; ich hatte keine Ausbildung und keine sichtbaren Gaben, die mich besonders für die Arbeit im Dschungel geeignet erscheinen ließen.

In der Zwischenzeit kämpfte Jim weiter mit der Frage der Ehelosigkeit. Als er wieder zurück zu Hause in Portland war, schrieb er am 20. November 1951 in sein Tagebuch:

> Ich habe letzten Abend darüber nachgedacht, ob ich mich mit Betty verloben soll. Es erschreckt mich, zu guter Letzt alle früheren Einwände, die ich gegen die Ehe hatte, über Bord zu werfen. Soll ich also schließlich doch das herkömmliche Leben mit Decken, Haushaltsgeräten und Babys führen? Ist das Beispiel der Ehelosigkeit, das Paulus gelebt hat, viel zu hoch für mich? Oder bin ich zumindest nicht einer von denen, die sich selbst um des Himmelreiches willen verschneiden? Ich fühle keine Bitterkeit, nur ein wenig Bedauern, die ganzen guten Freiheiten zu verlieren, die Gott mir bis jetzt zugestanden hat, wenn ich mich zum Alleinsein verpflichten sollte. Ich bin mir noch nicht klar über den einen oder den anderen Weg, obwohl ich das starke Gefühl habe, dass es für mich und für Betty und wegen des Geredes von vielen das Beste wäre, wenn ich einen Ring kaufe …
>
> Herr, welchen Weg soll ich gehen? »Das Verlangen der Elenden hast du, o Herr, gehört; du achtest auf ihr Herz, leihst ihnen dein Ohr.« (Psalm 10,17) Was soll ich über all die Möglichkeiten sagen, die man mir gegeben hat, über die Methode von Paulus zu sprechen – eben über Männer, die alleine sind und auf dem Missionsfeld arbeiten –

> und das anhand des Beispiels von meinen und Petes Plänen? Und was werden die Leute sagen, die mich sagen hörten, »Ich gehe alleine nach dem Willen Gottes«, wenn ich wirklich verlobt sein sollte und meine Pläne sich ändern? Nun, alles ist in Gottes Hand. Er hatte mich geführt, so zu sprechen. Und ein verlobter Mann ist schließlich auch noch allein, er hat bloß das Ziel, zu heiraten. Und Paulus würde mich aus meiner Verpflichtung entlassen ... hat er jemals eine Frau geliebt?[14]

Jim schien zu diesem Zeitpunkt die Liebe und den Willen Gottes fast der gefühlsmäßigen Ausgeglichenheit und der Meinung anderer unterzuordnen – und das bis zu dem Punkt, dass er eine Verlobung immer noch als »Alleinsein« definierte. Mit Sicherheit hatten Jims gemischte Gefühle und die gemischten Signale, die von ihm kamen, ihre Wirkung auf Pete. Vielleicht brachten sie Pete dazu, ein bisschen weniger dogmatisch über das Geheimnis des Willens Gottes zu denken. Aber ich wusste immer noch nicht, was das für mich bedeuten würde.

8.
GETRENNT

Kurz nachdem Pete mit mir im August 1951 Schluss gemacht hatte, begann mein zweites Jahr an der Universität von Washington. Zum Glück hielt mich der Stress des Studiums davon ab, mich zu sehr auf meinen Schmerz zu konzentrieren. Aber zur gleichen Zeit dachte und studierte ich immer mehr über Ecuador. Ich musste einfach verstehen, was an diesem Land so wichtig war, dass Pete seine Pläne, Lehrer zu werden, das Seminar und mich aufgeben konnte, um dorthin zu gehen. Ich wollte auch so viel ich konnte über den Indianerstamm der Aucas lernen. In meiner Anthropologievorlesung schrieb ich z. B. eine Arbeit über die Indianer des Amazonasbeckens. Zu meinem Entsetzen entdeckte ich, dass die ersten Weißen, die zunächst auf der Suche nach Gummi den Dschungel erforscht haben, alle Indianer, auf die sie getroffen sind, brutal ermordeten. Außer diesem grausamen Kapitel der Geschichte brachte meine Arbeit so gut wie nichts über die Indianer hervor und die Aucas kamen überhaupt nicht in ihr vor. Das Schreiben dieser Arbeit weckte jedoch weiter meine Neugier.

Im Oktober reisten meine Eltern in den Mittelwesten und besuchten dabei ihre Freunde, die McCullys, in Wisconsin. Dort erfuhren sie eine überraschende Neuigkeit: Der Sohn der McCullys, Ed, und seine Frau, Marilou, bereiteten sich auf die Missionsarbeit in Ecuador vor. Ed und Marilou waren das andere Ehepaar, das Pete in seinem Rundbrief erwähnt hatte. Auch die McCullys befürchteten, dass Ed völlig unter dem Einfluss von Jim Elliot stand. Diese Neuigkeit bestärkte meine Eltern in ihrer Meinung, dass Jim Pete überredet hatte.

Vorher hatte ich nicht gewusst, dass Ed der andere ledige Mann aus Wheaton war (zusammen mit Bill Cathers), den Jim für sein Ecuadorteam hatte haben wollen. Nun waren sowohl Bill als auch Ed verheiratet – aber beide wollten immer noch nach Ecuador. Wie unglaublich klang das alles. Ich fragte mich, ob hier wirklich Gott wirkte, oder ob Jims starke Persönlichkeit immer noch diese jungen Männer beherrschte.

Das Tagebuch von Jim gibt mehr Hintergrundwissen zu der Rolle, die Jim in Eds Leben gespielt hat. Ed hatte Jura studiert, als er im Herbst 1950 an Jim geschrieben hat. Seine Prioritäten hatten sich geändert. Er hatte sich entschlossen, »das Studium abzubrechen und nach offenen Türen für ein Leben der Aufopferung für Gott zu schauen.«[15] Einen Monat später (am 18. Oktober) schrieb Jim:

> Ich fühle mich genötigt, nach Milwaukee zu gehen und Ed McCully aufzusuchen, so wie vor langer Zeit Barnabas nach Tarsus ging, um Saul aufzusuchen. Herr, ich habe dir mit ganzem Herzen vertraut und bekenne dir nun, dass ich nicht weiß, worauf ich mich stützen kann. Bereite du meinen Weg vor mir her ... Bereite du es vor, dass Ed und ich zusammenkommen ...[16]

Am 24. Oktober, bei Ed zu Hause, schrieb Jim:

> Ich bete um Führung für Ed wegen der Arbeit des Herrn in Ecuador ... Ich spüre, dass Ed in eine Krise kommt und sehe die Gefahr, ihn ungut zu beeinflussen, deshalb gib mir Weisheit bei allem, was ich in dieser Familie dort sage.[17]

Im Januar 1951 begleitete Ed Jim auf einen Einsatz in Chester, Illinois. Zwei Monate vorher hatte er Marilou getroffen und während er in Chester war, verlobten sie sich. Im Juni 1951 – eine Woche nach den Cathers – heiratete Ed Marilou. Nur ein paar Wochen nach diesen Hochzeiten hörte Pete nach langer Zeit wieder von Jim. Als Eds und Bills Heirat sie beide als allein Stehende Partner ausschlossen (wenn auch nicht als verheiratete Missionare) hatte Jim sich schnell Pete zugewandt.

Als Pete im November von seinem Besuch in New Jersey zusammen mit Jim nach Hause zurückgekehrt war, hatte er viel für seine Ausreise vorzubereiten. Wie durch ein Wunder wurde sein Visum in Rekordzeit ausgestellt, so dass er zusammen mit Jim nach Südamerika fahren konnte – das war für ihn auch eine Bestätigung, dass Gott ihn tatsächlich führte.

Ich hatte von einer großen Versöhnung mit Pete geträumt, mit Tränen und Plänen für unsere Zukunft. Das geschah zwar nicht, aber wir redeten wenigstens über Ecuador. Ich konnte jetzt mehr darüber erfahren, was auf seiner Reise geschehen war und erfuhr von diesem neuen Teammitglied, das verheiratet war.

Pete kam eines Nachmittags zu mir nach Hause. Er war freundlich, aber er benahm sich mehr wie ein »Kumpel« als wie der Mann, der erst wenige Monate zuvor mit mir über Heirat gesprochen hatte. Es erinnerte mich an unsere ersten Treffen. Nach einiger Zeit des lockeren Gesprächs kam ich auf den Punkt.

»Wie kommt es jetzt, nach allem, was du über die Arbeit im Dschungel gesagt hast – sie sei nur etwas für ledige junge Männer – dass dieses Ehepaar und später noch ein anderes Ehepaar mit euch gehen?«

Pete erläuterte mir die letzten Pläne: »Sobald Jim und ich Spanisch beherrschen, möchten wir in den Dschungel gehen und die Station Shandia wieder eröffnen – das ist die, welche seit dem Unfall von Mrs. Tidmarsh geschlossen ist. Wenn das so weit ist, kann dort ein Ehepaar leben und die Arbeit dort übernehmen und Jim und mir den Weg für die Reisearbeit im Dschungel freimachen.«

»Mit anderen Worten, du hast jetzt erfahren, dass das Leben dort nicht so schlecht ist, wie du zuerst geglaubt und mir glauben gemacht hast.«

»Ja, ich denke, das kann man so sagen«, sagte er und versuchte, nicht in die Defensive zu geraten. »Aber das hat noch nicht meine eigene Überzeugung geändert, dass es dort immer noch viel Arbeit gibt, die nur von ledigen Männern getan werden kann. Wie lange es dauern wird, bis wir unsere Ziele erreicht haben werden, weiß Gott alleine.«

»Somit ist deine Zukunft noch genauso unsicher wie zuvor.«

»Richtig, und deshalb kann ich dich nicht bitten, auf mich zu warten. Ich glaube, dass es möglich ist, dass ich später heirate. Ich weiß nur nicht, wann.«

»Pete, als du letzten Sommer mit mir über Heirat gesprochen hast, wusstest du auch nicht genau, wann das sein wird, aber du hast geglaubt, dass Gott uns bis dahin gebracht hat und uns nicht fallen lassen wird. Warum ist jetzt alles anders?«

»Das hier ist weitaus unsicherer als meine Pläne für das Lehramt zu sein schienen«, sagte er. »Ich weiß einfach nicht, was uns dort erwartet. Ich kann dir keine Hoffnung auf die Zukunft machen, bevor ich sie nicht selbst weiß. Ich will nicht mein ganzes Leben lang dort im Dschungel arbeiten – vielleicht kann ich danach über Heirat nachdenken. Aber jetzt im Moment weiß ich nicht, wie lange das sein wird. Ich denke, dass ich zu guter Letzt ein Bibellehrer sein werde – aber ich muss mich selbst bewähren. Wie Paulus zu Timotheus gesagt hat: ›du aber bleibe nüchtern in allen Dingen, erdulde die Widrigkeiten, tue das Werk eines Evangelisten, richte deinen Dienst völlig aus!‹ Die Arbeit in Ecuador wird, so weit ich das weiß, diese Anforderungen für mich erfüllen. Ich vertraue darauf, dass Gott will, dass ich dorthin gehe.«

Die Botschaft war klar und deutlich, wenn auch mit kleinen Änderungen. Pete hatte weder eine Ehe noch die Laufbahn eines Bibellehrers ausgeschlossen. Aber er machte mir keinerlei Versprechungen, dass ich jemals in seine Zukunft passen könnte. Jedes Signal, welches ich von ihm empfing, besagte, dass Gott ihn von mir weg in diese neue Arbeit führte. Wie wir dort in unserem Wohnzimmer saßen, fragte ich mich, ob er wartete, dass ich sage, ich glaube, dass Gott mich auch in die Arbeit in Ecuador ruft. Vielleicht hatte er das Gefühl, er könne mir nichts über seine Liebe zu mir sagen, bevor ich nicht selbst diese Entscheidung getroffen hatte.

Petes Stimme riss mich aus meinen Gedanken. Er erzählte mir von einer weiteren unerwarteten Entwicklung.

»Es gibt die Möglichkeit, dass irgendwann nächstes Jahr zwei ledige Mädchen zusammen mit uns arbeiten können«, sagte er. »Eine ist Jims Freundin, Betty Howard, und die andere ist Dorothy, die vorher im Büro des *Voices of the Vineyard* [eine Missionszeitung] gearbeitet hat.«

»Tatsächlich? Ich dachte, Betty wollte in die Südsee.«

»Diese Pläne haben sich zerschlagen, so dass sie jetzt nach Ecuador kann. Ich weiß nicht, mit wem sie arbeiten wird oder welche Fähigkeiten Dorothy hat. Ich weiß, dass Betty linguistisch begabt ist. Durch ihre Sprachausbildung und ihre Griechischkenntnisse von Wheaton her wird sie für die Übersetzungsarbeit eine große Hilfe sein.«

Das alles erschien mir ziemlich unehrlich. »So, Betty geht jetzt auch nach Ecuador? Was ist jetzt damit, dass Jim 'sich verschneiden' wollte?« Ich wusste, dass die Beziehung zwischen Jim und Betty tiefer war, als sie zugeben wollten, und ich fragte mich, welchen Eindruck das auf Pete machen würde.

»Ihr Kommen ändert in keiner Weise die Ziele, die Jim und ich für die Arbeit haben. Eine Heirat steht für die beiden in weiter Ferne.«

Ich war mir da nicht so sicher. Ich fragte mich sogar, ob Bettys Entscheidung, zu gehen, Pete ganz langsam dazu brachte, die Beziehung zu mir wieder zu kitten.

Irgendwie überlebte ich dieses erste Treffen mit Pete, seit er mit mir Schluss gemacht hatte. Er sagte zu mir, er wolle Anfang des Jahres aus Seattle weggehen. Jim und er würden zwei Wochen in Los Angeles Gemeinden besuchen und dann in der ersten Februarwoche ein Schiff nach Südamerika nehmen. Pete verbrachte seine Tage damit, für Ecuador zu packen und zu Gesprächsterminen zu reisen. Wir hatten keine Gelegenheit, an der Wiederherstellung unserer Beziehung zu arbeiten, aber das war vielleicht ganz gut so. Mir fiel es schwer, mit ihm zusammen zu sein; meine Gefühle waren noch zu sehr an der Oberfläche. Ich wünschte mir, dass er mir sagte, er würde mich lieben, oder wenigstens versuchen würde, mich in seine Pläne einzubeziehen – aber das tat er nicht. Tief innen wusste ein Teil von mir, dass seine Entscheidung richtig war. Ich war noch so jung und musste noch die Universität abschließen. Pete würde es irgendwie schaffen, aber ich wusste, dass ich dort nie überlebt hätte. Und seine Bemerkungen über Bettys Gaben ließen mich nur mehr erkennen, wie wenig ich zu diesem Zeitpunkt anzubieten hatte.

Zu Weihnachten hatte sich unsere Beziehung zu einer ziemlich unemotionalen, aber nichtsdestoweniger schönen Freundschaft gewandelt. Als Pete von einem Gesprächstermin in Vancouver zurückkehrte, kam er kurz vor Weihnachten bei mir vorbei und gab mir zu meiner völligen Überraschung eine kleine Schachtel. Das Letzte, was ich erwartet hatte, war ein Weihnachtsgeschenk. Ich selbst hatte nichts für ihn besorgt.

Es war ein kleiner, blauer Zirkonring.

»Pete, das ist lieb von dir. Warum schenkst du mir dies?«

»Ich sah ihn in Vancouver und dachte, er würde dir gefallen. Vielleicht denkst du an mich, wenn du ihn trägst.«

«Aber wozu ein Ring?«, fragte ich verwirrt. Für mich war ein Ring, wenn ihn mir ein Mann schenkt, ein bestimmtes Symbol. Was hatte Pete vor? Ich hatte ihn in den letzten fünf Monaten kaum gesehen und es hatte sich wenig geändert, seit er aus New Jersey zurückgekehrt war.

»Ich kann einfach nicht fortgehen, ohne dich wissen zu lassen, dass du mir immer noch viel bedeutest«, sagte er. »Ich kann dir immer noch nichts Sicheres für die Zukunft sagen, und bestimmt nichts in Bezug auf Heirat. Aber ich dachte, dieser Ring könnte zeigen, dass du viel für mich bedeutest, und er kann unsere Freundschaft zeigen. Er verpflichtet dich zu nichts. Ich möchte, dass du die Freiheit hast, dich zu verabreden. Und ich muss auch frei sein für die Arbeit, die vor mir liegt. Ich kann nicht unter dem Druck stehen, dir zu schreiben, und ich denke, dass die Post dort im Dschungel sowieso ziemlich selten kommen wird.«

»Aber was soll ich den Leuten über uns sagen?«, fragte ich. »Einen Ring könnten sie als Verlobung missverstehen.« Ich wusste, dass ich noch nicht zu einer Verlobung bereit war, nicht jetzt. Er hatte seit diesem schicksalhaften Tag im Juni nicht mehr gesagt, dass er mich liebt. Ich konnte ihm jetzt nicht meine Liebe zeigen.

»Es ist keine Verlobung«, sagte er hart, »wir können es eine ›Übereinkunft‹ zwischen uns nennen. Wir wissen, dass wir uns viel bedeuten, aber wir wissen nicht, was Gott für uns in der Zukunft vorhat. Wenn wir unsere Gefühle nicht außen vor halten, wären wir nutzlos. Ich kann mich nicht damit belasten.«

»Das bedeutet noch immer fünf oder mehr Jahre der Unsicherheit, Pete. Wie können wir so weiterhin unsere Gefühle füreinander zurückhalten?« Anscheinend brachte er dies fertig, aber ich konnte es nicht.

»Ich weiß nicht, ob es so lange dauern wird. Ich muss warten, bis ich dorthin komme und selbst die Erfordernisse dort sehe. Ich weiß einfach nicht, welche Zukunft wir beide dort haben können. Ich weiß, dass du mir viel bedeutest und dass ich Gottes Führung vertraue.«

Obwohl der Ring nur eine »Übereinkunft« ohne jedes Gefühl symbolisierte, gab er mir etwas Hoffnung für die Zukunft. Er erschien mir fast wie ein Neubeginn für uns. Ich sagte Pete das erste Mal, dass ich daran dachte, ein paar Spanischkurse zu belegen, und – vielleicht auch mit Blick auf Ecuador – etwas Buchführung; er hielt dies für eine großartige Idee.

Ich verbrachte die nächsten paar Tage damit, etwas zu suchen, was Pete an mich erinnern könnte. Die Männer hatten fast keinen Platz, um persönliche Gegenstände mitzubringen; am meisten nahmen sie nützliche Dinge für das Leben im Dschungel. Als ich hörte, dass er einen Mantel benötigte, dachte ich, das wäre die Lösung. Als er ihn anprobierte, sagte er mir, er würde ihm wirklich gefallen, und er sah großartig darin aus. (Dies war das erste Mal, dass ich ihn in einem schönen langen Wintermantel sah.) Ich fühlte mich gut. Ich hatte ihm ein nützliches und auch bedeutungsvolles Geschenk gemacht, eines, das ihn an mich erinnern würde. Es schien ihm auch viel zu bedeuten.

Als schließlich die Zeit für ihn kam, aus Seattle fortzugehen, konnte ich ihn nicht ansehen. Ich weinte fast während seines gesamten Abschiedsgottesdienstes und blieb im Hintergrund. Als er ging, küsste er mich jedoch zum Abschied.

Als Pete zuerst unsere Vereinbarung brach, nahm davon niemand außer unseren Familien und unseren engsten Freunden Notiz. Aber als er nach Ecuador abreiste, fragten sich die Leute, was hier vorging. Manche dachten, wir hätten uns verlobt. Es fiel mir schwer, ihnen unsere »Übereinkunft« zu erklären. *Wenn es keine Verlobung, war, was war es dann?*, würden die Leute sagen. Meine Mutter fand es schwer, zu mir und Pete gefragt zu werden, weil sie den Aufruhr der Gefühle gesehen hatte, den Pete bei mir verursacht hatte. Und der bloße Gedanke, dass ihr einziges Kind nach Ecuador gehen könnte, beunruhigte meine Eltern.

David Dye, der Freund von uns, der uns am besten kannte, schilderte später seine Eindrücke von unserer Situation:

> Pete ließ ein Mädchen in Seattle zurück, Olive Ainslie, das er sehr liebte. Aber er hatte zu dieser Zeit nicht das Gefühl, dass Gott wollte, dass er Olive mit in diese raue Pionierarbeit nehmen sollte, die er dort tun wollte. Auch wenn die Ehe die Norm für die meisten Menschen ist, so ist sie doch für einen konsequenten Christen kein unveräußerliches Recht. Der Wille Gottes muss stattdessen die oberste Priorität sein. Jemand, der nicht einmal einen geliebten Menschen weit hinter sich zurückgelassen hat, kann vielleicht nicht die Größe des Vertrauens beurteilen, das Pete mit Freude über Gott gehen ließ.[18]

Vielleicht wusste Dave mehr über Petes Gefühle für mich; vielleicht wusste er weniger. Aber während er und andere Pete dafür bewunderten, dass er edel alles opferte, um Gottes Willen zu tun, blieb ich zurück und konnte die Scherben meines Lebens aufsammeln – gefühlsmäßig und auch geistlich.

Ein Beispiel: Ein paar Wochen, nachdem er Seattle verlassen hatte, verschenkte Pete den schönen Mantel, den ich für ihn gekauft hatte. »Ich traf einen guten Freund hier in Portland«, schrieb er später nebenbei in einem Brief, »und er brauchte den Mantel nötiger als ich, deshalb gab ich ihn ihm. Ich bin sicher, dass du das verstehen wirst.«

Ich verstand es nicht. Seine Großzügigkeit gegenüber jemand anderem war für mich ein Schlag ins Gesicht – und bloß ein weiterer Beweis dafür, dass ich ihm in Wirklichkeit nicht viel bedeutete. Er hatte mich ein weiteres Mal verletzt. Ich dachte, vielleicht hatte ich dem Mantel zu viel Bedeutung beigemessen. Aber früher wäre er nicht ohne irgendetwas gefahren, das ich ihm gegeben hatte. Nun war er weg und er hatte nichts von mir. *Soll so ein Mensch seine völlige Hingabe an Gott zeigen?*, fragte ich mich selbst. Wo war der Pete, den ich kannte – der völlig Gott hingegeben lebte, aber doch einfühlsam, warm und liebevoll war?

Zu der Zeit, als Jim und Pete im Februar 1952 von Los Angeles losfahren wollten, hatte sich mein Zorn wegen dem Mantel zum größten Teil beruhigt. Pete rief mich sogar an, um sich von mir zu verabschieden, und wir hatten ein schönes Gespräch.

»Olive, ich habe gerade Ed und Marilou McCully getroffen – das andere Ehepaar, das uns nächstes Jahr folgen wird. Er schließt bald seinen Kurs in Missionarsmedizin in Biola ab.«

»Ach ja, die McCullys. Meine Eltern erzählten mir von ihnen, als sie letzten Oktober Eds Eltern besuchten. Ich wusste nicht, dass er in Biola ist, aber ich wusste, dass er und seine Frau nach Ecuador wollen. Wir kennen seine Eltern schon lange. Weißt du, ich hatte früher ein Bild von Ed und seinem Bruder aus ihrer High-School-Zeit. Die Welt ist wirklich ein Dorf.«

»Vielleicht solltest du ihnen schreiben und sie über den Kurs in Biola fragen«, meinte Pete. »Vielleicht möchtest du ihn später selbst machen. Sie sind ein wunderbares Paar. Ich denke, ihr würdet gut für die Arbeit zusammenpassen. Übrigens, Jim hält es für einen großartigen Gedanken, dass du Kurse in Buchführung belegen möchtest. Es könnte sich auf dem Feld als sehr nützlich erweisen.«

»Pete, du sprichst, als meinst du, ich würde dort hinuntergehen.«

»Wer weiß, Kleines? Ich möchte, dass du weißt, dass du mir wirklich viel bedeutest, und dass ich darauf vertraue, dass Gott uns eines Tages zusammenführen wird. Das ist alles, was ich jetzt sagen kann. Übrigens, ich habe dir mit Marilous Hilfe etwas gekauft. Lass mich doch wissen, ob es dir gefällt, wenn du es hast.«

Ich brach in Tränen aus. Abschiede waren immer schwer für mich, aber dieser zerriss mich. Ich begann zu glauben, dass ich ihm wirklich etwas bedeutete. Die Zukunft war keine Spur klarer, aber meine Hoffnung flammte irgendwie wieder auf.

Ich hörte Petes Stimme die nächsten zweieinhalb Jahre nicht mehr.

Eine Woche nach seiner Abfahrt erreichte mich ein Päckchen von ihm. Es war ein sehr gut gearbeiteter, wunderschöner Rock aus verschiedenfarbigen Stücken mit Grün- und Gelbtönen. Ich liebte ihn sehr.

Bevor Pete aus Seattle wegfuhr, hatte er mich dazu ermutigt, Betty Howard zu schreiben, die selbst in ein paar Monaten nach Ecuador ausreisen würde, und ich tat es. Ihre Antwort, die mich kurz nach der Ankunft der beiden Männer in Ecuador erreichte, hatte eine große Bedeutung für mich, weil sie weiter meine Hoffnung nährte, dass Pete mich doch liebt. Sie hatte Pete kennen gelernt, als sie in Franconia Notch in New Hampshire waren, und sie schrieb: »Ich habe ein wenig von dir gehört ... ich bin mir sicher, dass Pete sich beherrscht hat, weil er so wenig über dieses Thema gesprochen hat!« Ich war überrascht, dass Pete mit Betty über mich gesprochen hatte, weil unsere Beziehung zu dieser Zeit völlig zerstört war. Anscheinend hatte er ihr nicht die ganze Geschichte erzählt. Sie fuhr fort:

> Pete las uns Gedichte vor. Ich werde das nie vergessen. Er hat ein unglaubliches Gefühl für Gedichte – überhaupt für jede Art von Literatur – und das bewundere ich wirklich. Möge Gott sich immer durch diese Neigung verherrlichen. Es gibt immer die Möglichkeit, dass einem ein Talent oder eine Fähigkeit zur Falle wird, aber der Herr spricht von der *Umwandlung unseres Sinnes,* und davon, ihn mit aller Kraft zu lieben.

Dann fragte sie mich über meine gegenwärtigen Pläne:

> [Ich] frage mich, ob du an der Universität absolvieren möchtest oder nicht. Wenn nicht, hältst du es dann für dich für möglich, nach Ecuador zu gehen? Ich denke oft an dich und bete für dich, Olive, denn ich weiß, wenn schon ich dadurch zerrissen werde, dass Jim so weit weg ist, was muss es dann erst für dich bedeuten. Denn ich werde wenigstens auch dorthin gehen, ob ich ihn nun in den folgenden Jahren sehe oder nicht.

Ihre Frage bezüglich Ecuadors ermutigte mich mehr als alles, was Pete gesagt hatte, obwohl ich wusste, dass, wenn ich dorthin gehen würde, es nicht sehr bald sein würde.

Bettys Worte trafen bei mir in vielen Bereichen genau den Punkt. Sie zitierte den Vers »Wenn jemand mich liebt, so wird er mein Wort befolgen« (Johannes 14,23), und schrieb dazu: »Wenn dieser Gehorsam um jeden Preis nicht den Kern und das Wesentliche unseres Seins mit einschließt – ja, die wertvollsten Bindungen auf dieser Erde – dann ist es kein Gehorsam, oder nicht? Aber was haben wir doch für eine wunderbare Hoffnung – eine ewig währende Herrlichkeit.« Als Jugendliche hatte ich ein Buch über den Willen Gottes gelesen. Der Autor behauptete, wir würden Gottes Willen erfahren, wenn wir ihm gehorchen. Deshalb betete ich zu dieser Zeit, dass Gott mir helfen möge, ihn besser kennen zu lernen. Als ich nun Bettys Brief las, begann ich mich zu fragen: Nahm mich der Herr jetzt beim Wort und forderte mich auf, ihm zu gehorchen? Was würde es mich kosten, Gott zu gehorchen?

Bettys nächste Zeilen verwirrten mich, denn ich hatte nicht gewusst, wie ernst ihre Beziehung zu Jim war:

> Als mir das erste Mal klar wurde, dass ich Jim liebe, ärgerte ich mich fast darüber, dass Gott diese Erfahrung der Liebe (ich wusste, dass dies die *eine* Erfahrung war, die mich *alles* kosten würde) in meinem Leben zugelassen hatte. Aber ich kann Gott jetzt – über dreieinhalb Jahre später – nur noch dafür loben ... Ich bin glücklich – sehr glücklich, dass Pete und Jim zusammenarbeiten können. Sie brauchen einander und sie ergänzen sich meiner Meinung nach perfekt. Ich freue mich auch, dass Pete *dich* hat. Gott sah, dass es gut so ist. Wir haben eine große Verantwortung – wie groß, ist uns vielleicht gar nicht klar ... Treu sollen wir in unserer Liebe sein, durch all das Leid, das immer der Begleiter der Liebe ist. Treu sein in der Bitterkeit der Erkenntnis, dass die Liebe eines Mannes *nie* die Beständigkeit hat, die wir erhoffen. Treu in der Bereitschaft, sich aufzuopfern – denn sich aufop-

fern ist das Los einer Frau. Treu, indem wir den Mann unterstützen, nach dem höchsten Ziel zu greifen, wenn es leichter erscheint, aufzugeben – denn er greift nach dem Höchsten, versucht zur gleichen Zeit, sich von etwas anderem zu überzeugen, ist aber enttäuscht, wenn er nicht das Höchste erlangt.

Ich verstand, was sie mit Leid meinte, denn seit ich Pete meine Liebe gestanden hatte, hatte es nur Leid für mich gegeben. Aber wollte sie sagen, dass dies zu erwarten war? Liebte Pete mich wirklich – aber anders, als ich gedacht hatte? Konnte ich nicht mehr erwarten, dass er mir gegenüber derselbe ist, nachdem Gott ihn berufen hatte? Ihre Worte ließen Liebe so schwierig, und – für normale Menschen wie mich – unerreichbar erscheinen. Es klang alles so vergeistigt, so unwirklich. Was meiner Meinung nach wirklich zwischen Pete und mir, zwischen uns allen, geschah, ist, dass wir unsere wirklichen Gefühle voreinander verbargen. Weil wir unsicher über die Gefühle des anderen waren und unfähig (oder nicht willens) unsere eigenen auszudrücken, entschieden wir, uns auf eine scheinbar höhere Ebene zu stellen. Einiges war ohne Zweifel Führung des Heiligen Geistes, aber vieles verschleierte einfach die echten Gefühle von Liebe, Sehnsucht, Zweifel, Furcht und Unentschlossenheit.

Betty Howard hatte eine gute Freundin, Betty Paeth, die Missionskandidatin für die Philippinen war. Pete sagte mir, dass Betty Paeth ein Jahr lang an der Universität von Washington wäre, bevor sie an der Schule für Missionarsmedizin in Biola anfangen würde (wo Ed McCully studierte) und schlug vor, dass ich mich ihr vorstelle. Wir mochten uns sofort. Während Petes ersten Monaten in Ecuador verbrachten wir viel Zeit miteinander. Sie kannte Betty Howard, Jim und Bill Cathers sehr gut und wurde meine Hauptquelle für Information und Einblick über sie alle. In diesen Tagen der Unsicherheit half es mir beachtlich, dass sie sehr gut Jim und Betty – die Motivation, die sie trieb – verstand. Gott hatte sie gerade zur rechten Zeit in mein Leben gebracht.

9.
MACHO-MISSIONARE

Auf dem Schiff haben Pete und Jim – aufgeregt durch die Tatsache, dass sie jetzt endlich fuhren – versucht, sich auf das neue Leben des Dienstes für Gott vorzubereiten, welches vor ihnen lag. Sie unterhielten sich, übten Spanisch, schwelgten in Erinnerungen und planten eine Strategie, um Menschen zu erreichen, die noch nie den Namen Jesus gehört hatten. Petes Tagebucheinträge und Briefe und auch Jims Tagebuch zeigen einige ihrer Gedanken und Erfahrungen während diesen Tagen. Pete hielt seine Gefühle fest, als er auf dem Schiffsdeck stand:

> Ein warmer Wind peitscht die See zu Schaum, der hochschlägt, drückt die Kleidung vorne an den Körper und lässt sie hinter einem flattern. Ich dachte an »Gottes Stimme über dem Wasser« – diese wogende Kraft und Größe und Macht des Windes über dem Wasser; die Stimme eines Menschen ist schwach und verloren in seinem andauernden Brüllen.

In ihrem zweiten Anlaufhafen in Mittelamerika schrieb er:

> Es war *muy interessante;* Lehmhäuser mit Strohdächern, Dutzende von Kindern mit Kleidung »nicht viel von vorne und kaum weniger als die Hälfte von hinten«, Hunde und Schweine in rauen Mengen, Fenster mit Gittern, die wegen der Hitze geöffnet waren, zwei plärrende Lautsprecheranlagen, ein »palastartiges« Hotel namens Miramar, einige verkommene Standbilder für ein bisschen Kultur, Unmengen von Staub und betrunkenen Männern.

Eines Abends, als sie auf Deck saßen, um zu singen und »die vielen Farbvarianten eines sterbenden Tages« zu betrachten, diskutierten sie über

> Mädchen, mit denen wir befreundet gewesen waren und die Befreiung von falschen Schritten, die wir so schnell machen. Wir sprachen auch über die Verheißung Gottes, uns zu echten Männern zu machen, großen Männern, ruhig, reif, ausgeglichen, voll Glauben. Darin zu ruhen, dass Gott weiß, was gut für uns ist und es uns geben wird, beruhigt unseren besorgten Verstand, wenn wir in uns nicht immer Wünsche finden, die damit zusammenhängen, dass wir Männer sein wollen, die anders sind, als die meisten, die wir kennen; wir haben Glauben, dass Gott weiß, welche dieser aufkommenden Sehnsüchte wirklich gut für uns sind und dass er uns die erfüllen wird. »Tu du es für mich, o Herr mein Gott, tu du es.«

Jim schrieb ebenso über diesen Abend:

> Pete und ich unterhielten uns lange letzten Abend, besonders über Frauen – Jeanine, Betty und Cammie und Olive. Hatten große Freude dabei, nachher zusammen zu beten. Pete gab mir diese Verse von Taesdale:
>
> »Lass es vergessen sein«
>
> Lass es vergessen sein
> Wie eine Blume vergessen ist,
> Eine Blume, und ein Feuer
> Die vorher wie gleißendes Gold waren.
> Lass es vergessen sein
> Für immer und ewig
> Die Zeit ist eine liebe Freundin
> Sie wird uns alt werden lassen.[20]

Nachdem sie sich von Frauen befreit und ihre Vergangenheit vergessen hatten, schienen Jim und Pete für die Zukunft bereit zu sein.

Auf einer Zwischenstation erwartete sie eine Welt, die ein bisschen weniger idealistisch war. Eine junge Frau erlangte ihre Aufmerksamkeit, und als sie mit ihren geringen Spanischkenntnissen kämpften, um sich mit ihr zu unterhalten, bemerkten sie, dass es sich um eine junge Prostituierte handelte, die auf Kunden wartete.

> Die Direktheit und die Frische ihrer Annäherung schockten uns; oh, was ist ihr Leben für eine Tragödie, besonders, wenn sie älter wird und andere die körperliche Anziehungskraft haben ... Emilia ist nun für uns beide ein brennendes und tragisches Symbol; ein Symbol für ein Leben, das der Lust geopfert wird. Oh, wenn ich doch in der Lage wäre, zu Menschen wie ihr zu sprechen und ihr lebendiges Wasser zu geben ... Diese Frustration in ihrem Gesicht, als ihr dämmerte, dass wir nicht das wollten, was sie uns geben könnte. Und ihr keckes Adios und der Anblick, wie sie davonlief und dabei den Kopf hochhielt und ihre festen und abgemessenen Schritte werde ich nie vergessen.

Der materielle und geistliche Mangel, der überall so groß war, verstärkte ihren Wunsch, diesen Menschen die Botschaft von der Errettung zu bringen. In einer Stadt namens Buenaventura in Kolumbien (die von den Schiffsoffizieren ein »Loch« genannt wurde) fragte Pete sich, was Jesus inmitten solcher Armut und Feindseligkeit getan hätte.

> Die Fisch- und Fleischmärkte [waren] das Schlimmste von allen; das Fleisch ... verfaulend und offen auf den Bambusständen liegend, bedeckt mit Fliegen, der Gestank schwer und Übelkeit erregend und der Boden voller Pfützen mit grünlich-grauem Schleim ... Mir wurde nicht übel, Gott sei Dank, aber ich war sprachlos

> von all diesen Dingen – ich wollte am liebsten den Markt schließen und alles reinigen ... Die Stadt ... verrostete Blechdächer und heiß, dunkel, einstürzende Häuser, die monoton aufeinander folgen, jedes steht für schreckliche Verwahrlosung ... nur die Schreie der hinter uns herlaufenden Kinder nach »Geld« sind ein Zeichen der Freundlichkeit, und die wurde aus Berechnung gezeigt ... Ich weiß, dass [Jesus Christus] mit diesen Menschen auf dem Marktplatz wäre, aber ich frage mich, was er angesichts der hygienischen Probleme tun würde – würde er sie direkt oder indirekt angehen?

Dies war Petes erste Begegnung mit der Armut in Südamerika. Jim und Pete erfuhren von einem evangelischen Missionar aus den Vereinigten Staaten, der in dieser Stadt seinen Dienst getan hatte. Nach dem Bericht war er

> ein Superkerl, der sich gut einfügen konnte und Lastwagen fuhr, um Unkosten zu decken. Einmal aber wurde dieser Mann von einem zweifachen Fieber befallen, Malaria und Typhus, welches siebzehn Tage anhielt, so dass sie ihn schließlich nach Cali gebracht haben. Er kam dort an einem Sonntag an, wurde aber nicht in ein Krankenhaus eingeliefert, sondern bekam nur ein oder zwei Spritzen, damit er bis Montag durchhält. Aber irgendwann während der Nacht nahm er ein Brotmesser und schnitt sich die Kehle ganz durch bis zur Wirbelsäule. Er hinterließ eine Frau mit zwei kleinen Kindern und die Missionstätigkeit an diesem Ort. Für uns war dieser Bericht stark und schockierend und wir konnten diesen Mann nicht verdammen. Ohne Zweifel war er durch das Fieber nicht mehr zurechnungsfähig gewesen. Aber die Tatsachen sind trotzdem schockierend – und eine Warnung. Es kann jedem von uns passieren, auch mir. Oh Herr, bewahre ...

Diese grausame Geschichte dämpfte jedoch nicht ihre Begeisterung, als sie sich darauf vorbereiteten, am nächsten Tag in Ecuador zu landen. Pete schrieb:

> Ich kann keine großen Emotionen nennen. In gewissem Sinn ist morgen einfach morgen. Nur, wenn wir es in der Dimension unseres ganzen Lebens sehen, gewinnt dieser Tag Bedeutung: Hier endet ein Leben und beginnt ein neues. Oh, wenn es uns doch wie Christus werden und unseren *Glauben* wachsen lässt; Glaube, um Wunder zu erwarten – in Bezug auf Bekehrung, bei der Erziehung zur Jüngerschaft, bei der Gründung von Gemeinden und beim Antreten unseres Erbes. Ich denke, dass die Erfahrungen, die ich hier machen werde, der absolute Test für die Verheißungen Gottes ist, ein Test für Gott selbst, dass er sich selbst vor unseren Augen verherrlicht, indem er sein Wort erfüllt. Und er muss dies auch tun. Wir gehen auf eine sehr entmutigende und unglaubwürdige Situation zu – es ist eine Prüfung für Gott, aber auch für uns. Unsere Verantwortung liegt darin, zu glauben und zu arbeiten und zu erwarten, dass Gott seinen Namen verherrlicht und seine Macht zeigt. Er muss es tun oder wir können gar nichts tun.

Dann zitierte Pete ein paar Zeilen aus dem jetzt berühmten Lied:

> Wir traun auf dich, du Schirmer und Beschützer, wir gehen nicht allein ins Feindesland. Du machst uns stark, wir sind in Dir geborgen und traun auf dich! Du hast uns ausgesandt ...

Während sie darauf warteten, den Fluss hinaufzufahren bis zum Hafen der Stadt Guayaquil, schrieb Pete: »Ich bin jetzt das erste Mal etwas aufgeregt und nervös und finde, die Zeit zieht sich hin.« Während der möglicherweise lästigen (und oft teuren) Zollformalitäten lasen sie aus den Psalmen: »Verlass mich nicht, o Gott, auch bis ins Greisenalter nicht, bis ich deinen Arm verkündige dem künftigen Geschlecht« (Ps 71,18). »Mit Gott wollen wir Taten tun; er wird unsre Feinde untertreten« (Ps 60,14). Sie priesen Gott, als sie sahen, wie ihr ganzes Handgepäck ohne Beanstandung den Zoll passierte. In ihrem Enthusiasmus machte es ihnen sogar nichts aus, dass niemand von der Missionsstation da war, um sie am Kai abzuholen.

Ihre erste Nacht in Ecuador gab ihnen einen Vorgeschmack auf das Leben im Dschungel. Pete und Jim merkten langsam, dass die »Feinde«, vor denen Gott sie bewahren sollte, nicht von der Art waren, wie sie erwartet hatten. Für die Nacht meldeten sie sich in einem örtlichen Hotel an und hofften sehr auf eine gute Nachtruhe. »Wir waren Optimisten«, schrieb Pete. »Es war heiß und feucht; wir waren direkt neben einem Theater und unsere Betten hatten bereits Bewohner – somit war unsere erste Nacht in Ecuador unruhig und Jim schlief nur sehr wenig, weil er ohne nennenswerten Erfolg einen Feldzug gegen Moskitos und Flöhe führte.« So begann ihr neues Leben. Es war anders als alles, was sie kannten.

Nun, als fast alles. Während sie in der Missionsstation in Guayaquil waren und darauf warteten, dass ihre gesamten Sachen den Zoll passierten, schrieb Pete:

> Das Leben auf einer Missionsstation ist in vielen Dingen dem Leben zu Hause ähnlich: Geschirr muss gespült, Betten gemacht und Babys gebadet und versorgt werden, Plätzchen werden gebacken, Sonntagsschulstunden vorbereitet und Bilder hierzu ausgeschnitten, bei Tisch wird Englisch gesprochen. Dass die Pflichten des Lebens überall gleich und wohlbekannt sind, machte großen Eindruck auf mich. Wenn nicht der Glaube zu diesen kleinen Aufgaben befähigt, dann ist das Leben das Gleiche – eintönig und voller einfacher Arbeiten.

Später, in Quito, schrieb er, dass das Leben in einem Missionarshaus »zu einem sich aufopfernden Leben eines Außenmissionars hochstilisiert werden könnte: wir haben ein vollzeitliches Dienstmädchen

(12 Stunden täglich) und eines in Teilzeit; ein volles Abendessen, bei dem wir alle Hemd und Krawatte tragen ... « Aber im Gegensatz zu dem scheinbaren Wohlstand gab es »keine Zentralheizung (es ist kalt in den Städten in den Bergen), gekocht wird auf drei kleinen Propangasöfen, wir leben auf engem Raum, alles Wasser muss abgekocht werden, das Essen ist mäßig und nicht sehr reichlich.« (Natürlich waren diese Bedingungen noch von Wohlstand geprägt im Vergleich zu vielen Einheimischen.)

Was immer Pete sich über das Leben als Missionar in einem neuen Land vorgestellt hatte, er lernte sehr schnell, dass der Dienst auf dem Missionsfeld genauso war wie der Dienst an jedem Ort – eine riesengroße, schwierige Aufgabe, die manchmal Erfolg zeigte oder einige Missverständnisse und manchen Misserfolg mit sich brachte. Pete schrieb von der pessimistischen Sicht eines Missionars über die Stärke der Gemeinden in Ecuador:

> Es gibt in diesem kleinen Land über hundert Missionare und manche Arbeit besteht schon seit fünfzig Jahren und doch glaubt er nicht, dass die Gemeinden hier einer großen Verfolgung widerstehen könnten wie in Kolumbien ... Die Absolventen der Bibelschulen verhalten sich nicht gut, sie sind schnell beleidigt, sind stolz auf ihre Stellung und denken, dass das Erlangen eines Diploms sie zu etwas macht und dass es sie über den normalen Gläubigen erhebt, wenn sie ordiniert sind und einen schwarzen Anzug und eine besondere schwarze Krawatte tragen dürfen. Einige der Absolventen haben den Dienst verlassen ... [einige] sind wegen Unmoral von der Schule entlassen worden.

Andere Absolventen waren »zu jung, um von älteren Gemeinden akzeptiert zu werden, und wurden auch nicht voll von ihren Gemeinden unterstützt.« (Die einheimische Kirche hing in dieser Zeit zum größten Teil von ausländischem Geld ab.)

»All diese Dinge warfen in mir so viele Fragen über die Prinzipien der Mission auf«, schloss Pete,

> und gerade jetzt bildet sich in mir das schnelle Urteil, dass wir hier die meisten Formen aus dem amerikanischen Fundamentalismus übernommen haben. Wir dachten immer, dass die Christen in Lateinamerika ähnliche oder gleiche Formen übernehmen müssten und wir zwangen sie, viele von ihnen zu übernehmen, auch wenn sie nicht gut in diese Kultur passten (denken wir nur an das Problem, ob diese Formen überhaupt biblisch sind)! Für mich ist das hier eine echte Tragödie!!!

Später fand Pete noch mehr Gründe, sich zu sorgen: Von den verschiedenen Diensten in Ecuador, bei denen Missionare tätig waren, waren nur sehr wenige direkt mit Gemeindegründungen beschäftigt.

Ein weiterer »Feind« von Pete in dieser ersten Zeit war das Sprachstudium. Es verlangte seine ganze Kraft und Konzentration. Trotz seiner Intelligenz und seinen disziplinierten Lerngewohnheiten durch das Studium wurde ihm bald klar, dass er nicht schnell genug Spanisch lernen würde. Nach einem Monat in einem Haus von Missionaren in Quito, in dem nur englisch gesprochen wurde, bemerkte er, dass er bei einem Einheimischen wohnen musste. Er musste sich in Spanisch vertiefen, wenn er es schnell lernen wollte, »denn wir befürchteten, dass wir, wenn wir jetzt nicht Spanisch lernen würden – und zwar richtig mit einer guten Aussprache – es nie lernen würden«.

Obwohl sowohl Pete als auch Jim weniger Kontakt mit Englischsprechenden haben wollten, fanden sie keine Möglichkeit, zwei oder mehr Monate bei einem Ecuadorianer zu wohnen. Unterdessen lasteten Petes Schwierigkeiten beim Erlernen der Sprache schwer auf ihm. Er nannte das Sprachstudium »die Tyrannei der Frustration; ich erwarte mehr von mir, als ich schaffen kann und bin ständig ungeduldig mit mir selber, weil ich nicht in der Lage bin, mehr zu lernen und besser zu sprechen.« Manchmal fühlte er sich völlig nutzlos, aber er glaubte, dass Gott ihm das Verständnis für die Sprache schenken würde, wenn er sich ganz dem Studium widmet.

> Ich möchte Spanisch jetzt härter lernen als je zuvor und manchmal hasse ich die Häufigkeit des Kontaktes mit Landsleuten. Nun, ich muss zufrieden sein, weil wir ja jetzt erst zwei Monate in Ecuador sind. Ich höre nicht auf, Gott dafür zu preisen, dass ich hier bin – befreit von einem Leben, das so spröde, belesen und langweilig hätte sein können – und jetzt an die Front gestellt bin. Halleluja!

Ein anderer unerwarteter »Feind«, dem die Männer sich gegenübersahen, war ein übervoller Terminkalender. Andere Missionare luden sie oft zum Essen ein oder zu Versammlungen, die nur von Missionaren besucht wurden. Pete und Jim genossen die Gemeinschaft, fühlten sich aber auch von ihrem Dienst und von dem Kontakt mit dem Spanisch sprechenden Volk herausgerissen. »Es ist schön«, fasste Pete zusammen,

> aber dafür bin ich nicht nach Ecuador gekommen; mein Leben war zu Hause zu sehr damit angefüllt gewesen. Und es wird in zunehmendem Maß offensichtlich, dass ein Missionar praktisch seine ganze Zeit mit diesen Dingen zubringen kann. Ich vertraue darauf, dass Gott mich davor bewahrt. Ich möchte zu bedürftigen Menschen kommen und Jünger schulen und Indianer in das Reich Gottes kommen sehen. Je näher ich dem Oriente [dem östlichen Dschungel] komme, desto intensiver wird mein Interesse an den Indianern. In den letzten zwei Tagen habe ich ein großes Verlangen gefühlt, für sie zu beten, besonders für die Aucas (nachdem ich die Notizen von Dr. Tidmarsh über sie gelesen habe). Es ist das erste Mal, dass ich mich wirklich dorthin gezogen fühle und ich möchte brennend sein und dort in der Arbeit aufgehen und »mein Leben hingeben, damit sie zum Glauben kommen«. Nur diese Art von brennendem Gebet und Lebenshingabe ehrt Gott – das ist meine Überzeugung – mit echtem Segen.

In weniger als zwei Monaten hatte Pete in Quito die Probleme der Mission, die Bedürfnisse in der Arbeit, die Entmutigung des Sprachstudiums und die Frustration, sich nicht mit den Einheimischen unterhalten zu können, kennen gelernt. Aber trotz seiner Kämpfe verlor er doch nicht den Mut.

Er hielt seine Familie mit faszinierenden, anschaulichen Briefen auf dem Laufenden. Ich war dankbar, Kopien von ihnen zu erhalten. Ich staunte über seine Beobachtungsgabe und seine Fähigkeit, alles mit so viel Einzelheiten zu beschreiben. Aber obwohl ich mich über diese Briefe freute, waren sie nicht für mich persönlich geschrieben und gaben mir wenig Ermutigung für unsere Beziehung. Er kritzelte für gewöhnlich eine kleine Bemerkung für mich an den Schluss des Briefes, aber er schrieb mir nie, dass er einsam sei oder mich vermisse. Ich dachte, vielleicht hält er sich zurück, weil er mir keine Hoffnung machen will, oder er hatte einfach keine Zeit, über »uns« nachzudenken wegen der schweren Last des Sprachstudiums. Ich sehnte mich immer noch nach Worten, die mir Sicherheit über unsere Zukunft geben würden.

Ich entdeckte später, dass er seine Gedanken und seine Kämpfe mit der Einsamkeit in seinem Tagebuch festhielt. Ich bin mir sicher, dass viele meiner Zweifel an Pete beseitigt worden wären, wenn ich den Inhalt dieser und anderer Tagebucheinträge über mich gekannt hätte. Leider dauerte es noch einige Zeit, bis ich mit Sicherheit wusste, was er für Gefühle in Bezug auf mich hatte. So schrieb er z. B. während einer besonders entmutigenden Phase beim Sprachstudium:

> Gerade in solch einer »verlorenen« und niederdrückenden Zeit ist eine Frau eine große Ermutigung ... ihre unterstützende Liebe und Bewertung von einem selbst, die auf dem basiert, was man ist (wie sie es sieht) ist ein Trost und bringt dir Stabilität in deinem gegenwärtigen Zustand, wo dein Urteil über dich nur auf dem im Moment Sichtbaren basiert. In einem weiteren Zusammenhang ermutigt mich Olives Liebe zu mir. Ich bin glücklich, wirklich glücklich, zu wissen, dass sie mich

> liebt, auch wenn sie nicht hier sein und es mir zeigen kann. Sogar die Erinnerung an ihre Liebe hilft mir und zeigt mir eine andere Perspektive, eine ermutigendere als die gegenwärtige Sicht von mir selbst. Es hilft mir, mich vor Niedergeschlagenheit zu bewahren.

Einen Monat später schrieb er in sein Tagebuch:

> Wie sehr liebe ich Olive jetzt. Sie beschäftigt mich die meiste Zeit des Tages, und ich fühle mich ungemein zu ihr hingezogen. Ich bin so glücklich, dass sie so still und schüchtern ist, auf so wunderschöne Art schüchtern, und nicht kraftvoll und laut – je mehr ich mich selbst kennen lerne, desto überzeugter bin ich, dass Gott uns zusammengeführt, uns füreinander bereitet und unser Leben miteinander verbunden hat. Ich freue mich an der Art, wie sie alleine geistlich vorangeht – zum Beispiel, wie sie letztes Wochenende selbst zu der Konferenz der Navigatoren gegangen ist. Es ist vom Herrn. Zu wissen, dass sie weitermacht und dass sie mich liebt, bringt so viel Stabilität in mein Denken und konzentriert und reinigt meine Wünsche. Die Treue ihrer Liebe bringt mich zur Treue gegenüber ihr, und tut so ihren Teil dazu, dass ich damit zufrieden bin, auf Gottes Zeit zu warten.

Gegen Ende ihres zweiten Monats in Quito stieß Betty Howard zu ihnen. Als Pete das erste Mal hörte, dass sie kommt, schrieb er: »Ihr Hiersein wird für Jim emotionale und psychische Probleme bedeuten, die real, aber doch nicht genau zu bestimmen sind – Gott weiß es.« Bei ihrer Ankunft schrieb er: »Sie sieht auffallend groß und attraktiv aus in ihrem dunkelblauen Kostüm und Hut und einer wunderschön anzusehenden und schön geschnittenen Bluse, den roten Schuhen und dem leuchtend roten Mantel, den sie über dem Arm trug ... Ich fühle mit ihr und Jim: Die gegenseitige Anziehungskraft muss sehr stark sein.«

Kurz darauf erhielt ich von ihm einen langen, einzeilig geschriebenen getippten Brief – nicht an die Familie, sondern an mich persönlich geschrieben. Zuerst kamen die ganzen Neuigkeiten und Gebetsanliegen. Dann schrieb er über Betty und Jim.

> Es ist nicht einfach für sie, besonders, weil es kein offenkundiges Zeichen des wirklichen Interesses aneinander geben kann, sondern nur die Haltung, Missionarskollegen zu sein. Jim sagt, ihre Situation ist in emotionaler Hinsicht »una lucha« [ein Kampf], um es zu erhalten und zu bewahren ... Sie denken darüber nach, sich im nächsten Jahr zu verloben, um die Situation etwas einfacher zu machen, aber es steht noch nichts darüber fest.

Am Ende von Petes Brief fand ich das erste Mal, seit er nach Ecuador gegangen war, einige ermutigende Zeilen:

> Sei nicht entmutigt wegen dem Spanisch – versuche wenigstens, es gut lesen zu lernen ... Benutze es so oft wie möglich, bis du hier bist. Jetzt muss ich Schluss machen, »Kleines«, aber ich will dir noch versichern, dass ich dich immer noch liebe und du mir viel bedeutest. Wir sind jetzt glücklich und Gott wird uns zu seiner Zeit zu wirklichem Glück miteinander bringen. Diese Tage dienen dazu, unser geistliches Leben zu stärken und uns zum Herrn und zueinander zu bringen. Ich möchte niemanden als dich, deshalb sei ermutigt und fröhlich.

Ich hätte enthusiastisch reagieren sollen, weil dies die erste Zusicherung seiner Liebe war, seit er mit mir Schluss gemacht hatte. Stattdessen versuchte ich, seine Motive zu hinterfragen. Er schrieb dies nur, weil Betty gerade angekommen war, sagte ich mir. Außerdem störte es mich, dass er sich mehr über Jim und Bettys harte Zeit zu sorgen schien – die jetzt durch ihre Anwesenheit verstärkt wurde – als über unsere unsichere Zukunft. Er sagte weiterhin, dass unsere schwierigen Tage unser geistliches Leben vertiefen würden – aber was war mit Liebe und Gemeinschaft und Sehnsucht nacheinander? War es zu viel von ihm erwartet, dass er sich das auch wünscht?

10.
AUF DER SUCHE NACH FÜHRUNG

Während ich mich fragte, wie Gottes Wille für meine Beziehung zu Pete aussieht, bemühten Pete und Jim sich, seinen Willen für die Arbeit in Ecuador zu verstehen. Sie entschieden sich, als ersten Schritt die Station Shandia im östlichen Dschungel wieder zu eröffnen und den Dienst unter den Quichua-Indianern wieder aufzunehmen. Wenn Shandia fertig war, hofften Jim und Pete, dass die Cathers diese Arbeit übernehmen würden und so die beiden ledigen Männer befreien würden, einen Dienst in einem anderen Quichua-Dorf zu beginnen. Schließlich träumten sie davon, später die Cofanis und die Aucas zu erreichen. Pete schrieb in seinem Tagebuch:

> Wir sehnen uns danach, zu diesen noch Unerreichten zu gehen. Ich sehne mich danach, den Dschungel als Testplatz für göttlich-biblisches Handeln zu sehen – als Ort für uns, an dem wir biblische Prinzipien für die Missionstätigkeit umsetzen und Gott als Antwort auf sie und auf unseren Glauben in sein Wirken handeln zu sehen *(Herr, schenke mir Glauben!!!)*. Der Dschungel ist noch relativ unberührt, und ich würde gerne sehen, wie Gott ihn als »Großexperiment« und Demonstration für uns und geistliche Welten etc. für das benutzt, was mit unmoralischen, verschlagenen und betrügerischen Menschen geschehen kann, wenn sie mit einer paulinischen Missionsarbeit konfrontiert werden (wenn Gott es uns schenkt).

Ohne Zweifel hat der Wunsch von Dr. Tidmarsh, die Station Shandia wieder zu eröffnen, sowohl Jim als auch Pete angetrieben. Aber als sie ihre Strategie planten, spürten sie auch, dass sie Gottes Führung benötigen. Nachdem Pete mehr über die Erfahrungen von

Dr. Tidmarsh gehört hatte, dachte er darüber nach, wie schwierig es sein kann, den Willen Gottes zu ermitteln:

> Herr Tidmarsh erzählte mir eine interessante Begebenheit aus seinem Leben, die ein gutes Beispiel für die Komplexität des Themas Führung ist. Nachdem er und Gwen aus Loreto vertrieben worden waren, fragten sie sich, ob ihre Arbeit im Dschungel damit beendet ist. Nachdem sie sich in Quito erholt hatten, dachten sie, sie könnten in eine der südlichen Städte in der Sierra geführt werden, und meinten, wenn sie ein passendes Haus zum Wohnen und für Treffen finden würden, dann wäre das ein Zeichen für Gottes Willen. Sie fanden ein in Frage kommendes passendes Haus, von dem Gwen dachte, es wäre das Richtige, aber er war anderer Meinung. Nichtsdestotrotz zahlte er Geld an, um das Haus zu bekommen, und sie beteten darüber und kehrten dann in den Dschungel zurück, um dort seine Angelegenheiten endgültig zu regeln. Während sie dort waren, erhielten sie die Nachricht, dass der Eigentümer es sich anders überlegt und sein Haus an andere vermietet hatte. Und weil sie auch zur gleichen Zeit die Möglichkeit sahen, in Shandia zu arbeiten, hatte er das Gefühl, er solle in den Dschungel zurückkehren. Gwen war anderer Meinung. Trotzdem ging er zurück und eröffnete Shandia – und das indirekte Ergebnis war Gwens Unfall und das Ende für beide in der Arbeit im Dschungel.

Im Gegensatz zu Dr. Tidmarsh hatten Jim und Pete das Gefühl, sie wüssten genau, was Gott von ihnen will. Und sie glaubten, dass die beiden Ehepaare, die McCullys und die Cathers, genauso dachten. Aber zwei Monate nach ihrer Ankunft in Ecuador merkten sie, dass sie zu viel erwartet hatten. Bill Cathers erklärte Pete und Jim, dass er glaubte, von Gott in eine andere Richtung geführt zu werden. Er fühlte sich in die Arbeit unter den Colorado-Indianern gedrängt, einem primitiven Stamm im Dschungel in den westlichen Anden.

Er dachte ernsthaft darüber nach, zeitweilig den spanischen Dienst in San Miguel und Santo Domingo zu beaufsichtigen, zwei kleinen Städten, die nahe am Gebiet dieses Stammes liegen. Er und Irene wollten die Lücke von Dee und Marie Short ausfüllen, einem Missionarsehepaar von den Brüdern, die auf Heimaturlaub in die Staaten gingen, und später vielleicht, wenn die Shorts zurückkehrten, einen neuen Versuch zu unternehmen, die Colorados zu erreichen. Pete fasste Bills Bedenken über Shandia zusammen:

> Er befürchtet, dass, wenn er Shandia übernimmt (1) er dort auf lange Zeit gebunden wäre, und er hat das Gefühl, er würde gern freier sein, als er es dort könnte, besonders, wenn die Schule eröffnet wird. (2) Er hat das Gefühl, dass ein offener Konflikt mit Tidmarsh fast unvermeidlich ist. (3) Er glaubt, [dass] Tidmarsh Shandia als *seine* Arbeit in *seinem* Gebiet unter *seinen* Indianern und in *seinem* Haus sieht und dass ihm dort die Hände gebunden wären (hier denke ich, liegt er nicht ganz richtig). Somit reizt ihn die Pionierarbeit unter den noch nicht erreichten Colorados mehr, weil sie mehr das zu sein scheint, wozu er sich berufen fühlt, und weniger Ablenkungsmöglichkeiten hat. Ich denke, Bill sollte *sehr langsam* vorgehen und erst einmal Miguel und Shandia besuchen, bevor er sich zu etwas entschließt.

Bills Neigung schien eher von seinem Widerwillen herzurühren, mit Dr. Tidmarsh zusammenzuarbeiten, als von seinem Gefühl für die Führung Gottes. Vielleicht glaubte er, damit das Prinzip des Apostels Paulus, nicht auf dem Grund von jemand anderem zu bauen (Röm 15,20) zu beachten. Pete jedoch versah den Kommentar zu Bills Ankündigung mit einigen persönlichen Ansichten:

> [Bill] ist die Wortkargheit, die Anstandsregeln, die Distanziertheit, die Leitung und die aristokratische Haltung von Dr. Tidmarsh überhaupt nicht gewöhnt. Ich verstehe ihn, denn er hat den britischen Lebensstil in sei-

> ner aristokratischen Form gerade erst kennen gelernt und er ärgert sich darüber und rebelliert innerlich. Für mich stellt er fast kein Problem dar, weil ich diesen Stil schon mein ganzes Leben lang kenne, wenn ich ihn auch nicht bewundere. Tidmarsh verhält sich ähnlich wie Dad, besonders in disziplinarischen Angelegenheiten und seiner »Kleinlichkeit«. Ich mag ihn trotzdem – er ist auf paradoxe Weise weitherzig und gleichzeitig eng. Glücklicherweise scheint sich die Enge nur auf kleine Angewohnheiten und Eigenarten zu beziehen, und seine Größe umfasst die meisten Grundlagen des geistlichen Lebens und der Arbeit als Missionar. Ich bin froh, mit ihm arbeiten zu können.

Dieser Eintrag zeigt, dass Pete der Faktor Mensch in der Beziehung der Missionare untereinander und wie er Einfluss auf das Verständnis von Führung hat, bewusst war. Er zeigte auch diese Akzeptanz, die ich an ihm bewunderte.

Während einer Erkundungsfahrt nach San Miguel schrieb Pete weiter über das Problem der Führung:

> Bill hat sich entschlossen, Dee und Marie Short für den Urlaub zu vertreten, was sein Kommen nach Shandia für mindestens eineinhalb Jahre verschieben würde. Mir gefällt es nicht, aber wenn wir in dem Glauben leben, dass Gott alleine uns führt, dann muss ich das auch aus dem Glauben annehmen und nichts dazu sagen. Gott ist souverän.

Weil Bills Ankündigung eine Reihe von Fragen aufgeworfen hatte, trafen sich die Missionare der Brüder alle zusammen für einen Tag in Quito, um ihre Arbeit im westlichen und östlichen Dschungel zu diskutieren. Sie sprachen offen darüber, ob Bill und Irene nach San Miguel und Santo Domingo gehen sollten. Pete befürchtete, dass, wenn die Cathers einmal in den westlichen Teil gehen würden, sie wahrscheinlich nie mehr nach Shandia kämen. Er meinte auch, dass die Cathers, die erst zwei Monate Spanisch gelernt hatten, noch mehr Zeit bräuchten, bis sie die Pflichten der Shorts übernehmen konnten. Bill meinte, es sei »nötig«, sie zu vertreten.

Pete schrieb philosophisch über Bills Versuch, den Willen Gottes zu erkennen:

> Ich bezweifle die *Notwendigkeit,* sie zu vertreten, auch wenn dies eine gute Sache ist. Die Notwendigkeit ist nicht *objektiv* gemäß biblischen Prinzipien oder Grundsätzen in der Mission, sondern sie ist *subjektiv* in Bills und Irenes Gedanken, denn sie haben das Gefühl, Gott beruft sie dazu. Sie gehen, so erscheint es mir (wenn sie gehen), nicht, weil die Arbeit es erfordert, sondern nur, weil Gott sie führt – das Letzte ist die wirkliche Notwendigkeit.

Die offene Diskussion schien sehr konstruktiv gewesen zu sein, und machte Hoffnung auf mehr Zeit für das gemeinsame Gebet und die gemeinsame Beratung. Wenig später gab es Neuigkeiten von Bill. Pete schrieb:

> Bill sagte diesen Nachmittag, dass er, obwohl er sich stark zu der Arbeit unter den Colorados gedrängt fühlt, doch keinen Ruf dorthin erhalten hat, und dass er immer noch plant, nach ... Santo Domingo nach Shandia zu kommen, so Gott will. Preis sei ihm! Ich hoffe, dass er kommt, denn wir fühlen uns einander verbunden und er denkt wie wir über die Prinzipien der Arbeit, wenn es darum geht, Gottes Werk zu tun.

Bill hatte sich entschlossen, die Shorts zu vertreten, aber er und Irene wollten später nach Shandia gehen, anstatt zu versuchen, die Colorados zu erreichen.

(Obwohl die Cathers wirklich beabsichtigten, mit Pete und Jim in Shandia zusammenzuarbeiten, ist es nie dazu gekommen. Verschiedene Umstände zwangen sie später, in die Staaten zurückzukehren.

Als die fünf Männer getötet wurden, kamen sie schließlich doch nach Ecuador zurück und arbeiteten in Shandia.)

Erfahrungen auf dem Feld wie diese bringen jeden dazu, mehr darüber nachzudenken, wie man Gottes Willen und seinen »Ruf« erkennen kann. Pete schrieb: »Diesen Nachmittag hatten Betty und ich ein gutes Gespräch über Führung und die Haltung des PBI [Prairie Bible Institute] zum Thema des geistlichen Lebens.« Dann verglich er seine Gedanken mit denen, die von dieser Schule stammten. Mit der Aussage »es ist vor allem ein Problem des Glaubens« begann er dann, seinen eigenen Standpunkt zu erläutern:

> Wenn ich am Beginn eines Tages alles in Gottes Hände lege und um Führung bitte, dann ist es eine Sache des Glaubens, ob ich sie bekomme. Ich lebe nach Gottes Willen und ich habe seinen Geist, der mich beim Danken und Loben leitet, wenn ich durch den Tag gehe. Und wenn ich in Situationen der Versuchung gerate, dann ist es der Dienst des Geistes, mich aufzurütteln und zu führen – und wenn ich falle, dann richtet mich das Bekenntnis wieder auf. Gottes Wille und seine Probleme sind für mich einfach; ich lebe im Willen Gottes, ob ich nun den Bus verpasse, in ein Unwetter gerate, mein Lehrbuch zu Hause vergesse oder eine Magenverstimmung habe.

Dann beschrieb er das »Konzept für echte Geistlichkeit des PBI«, das

> mir jetzt nicht so sehr gemäß dem Willen Gottes erscheint, sondern es fängt mit *Nichts* an und beginnt, bestimmte Dinge zu behaupten – der Mensch ist keine Einheit, die jetzt in diesem Moment von Gott selbst geführt wird, sondern ein Vakuum und sogar ein übler Geruch – oder ein Gefäß, das ein Vakuum sein sollte und ganz und gar von sich selbst leer sein muss, damit es mit dem Geist gefüllt werden kann.

Er fuhr fort: »Es ist so dicht an der Wahrheit, dass man es schwer hilfreich kritisieren kann,

> aber wieder ist die Crux meiner Ansicht nach der Glaube: zu glauben, dass Gott vergeben hat; zu glauben, dass Gott führt, damit ich in allem Auf und Ab des Lebens ruhig sein kann; der Glaube, um Gott zu preisen, wenn Dinge geschehen, die nicht so *aussehen,* dass sie Gottes Willen oder Führung entsprechen; Glauben, um Gott in allen Umständen zu loben; Glauben, um zu erkennen, dass mein Fleisch bereits gestorben ist und ich das Privileg habe, »aus Gott zu leben«. Gott sei Dank für die Freiheit dieser Position – sie erlaubt einem Mann, wirklich ein Mann zu sein, erlaubt ihm, freudig das Leben (unter den Bedingungen) zu leben, das er leben *muss.* Somit ist echte Geistlichkeit in Reichweite. Ich versuche nicht ständig, von Römer 7 zu Römer 8 zu gelangen; ich lebe genau jetzt »aus Gott«, im Willen Gottes, im Bewusstsein, dass der Geist für mich gegen das Fleisch kämpft (oft, ohne dass mir alle Aspekte dieses Kampfes bewusst werden), und ich bin bereit, Gott zu loben und mich einzusetzen. Ich bin Gott sei Dank nicht mehr ein Sklave eines unbiblischen geistlichen Ideals; ich bin jetzt am Leben, um Gott zu verherrlichen, mein Leben und Denken um Christus kreisen zu lassen, jetzt im Geist zu *wandeln.* Amen. Erhebe dich, mein Geist, und lobe Gott!

Die Missionare hatten eindeutig unterschiedliche Sichtweisen von Führung. Dr. und Mrs. Tidmarsh hatten in der Frage, wo sie ihren Dienst tun sollen, nicht übereingestimmt, aber dann wurden beide Meinungen durch ein Flugzeugunglück zunichte gemacht. Jim schien in der Spannung zwischen seiner idealistischen Sicht der Ehelosigkeit und seiner Liebe zu Betty zu resignieren und wartete immer noch auf ein »Zeichen«, dass er Betty heiraten soll. Betty, die Gottes Willen eher intuitiv erforschte, hielt die Selbstaufopferung für das Wesentliche. Bill zog die verschiedenen Bedürfnisse für die

Arbeit unter den Stämmen und die menschliche Dimension der Zusammenarbeit in der Mission in Betracht. Pete glaubte, er könne auf Gottes Souveränität vertrauen, sogar, wenn Menschen seinen Willen falsch verstanden.

11.
MEINUNGEN

»El hijo del hombre no vino para ser servide sino para servir.« (»Der Sohn des Menschen [ist] nicht gekommen, um sich dienen zu lassen, sondern um zu dienen.« Mt 20,28)

Während dieser ersten Monate in Quito zeigen Petes Tagebucheinträge, wie er gelernt hat, die Probleme des Dienstes in einer anderen Kultur zu erkennen und anzugehen.

Er und Jim wanderten oft mit einheimischen Christen, was eine ausgezeichnete Gelegenheit war, Spanisch zu üben. So konnten sie so viel wie möglich von diesen jungen Männern über die Sprache und die Kultur lernen und sie auch im Glauben ermutigen. Auf einer dieser Wanderungen sprach ein einheimischer Christ über die Methoden der verschiedenen Missionen, die er beobachtet hatte. Seine Worte müssen Pete beeindruckt haben, denn er notiert, der Mann wäre »wachsam geworden bei dem Thema Gehalt für die einheimischen Hauptamtlichen, für die Freiheit, dorthin zu gehen, wohin Gott und nicht eine Mission führt, für die Gefahr, Diener von Menschen zu werden und ihnen gefallen zu wollen und den Betrug, den Dienst des Herrn nur als Job anzusehen.«

Pete untersuchte dann seine eigenen Beweggründe als Missionar:

> Gott will keine Leiter, sondern Diener, und für den Oriente wird er Jim und mich nicht zu superweisen Leitern, sondern zu demütigen Dienern für arme Indianer machen. Nichts steht meinen natürlichen Wünschen so diametral entgegen, die ohne jede Schwierigkeit alles geistlich nennen: die Wünsche nach Aufmerksamkeit, für geistlich und weise und voller Erkenntnis gehalten zu werden, geistliche Arbeit zu leiten und in dem Erreichten erkannt zu werden. Ich muss lernen, ein Sklave zu sein, der vorbehaltlos den Brüdern dient und sich nicht darum

kümmert, wer die Arbeit tut oder das Lob dafür bekommt, sondern nur darum, dass Gott sie tut und dadurch verherrlicht wird. Wie Christus, der, als er alles vom Vater übergeben bekommen hatte, die Füße der Jünger nahm und sie wusch. Oh Gott, wenn ich doch damit zufrieden wäre, die Füße zu waschen. Sogar der Wunsch, beim Sprachstudium gut zu sein, ist heikel, weil er so eng mit dem Wunsch, Anerkennung als Leiter zu bekommen, verknüpft ist – und oft finde ich mich (anstatt den anderen Missionaren interessante spanische Redewendungen, die ich entdeckt habe, mitzuteilen, wie es ein Diener tun sollte) dabei, sie zu horten, als ob durch ihr Gewicht die Waagschale der Intelligenz sich in meine Richtung neigen könnte.

Ich bin mir sicher, oh, du, der du die Herzen demütigst, vor dir gilt nur die Gesinnung des Dieners, deshalb hilf mir bei meinen Wünschen, indem du eine Haltung hervorbringst, die sich gegen Hintergedanken bei dieser revolutionären Lehre wehrt: Je mehr man sich erniedrigt, desto mehr wird man erhöht werden.

Wie die meisten Missionare, hatte Pete Probleme damit, Freundschaften mit einheimischen Nichtchristen zu knüpfen. *Wie schaffen Missionare es, Einheimische kennen zu lernen?*, fragte er sich. Sie arbeiten nicht mit ihnen, ihre Kinder gehen auf andere Schulen, sie wohnen oft in ummauerten Stadtteilen und haben oft einen völlig anderen Lebensstandard. Wie er seine Sachen für den Dschungel packte, wurden ihm heftig die Barrieren zwischen ihm und den Menschen, die er erreichen wollte, bewusst. Er schrieb:

Ich sorgte mich ... weil ich so viel hatte, während fast jeder in Ecuador so wenig hat. Ich scheine weit entfernt von meinem wirklichen Wunsch zu sein, draußen den Fußspuren dessen zu folgen, der nichts hat »wo er sein Haupt hinlegen kann«. Es ist nicht so, dass unsere Ausrüstung unpraktisch oder überflüssig wäre (gerade das

Gegenteil), aber alles, was ich für nötig halte, wird nach anderen Maßstäben gemessen als hier. Das wirkliche Problem liegt darin, dass wir aus einem reichen Land, wo wir einfache Leute waren, in ein armes Land kommen, wo wir umgehend nach ihren Maßstäben als begütert angesehen werden. Und nach diesen Maßstäben haben sie recht – wir sind reich, und seit wir in ihr Land gekommen sind, sind wir durch diese Ansicht gebunden. Die Frage ist nun: Wie kann man wie Christus sein, wenn die Menschen einen als reich ansehen – denn das meiste von unserer Ausrüstung und unseren Sachen, die wir mitgebracht haben, um die Station im Dschungel einzurichten, ist problematisch ... Dies ist ein Konflikt, der noch dadurch größer wird, dass Jim und ich den Ecuadorianern manchmal als »gut bezahlte Gringos mit einer leichten Arbeit« erscheinen ... dieses Urteil ist nur sehr schwer zu entkräften ... Und es behindert unser Zeugnis unter ihnen, wenn wir als wohlhabende Gringos erscheinen, die armen hungrigen Ecuadorianern predigen, ohne etwas zu tun, um ihnen zu helfen. Sogar ein Auto zu haben erscheint als Zeichen des Wohlstands und doch ist ein Auto nötig, um die außerhalb liegenden Städte zu erreichen. Es ist ein echtes Problem.

Gegenwärtig habe ich nur zwei mögliche Antworten parat:

(1) Wir können Christus nicht immer nur als »materiell arm« bezeichnen; sein Beispiel, dem wir nachfolgen, ist nicht wirkliche Armut um der Armut willen, sondern ein *Geist der Armut.* »Glückselig sind die geistlich Armen.«

(2) Wir sollten so viele unwesentliche Dinge wie möglich loswerden – wir müssen so einfach und sparsam leben, wie es irgend geht und die Umstände erlauben. Ich denke, wir müssen das ganze Problem der Hausdiener überdenken: Es kann sehr schädlich sein und ist es auch schon gewesen ... Dorothy erzählte

> mir, dass manche christlichen Hausmädchen nie in ihre Gemeinde gehen können, weil sie im Haus bleiben müssen, um das Essen für die Missionare zu kochen ... Das Hausmädchen ist nur das Symbol für das größere Problem, wie alle Dinge allen Menschen zugeteilt werden können. In Bezug auf Shandia halte ich mich mit einem Urteil zurück, bis ich die Situation dort sehe, aber ich will immer bereit sein, mich zu ändern ... immer, wenn es nötig ist und immer in den Fußstapfen des Meisters.

Als Pete und Jim in eine einheimische Gastfamilie zogen, um die Sprache zu lernen, hatten sie mehr Möglichkeiten, mit Einheimischen in Kontakt zu kommen. Bei einer Gelegenheit beschrieb Pete eine Fahrt aufs Land mit einem Kleintransporter:

> Für Jim und mich war es sehr lehrreich, mit einer Gruppe aus der Nachbarschaft zu gehen ... Die Fahrt selbst auf der malerischen Straße, die einem tiefen engen Tal in den großen Bergen östlich von Quito folgt, war sehr schön, und auf dem Rückweg sangen wir uns in der kalten Nachtluft unter dem sanft gekrümmten Halbmond mit den wenigen ecuadorianischen Liedern, die wir kannten, heiser. Ich fühlte mich gut und zufrieden dabei, von all den »Gringo«-Kontakten wegzukommen und in ihr Leben und die Art, wie sie Dinge tun, einzutauchen. Die Quinta [Farm auf dem Land] konnte schon nicht mehr renoviert werden, aber in ihr waren noch einige wertvolle Gemälde, einige architektonisch interessante Grundsteine von unterschiedlicher Machart, die vielleicht bis in die Zeit der Inkas zurückdatiert werden können, und einige ungepflegte Obstbäume hinter dem Haus. Wir tranken das erste Mal »Chicha«, das aus Mais gemacht wird, und aßen auch »Tostados« heiß und direkt vom Feuer und tranken (auch das erste Mal) heißes Zimtwasser.

Wir besuchten eine alte Kapelle dort und fanden zwei unbezahlbare Gegenstände aus der Kolonialzeit: einen Helm und ein Schild aus reinem gehämmerten Silber mit eingeschmiedeten Blumenmotiven; wir sahen sie in dem langen ernsten Schweigen und dem flackernden trüben Kerzenlicht vom Altar her mit seinen unwirklichen und ungeschminkt gemalten Kreuzigungsszenen, die im Schatten von Spinnweben auf uns herabsahen.

Der Gottesdienst beruht auf Erhabenheit, Unnahbarkeit und Unpersönlichkeit – die Dunkelheit [beruhigt] den Geist, die Reihe von Ornamenten im Halbdunkel erweckt den Eindruck von etwas Wichtigem, aber Unbekanntem, und die kalte feuchte Atmosphäre lässt den Geist sogar von dem Wunsch nach geistlicher Vertrautheit mit den gezeigten Bildern abkommen. Dieses Element eines heiligen Geheimnisses und verbotenen Territorium und eingefahrenen Gewohnheiten beim Beten (wie das Niederknien vor dem Altar, ohne sich ihm zu nähern) symbolisieren und erzeugen in einem anderen Sinn die hervorstechenden Merkmale der lateinamerikanischen Christenheit: den Wunsch, den Glauben aus der Ferne auszuüben.

Bei einer anderen Begegnung mit Einheimischen auf einer ecuadorianischen Fiesta – bei der es ein großes Privileg bedeutet, zu ihr eingeladen zu werden – gab es ein unerwartetes Problem.

Dienstagabend machten wir eine Erfahrung, die sehr hart und komplex das Problem von Freiheit und Sünde aufwarf. Jim, ich und Dorothy gingen – ohne zu wissen, wie es dort aussieht – auf eine ecuadorianische Fiesta zu Ehren von Don Enrique, aber wir wurden von den Arias [einem christlichen Ehepaar aus der Nachbarschaft] dazu gedrängt, aus Höflichkeit hinzugehen. Als wir dort waren, entdeckten wir, dass es eine typische Fiesta war, auf der hauptsächlich getanzt und Cocktails getrunken wurden.

Jeder von uns trank zuerst einen Cocktail ohne genau zu wissen, was er enthielt, und tranken später noch zwei (keiner von ihnen enthielt mehr als ein oder zwei Schluck) während die anderen tanzten, und wir versuchten auf Spanisch zu erklären, warum wir das als bibeltreue Christen nicht tun. Um den Eindruck zu entkräften, den wir dadurch hinterließen, dass wir nicht tanzten, versuchten wir so weit wie möglich an der Atmosphäre teilzuhaben und hatten eine ziemlich vergnügliche Zeit. Dorothy tanzte sogar, als sie praktisch dazu genötigt wurde. Wir gingen früh und begleiteten drei junge Frauen – eine von ihnen ziemlich angeheitert – zum Bus (ein schwerer gesellschaftlicher Fehler, denn wir hätten sie nach Hause begleiten sollen) und sprachen auf dem Rückweg miteinander ein wenig über unser Handeln; alle sagten übereinstimmend, dass es eine ziemlich schwierige Situation war und wir fragten uns, ob wir weise gehandelt hatten und dachten doch gleichzeitig, dass Christus in genau solche Situationen gegangen wäre – freilich, ohne sich zu verunreinigen.

Gestern kam die Reaktion:

(1) Betty war verärgert über unser Handeln und hatte das Gefühl, es war falsch und gegen biblische Prinzipien; sie argumentierte auch, dass Dorothy, die noch nicht sehr lange Christin ist, durch unsere Freiheit ins Stolpern gekommen war und nie Alkohol getrunken hätte, wenn wir es nicht getan hätten (was ziemlich unsicher ist, weil sie ihren genommen hat, bevor uns einer angeboten wurde). Sie weinte und war deswegen den ganzen Tag schlecht gelaunt.

(2) Dorothy störte Bettys Reaktion, und sie dachte, dass wir vielleicht Betty ins Stolpern gebracht haben. Sie war völlig durcheinander und sagte, sie wolle weiter mit mir sprechen. Ihr Denken schien sich an folgenden Richtlinien zu orientieren: Diese Fiesta war nicht anders als die Partys von Nichtchristen in den Staa-

ten und Alkohol zu trinken hatte hier die gleiche nebensächliche Bedeutung wie in den Staaten.

(3) Jim fühlte sich immer noch völlig frei, so zu handeln, wie er es getan hatte, wenn er auch nicht Dorothys Tanzen billigte, weil er meinte, dass es hier biblische Prinzipien gibt, die ein solches Tanzen verbieten, während er glaubt, dass es keine gibt, die direkt ein paar Schluck Alkohol aus Höflichkeit verbieten. Er wie ich auch meinten beide, wir würden das nicht mehr tun, wenn andere Gläubige dabei wären, die vielleicht durch unsere Freiheit zu Fall kommen könnten, und würden zu ihnen auch nicht über unser Handeln sprechen.

(4) Ich fühle mich immer noch frei, so zu handeln, habe jetzt aber auch die Information erhalten, das ecuadorianische Gläubige nicht zu dieser Art von Fiestas gehen, weil sie sie als weltlich ansehen. Dieses Wissen könnte eine künftige Entscheidung, wenn weitere Einladungen kommen, durchaus beeinflussen. Ich denke auch nicht, dass solches Tanzen an sich falsch ist und verurteile Dorothy nicht dafür, dass sie getanzt hat – ich bin persönlich auch nicht der Meinung, dass das Probieren von Alkohol grundsätzlich Sünde ist. Aber es gibt eine andere Sache, die ich vorsichtig bedenken möchte – die Reaktion von Enrique und Clara [dem Ehrengast der Feier und seiner Frau], als wir ihnen das Evangelium erklärt haben, nachdem sie uns so handeln sahen. Die Frage ist nun: Haben wir auf ihn gegensätzlich und inkonsequent gewirkt? Oder erschwert es zukünftig die Arbeit von anderen Gläubigen mit ihnen, die vielleicht unsere freie Sicht nicht teilen? Alles, worum ich Gott jetzt bitte, ist, das Ergebnis aus dieser Erfahrung zu verdeutlichen – es für uns zur Lehre zu machen, indem er unanfechtbar einen Standpunkt als richtig beweist.

Pete wurde klar, dass in den Beziehungen der Missionare untereinander Spannungen wegen ihrer unterschiedlichen Sichtweise des Lebensstils auftreten konnten. Er verstand nun, warum Jim von Anfang an nach Freunden gesucht hatte, die mit ihm nach Ecuador gehen: Es war weitaus einfacher, mit Menschen zusammenzuarbeiten, die sich gut kannten und die gleiche Sicht von der Bibel bezüglich des Dienstes hatten. Und selbst bei Mitarbeitern, die sich gut vertrugen, kam es zwangsläufig zu Konflikten. Oft entstanden die Spannungen bloß daraus, dass man zu wenig miteinander sprach, aber manchmal kamen noch andere Faktoren hinzu.

Als Betty und Dorothy ankamen, änderte sich die Dynamik unter den Missionaren. Betty war mit Jim zusammen und ließ Dorothy nun alleine, so dass Pete sie einlud, mit ihm spazieren zu gehen. Nach einem dieser Spaziergänge schrieb er: »Ich wusste, dass sie einsam ist und Probleme hat ... Sie sehnt sich nach Gemeinschaft.« Sie brauchte jemanden, bei dem sie sich aussprechen konnte, und hatte gehofft, sich Betty anvertrauen zu können. Aber Betty hatte jetzt Jim.

Und in der gleichen Unterhaltung entdeckte Pete, dass Dorothy noch ein weiteres Problem hatte, das auch viele Missionare hatten: Geld.

> Sie schüttete mir ihr Herz aus und weinte dabei fast, weil sie dadurch verwirrt war, dass sie das erlebte, von dem sie (und ich auch) glaubte, dass Gott es nie zulassen wird, dass eines seiner Kinder so etwas durchmacht. Vor kurzem musste sie einen ungedeckten Scheck ausstellen, um Verpflichtungen hier nachzukommen ... Das ist schockierend, und ich kann einem Mädchen in solch einer Notlage keine schnelle Antwort geben. Offen gestanden, ich hatte nicht erwartet, dass Gott so etwas zulässt, aber er erlaubt uns auch nicht, uns die Art der Prüfung auszusuchen. Ich habe das Gefühl, ich sollte ihr etwas Geld geben; ich wünschte, ich wäre früher sensibel für Gottes Stimme gewesen. Es bricht mir das Herz, sie so zu sehen, besonders, weil ich ihr nichts sagen kann,

> das nicht banal klingt. Es steht außer Frage, dass Gott sie erzieht und lehrt, sich auf das Wesentliche zu konzentrieren – vielleicht lässt er sie gerade die schwierigste aller Prüfungen durchmachen: die Erziehung durch Geldnot, die hart ist und der sie nicht ausweichen kann.

Dorothy war erst vier Monate draußen und hatte bereits finanzielle Probleme. Wie die meisten Missionare der Brüder war sie ausgesendet worden, ohne eine Garantie zur Unterstützung von ihrer Heimatgemeinde zu erhalten. Die Brüder waren der Meinung, dass Missionare im Glauben hinausgehen sollten, im Vertrauen, dass Gott für ihre Bedürfnisse sorgt. Missionare konnten sich bekannt machen, indem sie in verschiedenen Gemeinden sprechen und ihre Pläne mitteilten (ohne allerdings um Geld zu bitten), und darauf hoffen, dass genügend Gemeinden für ihre finanzielle Unterstützung aufkommen würden. Weil nun aber Frauen nicht in einer Gemeinde sprechen durften, hatte eine allein stehende Frau das Problem, wie sie bekannt werden konnte. Wie Petes Tagebuch zeigt, wusste er keine einfache Antwort auf ihr Dilemma. Ist das die Art von Prüfung, die Gott den Menschen schickt, die ihm dienen möchten? Pete war sich da nicht sicher.

Gott sei Dank hatte Pete zu dieser Zeit keine Finanzprobleme, vielleicht, weil er ein Mann und ein exzellenter Redner war. (Jims Freundschaft und elektrisierende Gegenwart hat ihm sicher auch nicht geschadet.)

In diesem Sommer fasste Pete seine ersten sechs Monate im folgenden hoffnungsvollen Tagebucheintrag zusammen:

> Die Zeit in Quito hier war schön; es ist kein Wort ausgeblieben von seinen Verheißungen. Diese fast sechs Monate waren voll von der Güte Gottes, der uns besondere Vorrechte gegeben hat, weil wir keine Verpflichtungen hatten und er uns das nötige Geld geschenkt und die Möglichkeit gegeben hat, in einer einheimischen Familie zu leben. Zweifellos haben wir viel gelernt, was uns in unserem ganzen Leben als Missionar sehr nützlich sein

wird. Und es war ein unglaublicher Segen für unseren Dienst – wir lebten frei, hatten ausreichend Geld, beteten viel zusammen und konnten erleben, wie Gott uns Glauben schenkt, wie wir mehr und mehr aus der spanischen Bibel verstanden, nach und nach leichter Spanisch lernten, und dass ich nützliche Redewendungen auswendig lernen konnte, so dass ich nicht jedes Mal überlegen muss.

Es war alles gut und wir haben viel gelernt: wie wir mit anderen Missionaren zusammenleben können, wie wir bei manchen Themen lieber schweigen, wie wir mit den Einheimischen zurechtkommen, was sie über Missionare denken. Heute Abend hat mir unsere [ecuadorianische] Gastfamilie gesagt, dass ich jetzt genau so gut oder sogar besser spreche als Jim (und dass er nachlassen würde!), und dass ich eine sehr gute Aussprache hätte – es war sicher eine Ermutigung, wenn ich auch genug weiß, um nicht alles zu glauben. Ich denke, weitere sechs Monate in einem ecuadorianischen Haus würden das Ganze abrunden, aber es hat Gott nicht gefallen, uns dies zu schenken, und ich *glaube*, dass wir deshalb keine Nachteile haben werden. Gott kann uns durch das eine oder das andere Mittel gute Spanischkenntnisse schenken und auch noch Quichua.

12.
EINE VORAHNUNG

In seinen Briefen nach Hause von Quito schrieb Pete selten von den Aucas. Sein Tagebucheintrag vom 30. März 1952 zeigt jedoch eine Diskussion über die Strategie mit Dr. Tidmarsh, um diesen Stamm zu erreichen. Sie hatten gerade erfahren, dass zwei Aucafrauen, eine war eine Jugendliche mit dem Namen Dayuma, auf einer Hazienda arbeiteten, die ein paar Stunden von der Missionsstation Shandia entfernt lag. Pete schrieb:

> Ich bin jetzt ziemlich aufgeregt, wenn ich an die Arbeit im Oriente denke. Herr Tidmarsh hat eine Herangehensweise an die Aucas vorgeschlagen, von der ich begeistert bin. Es ist eine Art Drei-Stufen-Plan: (1) Shandia wieder eröffnen, Quichua lernen und das Wissen erlangen, wie man mit Indianern umgehen muss; (2) nach Ila fahren, um in dem Landstrich, in welchem Quichua gesprochen wird, zu evangelisieren und mit den beiden Aucafrauen sprechen, die aufgegriffen worden waren und jetzt in Ila leben, und so viel wie möglich von ihnen von der Aucasprache lernen; und (3) dann nach Huito ziehen, das direkt südlich des Territoriums der Aucas liegt, dort unter den in der Nähe wohnenden, Quichua sprechenden Menschen evangelisieren und auf eine Möglichkeit warten, von dieser Seite irgendwie die Aucas zu erreichen. Das klingt faszinierend. Ich sehne mich jetzt danach, die Aucas zu erreichen, wenn Gott uns erlaubt, unter ihnen seinen Namen zu verkündigen.

Etwa zur gleichen Zeit schrieb Pete mir von einer Liste von Wörtern aus der Aucasprache, die Dr. Tidmarsh von dem Mädchen erhalten hatte. Dann schrieb er:

> Bitte bete für das [Auca-] Problem, denn es ist sehr groß, und wir sind uns nicht sicher, was Gott in dieser Sache von uns will. Wir glauben, dass Gott uns dazu führen könnte, schließlich unter ihnen zu arbeiten, aber natürlich sagen wir noch niemandem etwas Konkretes darüber.

Dann schrieb er mir, dass Jim und Betty über Verlobung nachdachten. Auch wenn dies ihre Beziehung erleichtern und anderen zeigen würde, was geschah, war Jim noch nicht zu dieser Verpflichtung bereit. Petes Tagebuch zeigt, warum.

> Ich möchte ihm vor allem in keiner Weise im Weg stehen, wenn er glaubt, dass es Gottes Wille ist, dass er Betty heiratet, wann immer ihm das möglich ist. Er (Jim) hat heute stärker als je zuvor das Gefühl, dass wir alleine geblieben sind, um die Arbeit zu tun, die verheiratete Männer nicht tun können, und dass die Arbeit unter den Yumbos [Quichuas] diese Bedingung nicht erfüllt (sogar Dr. Tidmarsh hat Gwen mit nach Loreto genommen). Die unerledigte Arbeit, die noch in der Ferne auftaucht, sind die Aucas (und möglicherweise auch die Cofanis – wir wissen nicht, wie schwer es ist, an sie heranzukommen, bis wir nicht nähere Informationen erhalten). Ich dachte auch über die Aucas nach, auch wenn mich der Gedanke an sie manchmal erschreckt. Aber ich bin bereit und mein Gesicht ist ihnen zugewandt. Wir haben geglaubt, dass Gott Wunder tun wird, und dies mag die Aucas mit einschließen; es muss durch Wunder als Antwort auf den Glauben geschehen, es gibt einfach kein schnelleres und besseres Mittel. O Herr, führe uns!

Jim drückte zu dieser Zeit in seinem Tagebuch ähnliche Gedanken aus. Für ihn war der Tod eine Möglichkeit, seit er das erste Mal von den Aucas gehört hatte; für Pete, seit er das erste Mal über sie von Jim gehört hatte. Aber als Jim sich verliebte, erschien sein ständiges

Schwanken bezüglich einer Verlobung schon fast unaufrichtig. Ich hatte das Gefühl, dass Petes Inkonsequenz bei mir durch Jims Einfluss entstand.

Obwohl ich immer noch nichts wirklich sicher von Pete über unsere gemeinsame Zukunft wusste, traf ich einige Entscheidungen für mein eigenes Leben. Zuerst entschloss ich mich, zum Ende des Studienjahres mein Studium an der Universität vorübergehend einzustellen. Mein Hauptstudienfach, Beschäftigungstherapie, wäre nutzlos gewesen, wenn ich später Jim in der Arbeit im Dschungel unterstützen wollte. Ich wollte an dem Kurs für Missionarsmedizin teilnehmen, den Ed McCully gerade in Biola gemacht hatte, aber ich hatte kein Geld und keine Garantie dafür, dass ich wirklich einmal nach Ecuador gehen würde.

Mein Vater schlug vor, ich sollte mir eine Arbeit suchen. So könnte ich mich zuerst in der Arbeitswelt bewähren, bevor ich auf ein Missionsfeld im Ausland gehe. Ich dachte über diese Möglichkeit nach: Eine Arbeit würde mir die nötigen Mittel und ein wenig Arbeitserfahrung verschaffen, sowie mir ein weiteres Jahr Zeit geben, Gottes Führung zu suchen. Im späten Frühjahr erhielt ich ein Arbeitsangebot. Aber nach viel Gebet und Überlegen entschied ich mich (in gewisser Weise) Gott diesen Sommer zu prüfen. Statt das Angebot anzunehmen, machte ich eine Prüfung für den Staatsdienst mit der Aussicht, im Herbst eine Stelle zu bekommen. Auf diese Weise konnte ich noch einen Sommerdienst in Camp Imadene annehmen.

Im Juli 1952 unternahm Pete seine erste Reise über die kleine Straße durch das Flusstal des Pastaza River nach Shell Mera, einer kleinen Stadt am Rand des Dschungels. Er beschrieb diese Kurzreise als »unklar, neblig, aber höchst eindrücklich ... Die Hänge des Tals wirken düster im Nebel – nackt und unfreundlich.« In Shell Mera trafen Jim und Pete auch einige der Missionare, mit denen sie in Kürze zusammenarbeiten sollten. Sie machten auch einen »Erkundungsflug über Arajuno und den Quellen des Nushino und Curaray River und suchten dort nach Häusern der Aucas, aber ohne Erfolg. Es war mein erster Blick auf unser Arbeitsfeld, und es war groß, groß, groß und faszinierend.« Er hatte jetzt das erste Mal das Gebiet der Aucas gesehen. Nun gab es kein Zurück mehr.

Aber je mehr Petes Wunsch, die Aucas zu erreichen, zunahm, desto mehr kämpfte er auch mit seinen Gefühlen mir gegenüber. Ich wusste davon natürlich nichts, weil er in den Briefen an seine Familie weder etwas über die Aucas noch über mich erwähnte. Pete wusste, dass er seine Familie erschrecken würde, wenn er seinen Wunsch erwähnt, zu den Aucas zu gehen. Deshalb drückte er seine tiefsten Gefühle von Freude, Kampf oder Furcht nicht in seinen Briefen aus, sondern vertraute sie nur seinem Tagebuch an. Dort konnte er auch seine Gefühle gegenüber mir ausdrücken, ohne Missverständnisse befürchten zu müssen. Er war zu weit weg und wir erwarteten, für zu viele Jahre getrennt zu sein, als dass er mir ein ernstes Versprechen hätte geben können. Aber seine Kommentare zu meinen Briefen in seinem Tagebuch zeigen, dass ich ihm meine Liebe trotz meiner Zweifel an seiner mitteilte. »Ich bin glücklich, dass sie geistlich wächst und danke Gott für ihre Liebe«, schrieb er an einem Punkt. »Das ist für mich hier ein ungeheurer Auftrieb, und wird es, schätze ich, im Dschungel noch weit mehr sein.«

Petes Tagebucheinträge im Juli, als die erste Phase ihrer Vorbereitung in Quito sich dem Ende neigte, zeigen größere Zuversicht und Aufregung. Spanisch fiel im jetzt leichter. Er konnte sich besser in die Arbeit einbringen und sich mit Leuten unterhalten. Während des Sommers arbeitete er für mehrere Wochen in einem christlichen Ferienlager in Ecuador und betreute dort eine Gruppe von Jungen. Obwohl ihr Spanisch eine neue Herausforderung an seine Spanischkenntnisse war (»Kinder reden so schnell und alle auf einmal und so schonungslos«), fand er große Erfüllung in der Arbeit mit ihnen. »Ein bunter Haufen ist das, besonders die in meiner Gruppe ... und ich lernte viel von ihnen.« (Mindestens einer von diesem »bunten Haufen« wurde später ein wohl bekannter christlicher Leiter in Lateinamerika: René Padilla.)

Als die Zeit näher kam, in den Dschungel zu gehen, wuchs seine Erwartung, die Indianer zu erreichen: »Wir gehen wirklich«, staunte er. »Es ist, als ob man einen Gipfel erklimmt, und der *Gedanke*, wirklich oben anzukommen, beherrscht jeden einzelnen Schritt, und dann hebt man plötzlich den Kopf und sieht über einen Fels oder Gesims den Gipfel selbst vor sich – der Gedanke wird greifbar.«

Ich kann nicht sagen, dass ich das Gleiche fühlte. Je näher der Zeitpunkt für ihn kam, zu gehen, desto mehr fürchtete ich um unsere Beziehung. Wir würden uns weniger schreiben können. Telefonanrufe waren unmöglich. Er schrieb mir jedoch mehrere Male persönliche Briefe über unsere Beziehung, bevor er Quito verließ.

Er berichtete in seinem Tagebuch über seine Gefühle bei einem Brief, den er abgeschickt hatte:

> Die Frische meiner Liebe zu Olive ist sehr stark ... Ich schrieb [ihr] so offen wie nie zuvor über unsere Liebe und einige Gedanken, warum Gott sie vielleicht auf diesem Niveau eingefroren hat, wie sie ist: größtenteils, damit wir großartige Freude an ihr haben so wie sie jetzt ist und das Jetzt nicht nur als einen Schritt hin zu größerer Vertrautheit sehen. Was hat Gott uns für Freude und Glück in unserer Liebe geschenkt – ich habe immer noch ein warmes Gefühl innerlich, wenn ich an sie denke, und was Gott uns geschenkt hat und noch schenken wird.

Diese Briefe erreichten mich in Camp Imadene, und sie beruhigten mich ein wenig. Ich muss ihm auch sehr offen geantwortet haben, denn mein Brief verursachte einen langen Tagebucheintrag:

> Sie ist so ehrbar und so rein und die Offenheit ihrer Liebe bringt mich um das raffinierte, untergetauchte und intrigante Bewusstsein, das in mir steckt – »Sie wird mir Gutes und nicht Böses tun alle Tage ihres Lebens.« Ich frage mich jetzt, wie ich nur jemals glauben konnte, ohne sie leben zu können (nicht dass ich die Führung und die Prüfungen jener Tage in Frage stelle); sie erscheint so richtig für mich, so schön in ihrer Zärtlichkeit und Offenheit, so ungekünstelt, wie ihre Liebe zu mir sie treibt, so tragisch in ihrer Einsamkeit, wenn sie, während ihre

> Mädchen in der ruhigen Gewissheit schlafen, dass sie auf sie aufpasst, aus dem Haus geht und fast weint. Ihre Bescheidenheit, wie sie ihre Rettung eines ertrinkenden Mädchens beschreibt, ist so typisch für die unverdorbene Frische, für die Olive steht, und ist solch ein Gegensatz zu der geistigen Sklaverei, jeden Gedanken und jede Möglichkeit auszuquetschen und das waschmaschinenartige ruhelose Sichdrehen meines Verstandes. Oh, ich liebe sie heute Abend dafür, dass sie das ist, was ich nicht bin.

Wenn Pete mir alles gesagt hätte, was in seinen Tagebuch steht, hätte ich wahrscheinlich nie wieder an seiner Liebe und Fürsorge für mich gezweifelt. Aber er fühlte sich anscheinend nicht frei, mir alle seine Gefühle mitzuteilen.

Eines, was er mir schrieb, war, dass er nicht wollte, dass ich als ledige Missionarin nach Ecuador gehe. Warum er dies sagte, weiß ich nicht: Vielleicht meinte er, ich würde denken, dies könnte unserer Beziehung helfen. Oder vielleicht wusste er, dass Betty mir diese Möglichkeit vorgeschlagen hatte. Aber nachdem er gesehen hatte, wie unglücklich und einsam manche der ledigen Frauen dort waren, und nachdem er Bettys und Jims Kummer beobachtet hatte, schien er zu glauben, dass mein Kommen die Probleme nur vergrößern würde.

Er hatte nichts zu befürchten; ich hatte nie in Betracht gezogen, als allein stehende Missionarin auszureisen. Die einzige Art, wie ich mich in Ecuador vorstellen konnte, war als Petes Frau – diese Möglichkeit erschien mir realisierbar. Pete freute sich über die Entscheidungen, die ich in Bezug auf Ausbildung und Arbeit getroffen hatte (wenn er das auch nur in seinem Tagebuch ausdrückte), weil er wahrscheinlich merkte, dass ich dafür offen war, zu ihm nach Ecuador zu kommen, wenn die Zeit dafür da war.

Nach dem Camp erhielt ich von der Navy ein ausgezeichnetes Stellenangebot für den Herbst und nahm an. Als Pete später davon im Dschungel las (die Briefe wurden nur zu mehreren zusammen ausgeliefert), freute er sich riesig für mich. »Gott hat sie gegenüber denen bestätigt, die gesagt haben, sie hätte die Arbeit annehmen sollen, die ihr vor Camp Imadene angeboten worden war. Sie ist sicher mein Mädchen, das Mädchen, das Gott für mich hat, und ich liebe sie mit meinem ganzen Sein.«

Ich stellte mir vor, dass ich die nächsten zwei Jahre mit Arbeiten und vielleicht einem Studium in Biola zubringen würde. Sicherlich würde Gott Pete und mir in dieser Zeit zeigen, wohin es geht, hoffte ich. Vielleicht würden Pete und Jim Kontakt mit den Aucas aufnehmen und dort einen Dienst aufrichten, der es ihnen beiden erlauben würde, zu heiraten. In diesem Punkt fühlte ich wenigstens eine Spur von Führung für mein Leben, ohne wissen zu müssen, was Pete genau über unsere Zukunft dachte.

Petes Abreise in den Dschungel stürzte mich nicht in Verzweiflung, wie ich befürchtet hatte – wahrscheinlich, weil wir uns nicht wieder persönlich Auf Wiedersehen sagten. Jim und Betty hatten jedoch eine harte Zeit. Pete schrieb in seinem Tagebuch und in seinen Briefen an mich über den Gefühlsaufruhr bei einem anderen Abschied:

> Sie ist schlecht gelaunt und still und offensichtlich angespannt; Senora Arias sagt, sie hätte Betty nachts alleine weinend vorgefunden und möchte, dass Jim etwas unternimmt. Jim sagte, dass er und Betty den letzten Abend mehr geweint als miteinander gesprochen haben und es war wirklich eine herzzerreißende Zeit. Betty hatte Nachricht von Ginnys Verlobung und Daves neuem Baby erhalten und es hat sie fast zerrissen, glaube ich. All diese Freude wurde ihrem jüngeren Bruder und ihrer jüngeren Schwester geschenkt und sie hat immer noch kein *sicheres* Versprechen, keine Verlobung, keinen Zeitpunkt für eine Heirat.
>
> Nun, es gibt auch eine ermutigende Sache: Unser Leben wird immer sicherer und die einzige Grundlage unseres Lebens beruht immer mehr auf dem Glauben, denn wenn Gott uns nicht führt (wie wir es glauben), dann sind wir sicher die größten Narren, dass wir liebe

Mädchen alleine nachts weinen lassen, wenn es nichts Besseres gäbe, als bei ihnen zu sein und sie zu uns zu nehmen. Es ist entweder ein freudiger und siegender Gang im Glauben als ledige Männer, oder es ist der schlimmste Fehler, den wir je gemacht haben, weil wir die besten Jahre unseres Lebens ohne die Liebe verschwenden, für die wir gemacht wurden. Gott sei Dank können wir im Glauben vorangehen und Gott wird mit uns zum Ziel kommen.

13.
SHANDIA

Am 29. August 1952 ging es dann endgültig ab in den Dschungel. Das war auch Petes letzter Tag in dem Ferienlager. Er schrieb: »Erst im Flugzeug war ich aufgeregt darüber, dass wir jetzt wirklich ankommen – die Hetze im Kindercamp hatte mir keinerlei Zeit für etwas anderes gelassen.«

Weil die dichte Vegetation schon lange vorher die Landebahn von Shandia zerstört hatte, flogen Pete und Dr. Tidmarsh zu einer nahe gelegenen Station namens Pano. Von dort würden sie zu Fuß weitergehen und später am Tag in Shandia ankommen.

In jenen Tagen trug die typische Quichuafrau ein Stück blauen Stoff um sich herum gewickelt, und machte ein paar Falten vorne, bevor sie ihn in der Taille befestigte. Dann trug sie eine einfache Bluse über dem Rock, das war praktisch, um ihr Baby zu stillen. Eine Menge Perlen um ihren Hals vervollkommneten ihr Erscheinungsbild. Die Männer trugen für gewöhnlich lange Hosen und Hemden oder kurze Hosen. Die Quichuas waren recht sauber, weil sie regelmäßig in den Flüssen badeten.

In Pano bekam Pete seinen ersten Eindruck vom Leben im Dschungel und hatte seine erste Begegnung mit Quichua-Indianern.

> Mein erster Gedanke war: »Ja, ich kann diese Menschen lieben.« Die dunkelfarbigen Muster auf den Gesichtern der Frauen und die seltsamen Knicke in dem Teil ihrer ausgeblichenen blauen Röcke, wo sie ihn vorne gefaltet hatten, interessierten mich ... Überall waren Unmengen von Kindern, die schüchtern lächelten, und [Frauen], die ihre Kinder an großen, zitternden Brüsten trinken ließen ... Hörte das erste Mal Dr. Tidmarsh in Quichua sprechen und fragte mich, wie ich es jemals lernen kann.

Als Nächstes kam der schwierige, dreistündige Marsch nach Shandia auf regennassen Pfaden, die durch heruntergefallene Äste versperrt waren. »Wir schlitterten über schlammige Pfützen, glitschige Wurzeln und bemooste Baumstämme, die völlig durchnässt und rutschig waren«, schrieb Pete. Niedrige Äste und ein Gewirr von Kletterpflanzen zwangen ihn auch, den Kopf niedrig zu halten. Somit war es auch schwierig für ihn, zu sehen, wohin er ging. »Es war wie eine der Wanderungen, die wir bei den Wasserfällen gemacht haben, den Kopf nach unten geneigt und nach vorne blickend, den Hals steif und die Schultern gesenkt, voranschreitend, rutschend und stolpernd, ohne aber darauf zu achten und ohne große Pausen.« Eine Lektion lernte er recht schnell: »Die am meisten bemoosten Bäume haben oft die schlimmsten Dornen.« Er fuhr fort:

> Schließlich hörten wir das Brausen des Napo, sahen, wie die Bäume nach und nach dünner wurden und schließlich ein heller grüner Fleck sichtbar wurde, der wie Gras aussah. Und dann traten wir ins Freie und sahen die drei Häuser [von Shandia], die sehr einladend aussahen und uns in der späten Nachmittagssonne willkommen hießen ... Auf den ersten Blick sah das Haus geräumig und bequem aus, und [ich] dachte daran, wie gut Olive und ich unter solchen Umständen leben könnten und freute mich bei diesem Wissen und der Erwartung ... Nun, jetzt bin ich hier ... müde ... voller Dankbarkeit gegenüber meinem Vater, der mich führt. In Wirklichkeit ist dies kein Ende, sondern ein Anfang.

Nun wusste Pete zumindest, dass es möglich war, mich zu fragen, ob ich dort mit ihm leben möchte – irgendwann.

Er und Jim (der am nächsten Tag ankam) gingen noch oft über diesen rutschigen Pfad von Pano nach Shandia, da ihre gesamte Ausrüstung für die Station von dort herbeigeschafft werden musste. Nach einem Gang schrieb er, dass er sich schuldig fühle, weil er nichts getragen hatte, während ein kleiner Indianerjunge einen schweren Generator trug – ein Dienst, für den er bezahlt wurde. »Unter solchen

Umständen ist es sicher schwer, sich wie ein Mann zu fühlen, und noch viel weniger als ein demütiger Nachfolger von Christus. Ich bin mir nicht sicher, ob ich das einfach hinnehmen soll, weil es so üblich ist, auch wenn die Indianer selbst es akzeptieren, aber jetzt werde ich ein wenig umherlaufen, lange nachdenken und beten.«

Kurz nachdem sie sich in Shandia niedergelassen hatten, nahm ein alter Indianer, Venancio, Pete und Jim unter seine Fittiche und sagte ihnen, er möchte, dass sie seine »Söhne« seien und bot ihnen an, sie das Leben im Dschungel und alles Wichtige zu lehren. Seine Freundlichkeit und sofortige Annahme von ihnen berührten Pete. In den folgenden Jahren hielt Venancio Wort.

Eine Masse von fremden Kultureindrücken füllten Petes erste Tage in Shandia. Er nahm jede Gelegenheit war, mit den Indianern zusammen zu sein und ihren Lebensstil zu studieren. Eines Tages nahm er an einer Quichuahochzeit teil. Sechs Menschen und eine Frau, welche die Braut vertrat, tanzten zu den Klängen einer roh gearbeiteten dreisaitigen Geige und dem Takt eines Trommlers, der ebenfalls sang. (Pete und Jim vertonten später Schriftpassagen und biblische Wahrheiten mit einigen Melodien der Indianer, anstatt amerikanische Melodien zu benutzen.) Unterdessen wischte sich der Bräutigam, der in einer Hand ein weißes Stück Stoff hielt, symbolisch ein paar Tränen ab, um beklagenswert bei der Aussicht auf die Ehe zu erscheinen. Als gesagt wurde, dass nun die echte Braut angekommen wäre, rannte eine weitere Gruppe hinaus zu ihr und warf ihr einen großen rot-weißen Poncho über den Kopf und das Gesicht, um ihre Identität zu verbergen. (Die Hochzeitskleider der Braut sind Allgemeineigentum, so dass sie immer wieder benutzt werden.) Schließlich nahm die verschleierte Braut, ihre Identität angeblich verborgen, ihren rechtmäßigen Platz in dem Tanz ein und ihre Vertreterin ging weg. Dann kniete der Bräutigam vor dem Vater und bat ihn um die Hand der Braut.

Inmitten aller neuen kulturellen Erfahrungen standen Pete und Jim dann einem Problem gegenüber, wie Missionare es oft haben – widersprüchliche Ansprüche, was echtes Christsein ist. Einer ihrer ersten Gäste war ihr Nachbar – ein Priester. Pete beschrieb ihn als bärtigen

> Mann in einem langen grauen Talar mit einem Kruzifix vorne auf der Brust. Er wollte vor allem von uns eine Garantie, dass wir aus seiner Schule keine Kinder stehlen und ihn mit Respekt behandeln ... Er befand sich eindeutig in der Defensive.

Er sah Pete und Jim als Bedrohung für seine Mission an. Das war verständlich, denn er hatte dort eine Zeit lang gearbeitet und sah das Gebiet zweifellos als das seinige an. Pete fuhr fort:

> Für mich ist das eine Tragödie, dass die Indianer hier sich zwischen Katholiken und Protestanten entscheiden müssen, wenn sie doch die Streitpunkte gar nicht verstehen und auch nicht die Freiheit haben, eine begründete Entscheidung zu treffen. Sie verstehen kaum das Evangelium und noch viel weniger die historische Spaltung zwischen zwei Gruppen, die doch offensichtlich dem gleichen Gott dienen. Aber in all diesen Dingen wird Gott seinen Namen verherrlichen – er muss es tun.

Jim und Pete wurden von Venancio zu einem dreistündigen Schlachtfest eingeladen, bei dem Schweine geschlachtet wurden. Pete beschrieb genau die verschiedenen Schritte des Schlachtens – etwas, das für ihn als Stadtmenschen völlig neu war. Manche ihrer Bräuche waren allerdings schwer zu verstehen. Einmal wurden die Genitalien des Ebers in einer Weise geschnitten, dass man eine lange Röhre erhielt, die man dann einem Jungen gab, der dann um die Leute herumrannte und ihnen mit seiner seltsamen Peitsche auf die Beine schlug. Petes einziger Kommentar war: »Es schien so bei ihnen üblich zu sein, denn jeder lachte darüber und betrachtete es gutmütig.«

Dann kam der besagte Priester. Er war überrascht über Pete und Jims Anwesenheit und fühlte sich bedroht. Er sauste in seinem Talar durch das Haus und mahnte die Indianer, dass sie zur Messe zu kommen hätten, wenn sie Christen wären. Aber am Sonntag nahmen alle an Jim und Petes Gottesdienst teil – sogar die, die vorher zur Messe gegangen waren.

Die überhebliche unnahbare Haltung des Priesters mit all seinen Insignien hinterließ bei Pete einen starken Eindruck – besonders als Gegensatz zu dem rohen Brauch des Peitschens mit dem Penis, den er vorher beobachtet hatte. Diese Erfahrung brachte ihn dazu, seine Strategie, um die Indianer zu erreichen, sorgfältig zu überdenken:

> Jim und ich werden in einem dieser Häuser [nach indianischem Stil] wohnen müssen, wenn wir jemals wirklich Einfluss auf diese Menschen haben möchten ... (1) Wir müssen das tun, um wirklich ihre Sprache zu lernen – das heißt, wir müssen ihre alltäglichen Arbeiten auch tun und ihre Sprache in *ihren Situationen* sprechen. (2) Wir müssen mit ihnen leben, wenn wir Einfluss auf ihre sozialen Strukturen haben wollen. Ihr Leben leben mit den Änderungen, die z. B. nötig sind für die Hygiene ist der einzige Weg, die Indianer dazu zu bewegen, gewisse Dinge zu ihrem eigenen Nutzen zu übernehmen ... Wir müssen so leben wie sie, ihre nützlichen Angewohnheiten annehmen und ihnen nur 10 nützliche Tipps für ihr Leben geben – anstatt 1000, die sie sowieso nicht aufnehmen, nutzen oder abschauen können. (3) Die Grundlage von allem ist, dass wir wie sie werden müssen, wenn wir sie für Christus erreichen wollen. Wir werden einiges der respektvollen Achtung und Liebe verlieren, die sie einem väterlichen Patron entgegenbringen, aber wir werden so fähig werden, ihre Probleme zu verstehen und ihnen zu helfen, in ihrem Milieu wie Christus zu werden – und ihnen nicht das unrealistische Ziel geben, in unserem kontrollierten Milieu in ihrer Mitte wie Christus zu sein.

Während seines ersten Monats im Dschungel begann Pete, seine Vision für die Arbeit auf andere Quichuadörfer auszudehnen.

> [Ich] dachte darüber nach, mehrere indianertypische Häuser in [diesen] Gegenden zu bauen und so von Ort zu Ort zu ziehen – je nachdem, wie Gott dann führt und

> Gelingen schenkt ... Es scheint so, dass wir für einen Versuch eine letzte Operationsbasis benötigen – vielleicht Shandia selbst ... Mich beeindruckt die Durchführbarkeit dieses Plans. Ich habe in keiner Weise etwas gegen die Annäherung über die Missionsstation, wie es hier in Shandia geschieht, aber ich denke, dass Gott von mir und Jim etwas anderes möchte. Für verheiratete Paare mit wachsenden Familien wird es aber fast unmöglich sein, diesen »eingeborenen« Lebensstil zu leben.

Er begründete das damit, dass eine Familie einen permanenten Wohnort benötigt, und diese Beständigkeit erfordert eine Schule und ein Krankenhaus. »Ich glaube, dass Gott, so weit ich das sagen kann, uns benutzen will, um das erste Mal in der 25-jährigen Geschichte der Arbeit im nördlichen Oriente einen Durchbruch zu erzielen.«

Es gab viel Arbeit zu tun. Pete und Jim gingen an die dringendste Aufgabe: die ruinierte Landebahn wieder zu räumen und eben zu machen. Sogar mit der Hilfe der Indianer würde es noch einen Monat dauern, bis das Flugzeug der Mission Aviation Fellowship (Luftfahrtorganisation der Mission) sicher landen konnte. Für diese Zeit hatten die Männer keinen Kontakt zur Außenwelt außer über Funk. Wieder musste ich auf Nachrichten von Pete warten. Als das kleine Flugzeug der MAF schließlich landete und stoppte, nahmen über hundert Indianer an dieser Zeremonie teil – besonders die, die so hart Seite an Seite mit Pete und Jim gearbeitet hatten. Sie waren alle stolz auf ihre Leistung. Nun hatten Pete und Jim Fleisch, Gemüse, Süßigkeiten, Erdnussbutter, und – was das Beste war – ihre lang ersehnte Post von zu Hause.

Aber sie hatten wenig Zeit, sich auf ihren Lorbeeren auszuruhen. Die nächsten Monate waren damit ausgefüllt, alte Gebäude wieder aufzurichten, neue zu bauen, die Jungenschule zu gründen und zu führen und sich um die medizinischen Bedürfnisse der Indianer zu kümmern. Sehr schnell gab es mit der Schule Schwierigkeiten. Pete und Jim mussten zwischen den frustrierten Kindern, ihren Eltern und einem ecuadorianischen Lehrer vermitteln, der sich als unfähig erwies. Oft liefen die jungen Missionare den ganzen Tag lang über Dschungelpfade und durch Flüsse, um Indianern in Not zu helfen – Medizin gegen Fieber zu verabreichen, bei einer schwierigen Geburt zu helfen, oder zu versuchen, das Leben eines Opfers eines Schlangenbisses zu retten. Nachdem sie wochenlang von Notsituation zu Notsituation gelaufen waren, wurde Pete und Jim klar, dass dies nicht ihren Vorstellungen vom Leben eines Reiseevangelisten entsprach.

Pete beschrieb, wie er das erste Mal mit Dr. Tidmarsh (der sie hin und wieder für eine Woche oder zehn Tage besuchte) unterwegs war, um bei einer Entbindung zu helfen. »Da es die erste Geburt war, die ich beobachtet habe, hat es meine ganze Aufmerksamkeit bis aufs Äußerste gefesselt, obwohl es in seinem Extrem sehr primitiv war.« Es war gerade dunkel geworden, als sie bei dem Haus ankamen. Ihre Kleider waren durchnässt, weil sie auf dem Weg einen Fluss durchwaten mussten. Da das Baby noch nicht da war, gab ihnen die Hebamme des Ortes zwei Bambusmatten, auf denen sie liegen konnten, während sie warteten. Die Kühle der Luft, noch verstärkt durch ihre nassen Kleider, und die harten Matten raubten ihnen den Schlaf. Sie versuchten, sich auf Holzklötzen neben einem rauchenden Feuer hinzusetzen, aber es hatte nicht genügend Hitze, um sie zu wärmen oder zu trocknen.

> Zusammen mit zwei räudigen abgemagerten Hunden saßen wir und lauschten dem Zirpen der Grillen, dem seltsamen gänseartigen Schrei der »cucupitsey«, dem gelegentlichen Schreien eines Kindes, dem Knarren einer Bambusmatte, wenn sich jemand umdrehte und dem periodischen Stöhnen der Frau, das zu einem kurzen schrillen Schrei anschwoll.

Als die Wehen zunahmen, stellte sich die junge Frau »auf ihre Knie und griff nach dem Seil, das von der Decke herunterhing und hob ihren Körper, wenn der Schmerz kam.« Schließlich begann die letzte Phase der Geburt. Die Hebamme sagte ein Wort und »alle im Haus wachten auf, erhoben sich schlaftrunken und gingen in eine

Ecke und schauten dort über einen Vorhang zu – Intimsphäre ist ein völlig unbekanntes Wort oder Konzept.« Dann ging Venancio zu der jungen Frau und »packte das Mädchen bei den Schultern und begann sie heftig zu schütteln, womit er nicht aufhörte, bis das Baby da war, wobei es halb in die Bananenblätter und halb auf den irdenen Fussboden fiel.« Es war eine Steißlagengeburt. Sie durchtrennten die Nabelschnur mit der scharfen Kante eines Bambusstocks, dann nahm die Hebamme Wasser in den Mund und spuckte es über das Baby, um es zu waschen.

»Es gibt dabei manche Dinge, die ich nicht erklären kann«, schrieb Pete später.

> Sie bereiteten dem Mädchen etwas zu trinken vor, indem sie die Kralle eines Faultiers abschabten und das Pulver mit Wasser vermischten ... Bei den Presswehen bliesen Venancio und die Hebamme dem Mädchen oben auf den Kopf, wobei sie ihren Mund tief in das zerzauste schwarze Haar drückten. Und als sie dann auf die Nachgeburt warteten, brachten sie einen etwa 30 cm langen Stock und steckten ihn rechts vor ihr in den Boden.

Pete und Jim erlebten Geburt und auch Tod im Dschungel. Innerhalb einer Woche nahmen sie an ihren ersten beiden indianischen Begräbnissen teil. Pete nannte sie »Begräbnisfeierlichkeiten«. Die erste fand für einen älteren indianischen Mann statt; die zweite für ein Baby, das an einem Fieber gestorben war, weil die Eltern Jim und Pete nicht erlaubt hatten, ihm Injektionen zu geben. Die schaurige Totenklage der Trauernden erschreckte Pete. Die »Gedächtnisfeiern« waren eine peinliche Mischung aus Hoffnungslosigkeit bei der trauernden Familie und Ausgelassenheit bei den Gästen. Sie saßen die ganze Nacht im Kreis herum, spielten Spiele und tranken. Um wach zu bleiben, warfen sie sich einen brennenden Ball aus Kapok zu (eine seidenartige Substanz, die sich in bestimmten Bäumen befindet), der in Benzin getränkt war. Der Gedanke war, ihn schnell weiter zu werfen, bevor er einem die Hände verbrennt. Die Indianer hielten mit ihren dicken, lederartigen Händen natürlich die Hitze weitaus besser aus als Pete mit seinen blassen, dünnhäutigen Händen.

Durch Schlangenbisse starben öfter Menschen, als sie erwartet hatten, weil nicht genügend Serum verfügbar war. Pete schrieb mir einmal von der Hilflosigkeit, die er und Jim fühlten, als sie den Beginn der Blutung, die Schwellung und schließlich den Tod eines Indianers mit ansehen mussten, für den sie nicht das notwendige Serum hatten. Schlangen waren gefürchtet, weil sie oft ohne Vorwarnung zuschlugen.

Durch all die beängstigende Verantwortung, welche die Männer in diesen Situationen zwischen Leben und Tod fühlten, lernten sie, ihren Idealismus, ganze Indianerstämme für Christus zu erreichen, durch die Realität des täglichen Lebens und Weinens mit ihnen und den Versuch, ihnen alles zu sein, um sie vielleicht zu gewinnen, zu mäßigen. Sie hingen völlig vom Herrn ab und waren auf gegenseitige Unterstützung angewiesen.

Bald merkten sie, dass sie gar keine Zeit hatten, Erkundungstouren tiefer in den Dschungel zu unternehmen, um nach anderen Stämmen zu suchen, wie sie es vorhatten. Sie mussten ihre Gänge auf einen Tagesmarsch von Shandia entfernt oder zu anderen Stationen, die nur ein paar Tagesmärsche entfernt lagen, begrenzen. Bei einer Gelegenheit kamen sie zu einer wenig bevölkerten Gegend den Napo River hinauf am Fuße der Anden, wo sie Potenzial sahen, einen Außenposten zu errichten. Sie trafen dort auf eine freundliche Gruppe von Quichuas, die noch niemals vorher einen Missionar gesehen hatten. Sie erschienen ihnen glücklicher und fleißiger als die um Shandia herum. Pete und Jim meinten, dass die Erhebungen hier und die wunderschöne tiefe Schlucht mit tiefem grünen Wasser die Gegend zu einem wunderschönen Rückzugsort machten. Sie träumten davon, hier eines Tages ein Haus zu bauen als einen Ort, um sich zurückzuziehen und als eine Basis, um weiter nach draußen zu gehen.

Pete erwähnte während dieses ersten Jahres im Dschungel in seinem Tagebuch nie die Aucas. Er schrieb auch nicht viel über mich, außer gelegentlichen Erinnerungen aus unserer gemeinsamen Zeit. Stattdessen begann er, seine Gefühle und seine Liebe zu mir direkt in persönlichen Briefen an mich auszudrücken. Meine Furcht, dass die Entfernung unsere Beziehung untergraben würde, erwies sich als unbegründet. Auch wenn die Post nur gesammelt ausgeliefert wurde und so viele unserer Fragen und Antworten gleichzeitig ankamen, wurde unsere Beziehung tiefer. Gott antwortete auf meine Gebete.

Petes Tagebuch zeigt aber, dass auch seine Liebe zu Christus in dieser Zeit tiefer wurde. Er schrieb von der »wirklichen Freiheit, die ich habe, das Wort ›Liebe‹ im Gebet zu benutzen – es ist jetzt so, dass ich das Wort benutze und ich kann ohne es gar nicht mehr auskommen.«

Eine Zeile aus einem alten Lied über Hingabe stachelte ihn zu größerem Dienen an:

> »Oh, Meister, stelle mich an die Tür. / Durchsteche dieses Ohr, das nun willig ist, noch einmal. / Deine Hände bedeuten Freiheit; lass mich bei dir bleiben / um zu tragen, zu ertragen, zu gehorchen.« Ja, es ist eine wunderbare Sklaverei und ich möchte, dass mein Ohr noch einmal von dem freundlichsten Herrn, den ein Sklave haben kann, durchbohrt wird. Ich habe heute an die große Ausdrucksweise der Psalmen gedacht, zum Beispiel: »Mein Herz ist bereit, o Gott, mein Herz ist bereit, ich will singen und spielen« und »Ich will dich von Herzen lieben, Herr, meine Stärke« und »Ich werde nicht wanken«. Die Sache ist die, dass ich so selbstverständlich weiß, dass ich die Zukunft absolut nicht in der Hand habe, sondern sie völlig in Gottes Händen liegt, dass ich dies überhaupt nicht mehr in meinen Gebeten ausdrücke und alles nur wie Selbstvertrauen erscheint. Auch das kann man übertreiben, und das habe ich mir zu Schulden kommen lassen.

Pete vertraute dem Herrn, aber manchmal kämpfte er auch mit Entmutigung. »Gehorsam um jeden Preis« klingt gut auf dem Papier, aber der Alltag war für ihn eine harte Prüfung. Genau die

Menschen, für die er betete und sein Leben dafür hingeben wollte, um sie für Christus zu gewinnen, trieben ihn manchmal zur Verzweiflung. Die Frage nach seinen Gaben und Fähigkeiten tauchte wieder auf, als er mit praktischen Pflichten wie Reparaturen und Hausbau kämpfte. Er sah dies als geistlichen Kampf und als ein grundlegendes Problem seiner Wesensart an. Am 25. Januar 1953 schrieb er:

> Ich bin in vielen Bereichen meines Lebens von dem abhängig, was Menschen über mich denken, oder besser, von dem, was ich meine, was sie denken ... die alltäglichen Dinge tue ich nur, um damit ihre Achtung zu erlangen, und/oder so, dass ich in einer guten Balance mit ihrer Einschätzung von Jim stehe. Ich war einmal schwer getroffen, als [ein Indianer mich] ein »wawa« [Kind] nannte, als ich versuchte, ein Gewehr zu reparieren. Er sagte, dass Jim mit Gewehren umgehen könne. Und heute Morgen wiederholte er es, als ich eine Maultrommel nicht spielen konnte, als man mich darum bat. Diese Dinge plagen mich und ich muss wirklich kämpfen, um über diese Gedanken zu siegen. Die Sache ist, dass in dem, was er sagt, viel Wahrheit steckt und andere erkennen dies und lachen, und das schmerzt.
>
> Ich nehme nun jede Gelegenheit wahr, etwas auszubessern oder zu reparieren, damit ich praktische und nützliche Fertigkeiten erlerne. Das wird helfen, aber es trifft nicht den Kern des Problems, welches ist, dass ich die Meinung der Männer hier als Grundlage für mein Urteil über meinen geistlichen Fortschritt und meine Annahme hier nehme und deshalb niedergeschlagen bin, wenn sie mich für das halten, was ich auch bin. Aber das ist falsch. Gott braucht keinen perfekt ausgebildeten, vollkommen akzeptierten und absolut fähigen Menschen, um seine Arbeit gut zu tun. Er sagt uns selbst, dass er nichts braucht, außer der Stimme von Kindern und Babys und dass er sein Werk nicht durch unsere Mei-

> nung über Kraft, Macht oder Vorbereitung tut, sondern *»durch meinen Geist«*.
>
> Er hat mich heute Nachmittag ermutigt, dass er dieses »wawa« zu seiner Herrlichkeit benutzen wird, wenn ich auch jung erscheine und wie ein Junge handle und nicht mit einem Gewehr schießen oder eine Maultrommel spielen kann. Ich denke an Gottes Ermutigung von Jeremia, als er meinte, er sei zu jung: »Sage nicht: Ich bin zu jung! Sondern du sollst überall hingehen, wohin ich dich sende, und alles reden, was ich dich heiße! *Fürchte dich nicht vor ihnen;* denn ich bin mit dir, um dich zu erretten, spricht der Herr« [Jeremia 1,7–8, Hervorhebungen hinzugefügt].

Obwohl Pete in seinem Herzen glaubte, dass Gott keinen »absolut fähigen Menschen« benötigt, fand er es schwer, dies im Alltag zu akzeptieren. Sechs Wochen nach dem obigen Eintrag schrieb er wieder von seiner Entmutigung. Er wollte Gott verherrlichen, aber er fühlte sich wieder bedrückt durch seine

> erstaunliche Unfähigkeit in praktischen Dingen. (Ich bemerke, dass ich mich fast davor fürchte, das neue Haus zu bauen, denn ich weiß, dass es meine Ungeschicktheit allen zeigen wird – ich habe das Gefühl, ich bringe das nur fertig, wenn mich niemand beobachtet und meine kindische Art bemerkt.) Aber über die Jahre wird Gott dies alles vollenden. Und auch in diesen Jahren, in denen ich (was auf die unvollkommenen Maßstäbe der Indianer zurückzuführen ist) schlecht beurteilt und missverstanden werde, werde ich doch durch Gottes Gnade ihnen dienen, sie lieben und für sie im Gebet einstehen.

Ende Februar 1953 bekam er noch Malaria, was seine Niedergeschlagenheit verstärkte. Er musste aus dem Dschungel ausgeflogen werden und kam nach Quito, um sich zu erholen, was ihn für drei Wochen außer Gefecht setzte. Er befürchtete, dass der gesundheitliche Zusammenbruch in Verbindung mit seinen mangelhaften praktischen Fähigkeiten ihn zu einem Hindernis für die Arbeit im Dschungel macht. Er erinnerte sich, dass einige der Ältesten in seiner Gemeinde genau dies vorausgesagt hatten.

Pete hatte aber nicht alleine mit Entmutigung zu kämpfen. Auch Jim kämpfte mit seinem Selbstbild. Im Juni 1952, bevor sie in den Dschungel gingen, schrieb er:

> Ich habe gestern über meine innere Schwäche gestaunt. Ich fühle mich absolut unwürdig, hier als ein »Verwalter der Geheimnisse Gottes« zu sein. Es ist sonderbar, dass ich – anscheinend für mein ganzes Leben – in solch engem Kontakt zu Pete und Betty leben soll, bei denen ich merke, dass sie mir intellektuell stark überlegen sind. Zum Beispiel beim Spanischstudium: Als Betty ankam und Pete und mich auf gleichem Niveau lernen sah, sagte sie: »Wie kommt es, dass du so weit zurückgefallen bist?« – weil Pete jetzt mit mir auf gleichem Niveau war. Und nun wetteifert sie mit uns beiden, mit genau demselben Stoff! Sie können beide meine Grammatik und meine Aussprache korrigieren und können die Zeitformen der Verben weitaus leichter anwenden als ich. Ich fühlte mich gestern Mittag fast weinerlich und nutzlos. Ich war von Wellen des Neids überflutet und wunderte mich niedergeschlagen über diese Dinge.[21]

Ein paar Tage später schrieb er über seine Gefühle der Unwürdigkeit, wenn er sich mit Betty verglich:

> Ich habe das Gefühl, ich bin ihr in keinem Bereich überlegen. Sie ist feinfühlig, ich bin grob. Sie ist ruhig und gelassen, wenn sie über etwas nachdenkt ... Ich muss mir lange den Kopf zerbrechen und mache Fehler und verstricke mich in Widersprüche ... Sie kennt das spanische Wort für *geschmacklos* – ich habe noch nie davon gehört. Sie kann eine Spanischlektion besser und schnel-

ler lernen ... Kurz gesagt: Ich sehe, dass sie mir überlegen ist, und das erschreckt mich.

Soll ich mit dieser Sorte von Frau mein ganzes Leben lang konkurrieren? Und von ihr aus, so kann ich es sagen, kommt es nie vor, dass ihre Überlegenheit mir das Gefühl gibt, dass ich geschlagen bin, aber das ändert nichts – es *ändert einfach nichts.* Ich habe Männer gesehen, die von ihren Frauen übertroffen werden – wie kläglich wirken sie, wie fehl am Platz! Ist es das, was ihre Selbstsicherheit, Ruhe, Tüchtigkeit und Reinheit aus mir machen wird, wenn wir heiraten? Großer Gott im Himmel, lass das nicht zu! Wenn ich mir bei ihr nur nicht so klein vorkäme, wenn sie nur eine große Schwäche hätte ... etwas, das mir wenigstens das Gefühl gäbe, ihr moralisch ebenbürtig zu sein. Aber wenn sie das hätte, würde ich sie nicht lieben, fürchte ich ...

Ich weiß, es würde helfen, mit ihr darüber zu reden, aber ich mag gar nicht daran denken, tagsüber mit ihr darüber zu reden, wenn sie mich weinen sehen könnte. Sie würde mir nicht glauben ... Ich zeige normalerweise keine Schwäche, die ihr zeigen würde, dass ich mich ihr unterlegen fühle. Aber genau das tue ich. Ich bin mir sicher, sie würde mir sagen, dass sie überhaupt nicht dieses Gefühl hat und sich in keiner Weise mir überlegen fühlt ... Aber so ist es – und ich fühle mich jetzt besser, weil ich es aufgeschrieben habe ...

Oh, wenn sie mir doch sagen könnte, dass und warum sie mich liebt, das würde mich vielleicht irgendwie beruhigen ... Wenn sie nur einmal zu *mir* käme, als dass ich immer zu ihr gehen müsste, ihr die Kontrolle überlassen muss, so viele Male folgen muss, obwohl ich das Gefühl habe, dass ich führen sollte. Aber was soll ich tun? Sie *kann* einfach nicht anders, bis wir verlobt sind – das heißt, es muss jetzt einfach so sein. Mein Gott, in was für einer Klemme stecke ich da.[22]

Jim und Pete hatten verschiedene Gaben, was für eine gute Balance in der Arbeit sorgte. Aber beide kämpften damit, ihre Grenzen anzunehmen und verglichen sich oft miteinander oder mit Betty, und das Ergebnis war niederdrückend. Sie stießen sich an einer harten Realität: dass das Leben normal weitergeht, selbst wenn man Gottes Ruf gehört hatte und gefolgt war – auf das Missionsfeld oder sonst wo hin. Die alltäglichen Pflichten, persönlichen Kämpfe und zwischenmenschlichen Beziehungen gingen weiter und durften nicht ignoriert oder bagatellisiert werden. Die jungen Missionare behielten jedoch trotz aller Schwierigkeiten – und es kamen noch weitaus mehr – ihre endgültigen Ziele im Blick.

Familie Fleming (1940): Der Vater, Pete, Mary, Ken, und ihre Mutter.

Pete und Olive in Seattle im Jahr 1951.

Peter Fleming 1952 in Ecuador.

Pete bei Aufräumarbeiten in Shandia, um Platz für Gebäude und für die Landebahn zu bekommen (Oktober 1952).

Eines der ersten Häuser, das während des Hochwassers, das Shandia zerstörte, mit der Klippe fortgespült wurde (Juli 1953).

Pete mit Quichuaindianern in Shandia.

Pete und Olive bei ihrer Hochzeit in Seattle am 26. Juni 1954.

Pete und Olive vor ihrem Haus in Puyupungu.

Ed McCully, Pete Fleming und Jim Elliot nach ihrer dreiwöchigen Tour in nicht evangelisiertes Gebiet.

Die Flemings, McCullys und Elliots an Weihnachten 1955 in Arajuno, dem letzten gemeinsamen Weihnachtsfest.

Pete und »George« am Palm Beach.

Das von den Aucas zerstörte MAF-Flugzeug.

Olive in Shell Mera, nachdem die Männer getötet worden waren.

Die fünf Witwen und ihre Kinder nach den Morden (Januar 1956). Von links nach rechts: Marilou McCully, Barbara Youderian, Olive Fleming, Betty Elliot und Marj Saint.

Olive mit dem Präsidenten von Ecuador, als die evangelikalen Missionsgesellschaften geehrt wurden.

*Ankunft in ToZampare im Januar 1989.
Von links nach rechts: Dayuma, Rachel Saint (1913–1994) und Olive.*

In der Gemeinde der Huaoranis. Von links nach rechts: Komi, Kimo, Walter, Olive, Dayuma und Dawa.

Kimo und Dawa mit Walter und Olive am Palm Beach.

Studenten der Universität von Washington, der Universität, an der Pete und Olive studiert haben, kommen 1997 mit ihren Huaoranigastgebern im Lager Woaponi an.

Familie Liefeld heute, von links nach rechts: David und Robin Liefeld mit Kris und Kayla, Walter und Olive Liefeld, Beverly und Jonathan Hancock mit Elizabeth und Abigail, und Holly und Mike Nunn mit Connor.

14.
VERLOBT

Nach sechs Monaten im Dschungel erkannten Pete und Jim, dass das größte Bedürfnis der Indianer nach dem Heil medizinische Versorgung war. Die pflanzlichen Heilmittel, die ihnen Dr. Tidmarsh gezeigt hatte, erwiesen sich gegenüber vielen tropischen Krankheiten als unwirksam, besonders bei Malaria. Sie brauchten »Wundermittel« wie Sulfonamide und Penicillin. Petes Versuche, den Kranken zu helfen und seine eigenen Malariaanfälle ließen ihn wünschen, er hätte eine bessere medizinische Ausbildung. In seinen Briefen an mich schlug er vor, ich solle ernsthaft darüber nachdenken, den Kurs für Missionarsmedizin in Biola zu machen.

Ich hatte dies bereits in Betracht gezogen. Im Sommer 1952 hatte ich die Direktorin der Schule, Leone Soubirou, getroffen, und ihr meine Situation und auch meine unsichere Zukunft geschildert. Sie war sehr verständnisvoll. Weil die meisten Missionskandidaten entweder eine Bibelschule besucht oder Theologie studiert hatten, erfüllten meine zwei Jahre an der Universität nicht ganz die Zulassungsbedingungen für dieses Programm. Aber weil sie wusste, dass bei den Brüdern nicht unbedingt eine formale theologische Ausbildung nötig war, war sie damit einverstanden, einfach die Empfehlung meiner Ältesten zusammen mit einer bindenden Erklärung, dass ich wirklich auf das Missionsfeld gehen würde, zu akzeptieren. Ich konnte beginnen, so bald ich wusste, dass ich nach Ecuador gehen würde.

Ich dankte Gott für ihre Ermutigung. Meine Arbeit lieferte mir das Geld für die Unterrichtsgebühren, aber ich brauchte immer noch die Empfehlung der Ältesten. Und das war heikel.

Ich wusste, dass Pete nicht wollte (und ich wollte auch nicht), dass ich als allein stehende Frau nach Ecuador gehe. Er wollte, dass ich warte, bis er in der Lage war, mich zu heiraten. Nun fand ich mich in einer unangenehmen Lage, als ich überlegte, wann ich in Biola anfangen sollte. Ich musste jetzt bald mit den Ältesten sprechen. Ich konnte sie nicht ehrlich darum bitten, mir als allein stehender Missionarin eine Empfehlung zu geben; da aber Pete mir bloß vage Zusagen über den Zeitplan für unsere Zukunft gegeben hatte, konnte ich auch nicht auf unsere mögliche Heirat verweisen.

Ich hatte keinen Zweifel daran, dass meine letzte »Übereinkunft« mit Pete jetzt eine wirkliche Vereinbarung war. Irgendwie hatte unsere Liebe trotz einer achtzehnmonatigen Trennung, die durch vereinzelte Sammelpakete von Briefen unterbrochen wurde, ihre Verletzungen überwunden und war sogar noch stärker geworden. Aber ich befürchtete, dass wir noch lange warten müssten, bevor wir heiraten konnten, denn Pete hatte noch nicht die Ziele erreicht, die ihn veranlasst hatten, unsere Beziehung vorher abzubrechen. Er und Jim hatten in Shandia alle Hände voll zu tun, um die Indianer bei Krankheiten zu behandeln, die Schule zu führen und mehrere neue Häuser zu bauen. Sie hatten noch nicht die längeren Ausflüge tiefer in den Dschungel unternommen, wie sie gehofft hatten. Pete erwähnte die Aucas noch nicht einmal mehr. Ich erinnerte mich mit Furcht an eine frühere Aussage von Pete, dass sie fünf bis zehn Jahre benötigen würden, um alles das zu erreichen, was sie als ledige Männer tun wollten. Trotzdem entschied ich, dass jetzt der Zeitpunkt da war, um ihn um eine konkrete Stellungnahme zu unserer Zukunft zu bitten. Ich warf den Brief mit einem schnellen Gebet um Gottes Führung in den Briefkasten.

Bevor er meinen Brief erhielt, schrieb Pete mir, dass Jim und Betty sich verlobt hatten. Er sagte, dass das letzte Jahr schwierig gewesen war für die beiden, und dass die Dinge durch ihre Verlobung jetzt einfacher würden. In einem Jahr wollten sie heiraten. Ich schmunzelte bei dem Wort »schwierig«. Sie konnten sich wenigstens sehen. Und im Grunde genommen hatten sie doch diesen »sich opfernden« Lebensstil gewählt – Jim, indem er ehelos bleiben wollte, und Betty, indem sie um jeden Preis gehorchen wollte. Ich erinnerte mich an Jims festes Beharren darauf, dass er Gott als allein stehender Mann dienen würde. Nun waren alle diese starken Überzeugungen in sich zusammengefallen. Ich fragte mich, wie ihre Verlobung Pete beeinflussen würde, denn ich wusste, dass er dazu neigte, in diesen Dingen auf Jims Meinung zu hören.

Ich musste nicht lange warten – zumindest nicht lange für diese Zeit. Einen Monat später erhielt ich den folgenden Brief von ihm:

Quito, Ecuador
4. März 1953
Liebste Olive,
Der Hauptzweck dieses Briefes ist, dich offiziell und ernsthaft zu fragen, ob du mich heiraten möchtest. Wie du weißt, ist meine Liebe zu dir in den letzten Jahren immer mehr gewachsen und ich habe mehrere verschiedene Zusagen bekommen, dass dies Gottes Wille für mich ist. Deshalb möchte ich mehr noch als dies alles mein Leben mit dir teilen und glaube, dass wir zusammen Gott ehren können, indem wir eins werden. Ich schätze die Tatsache, dass du auf mich gewartet und sogar in einer Zeit, als andere dich wenig dazu ermutigt haben, zu mir gestanden hast, mehr als du weißt, und würde gerne deine Treue belohnen und meine Freude vollkommen machen, indem ich dich heirate. Meine größte Freude wäre, für dich sorgen zu können, und wenn es Gott gefallen sollte, uns eine Familie zu schenken, dann gibt es nichts, was mich glücklicher machen würde. Durch die Gnade Gottes glaube ich wirklich, dass diese Dinge vor uns liegen, meine Liebste, und wenn du das Gleiche für mich fühlst – was ich glaube, dass du es tust – dann denke ich, dass wir uns auf unsere gemeinsame Zukunft freuen und große Erwartungen haben können, was für neue und reiche Erfahrungen wir machen können, und werden durch unser gemeinsames Leben immer mehr das Wesen Gottes verstehen lernen.

Ich möchte dich jetzt fragen, Liebes, damit für dich zwischen uns alles klar ist, wenn du über deine Ausbildung in Biola oder anderswo nachdenkst. Dann wäre ich auch glücklich, diese Sache zu der Zeit offiziell und öffentlich zu machen, die dir am besten passt. Ich bin mir sicher, dass dies die Neugier von vielen Leuten stillen wird und dich vor einer Menge unnützem Gerede und Missverständnissen über deine Motive schützen wird. Deshalb können wir – wenn du einverstanden bist – sobald ich von dir höre, beginnen, darüber nachzudenken, wie du es gerne bekanntgeben möchtest. Ich denke, dass ich, sobald ich von dir höre, meinen Verwandten schreiben und ihnen sagen werde, was wir vorhaben, und sie bitten werde, dir bei allen Vorbereitungen zu helfen. Ich werde so offen wie möglich sein und ich bin mir sicher, dass sie dir gerne helfen werden – ja, in der Tat begierig darauf sein werden, hier mitzumachen. Ich denke, ich werde Dad bitten, mich bei einer öffentlichen Bekanntgabe – wenn dies nötig sein sollte – zu vertreten, und ich glaube, er wird dies sehr gerne tun.

Das mit dem Ring überlasse ich dir, Liebling, damit Du es tust, wie es dir gefällt. Ich habe hier Geld, das ich aus den Staaten mitgebracht und genau für diesen Zweck gespart habe, so dass du nicht das Gefühl haben musst, dass ich Geld nehme, was man mir für den Dienst hier gegeben hat. Da es völlig unmöglich ist, den Ring von hier zu senden, gibt es zwei Alternativen: (1) Ich sende dir direkt das Geld und lasse dich den Ring aussuchen und alle Vorbereitungen treffen, oder (2) ich sende Dad das Geld und bitte ihn, es zusammen mit dir zu tun. Ich denke, dass er dies sehr gerne tun wird und ich fände es sehr gut, dass er dies tut, wenn du dies auch möchtest. Da er ungefähr 70 % des Schmucks von Seattle versichert hat, kennt er die besten Läden, um einzukaufen, und die besten Verkäufer, um möglichst wenig Geld unnütz auszugeben. Deshalb denke ich, er wird das Geld gut verwenden, wenn du auch möchtest, dass er dies für uns tut. Er hat auch den Ring für Ken und Helena gekauft, und ich denke, das hat sehr gut geklappt. Du musst ihm einfach deine Größe sagen, und welche Steine du möchtest – entweder Solitär oder einen großen Stein mit zwei kleinen an der Seite wie bei Helena, oder was auch immer dir gefällt. Ich persönlich finde den Ring mit den drei Steinen in einer schönen Fassung am schönsten, aber ich überlasse es dir, damit du das aussuchen kannst, wovon du träumst. Ich weiß, dass es einige gibt, die der Meinung sind, dass du überhaupt keinen Ring haben solltest, weil es eine unnötige Ausgabe ist, und weil ein Leben der Aufopferung vor dir liegt, das schon jetzt beginnen muss, aber die meisten dieser Leute haben keine sehr realistische Sicht vom Leben auf dem Missionsfeld. Ich möchte so sehr, dass du einen Ring bekommst, den du für den Rest deines Lebens gerne tragen und schätzen wirst, dass ich mich nicht darum schere, was sie sagen werden. Ich denke, du musst dich einfach vor abfälligen Bemerkungen wie »sieht so aus, als ob die Geschäfte auf dem Missionsfeld gut laufen« oder ähnlichen schnippischen Bemerkungen wappnen.

So warte ich also auf deine Antwort, Kleines, ob du »mich möchtest«, und wenn dies so sein sollte, was du über die möglichen Vorbereitungen denkst. Du bist vollkommen frei, es sofort bekannt zu geben oder bis zum Juni oder Sommer zu warten oder was auch immer du sagen wirst, denn du bist ja der »Boss«, wie du gut weißt. Ich bin in jedem Fall glücklich, wenn ich daran denke und werde für dich in dieser Sache beten ...

Einerseits machte mich sein Brief sehr glücklich; ich wusste, wie meine Antwort lauten würde. Aber andererseits erschien er so kühl und zurückhaltend, so weit weg von meinen Mädchenträumen von einem romantischen Heiratsantrag. Er benutzte so wenig sentimentale Worte wie »offiziell« und »ernsthaft«. Andere seiner Sätze sahen eher nach einer Preisverleihung wie nach einem Heiratsantrag aus. Er wollte es offiziell und öffentlich machen, damit ich nach Biola gehen konnte, was im Grunde das war, worum ich ihn gebeten hatte. Aber jetzt erschien es fast wie ein Vertrag, und nicht wie die leidenschaftliche Bitte um die Hand der Frau, die er verehrte. Wenn er mich vermisste, dann zeigte er dies nicht. Ich teilte seine Sicht, dass unser gemeinsames Leben uns helfen würde, Gottes Wesen besser zu verstehen – aber wo blieb die Romantik? Wie romantisch mochte es sein, mit seinem Vater den Ring auszusuchen?

Andere Fragen kamen mir in den Sinn: Warum hatte er mich von Quito aus nicht angerufen, um über eine solch wichtige Entscheidung mit mir persönlich zu sprechen? Warum hat er mir keinerlei Andeutung über einen möglichen Heiratstermin gemacht? Und was vielleicht das Wichtigste war: Was war nun mit den Aucas? Sie waren der Hauptgrund dafür gewesen, dass Jim und Pete nicht heiraten wollten. Warum erwähnte er sie nicht? Dachten sie nicht mehr länger daran, die Aucas zu erreichen? Aber sobald ich diese Fragen stellte, fühlte ich mich schuldig. Wie undankbar war ich doch! Hatte Gott nicht gewirkt und meine Gebete beantwortet? Warum dachte ich nur so negativ? Tief innen dachte ich, ich würde wohl noch Jims Einfluss auf Pete fürchten. Es erschien so leicht, zu vermuten, dass nun, wo Jim verlobt war, es auch für Pete in Ordnung war, mich zu fragen. Ich hasste es, dass Pete in einer so wichtigen Zeit so weit entfernt war. Wenn er persönlich da gewesen wäre, hätte alles so anders ausgesehen, so viel wirklicher, sicherer. Aber inmitten aller meiner Fragen erinnerte ich mich daran, wie sehr Pete mich vor seiner Entscheidung, nach Ecuador zu gehen, geliebt hatte, und ich wusste, dass ich ihn liebte, auch wenn ich noch nicht alles verstand.

Nachdem er den Brief zu mir abgeschickt hatte, notierte Pete den Antrag in sein Tagebuch und dankte Gott

> für den Trost in dem Wissen, dass sie [ja sagen] wird. Ich habe vollkommenen Frieden darüber, sie zu fragen, denn seit ich hier bin, hege ich keinerlei Zweifel mehr, dass sie von Gott für mich bestimmt ist. Ich habe mich nur noch gefragt, wann es weise ist, aus unserer Vereinbarung eine Verlobung zu machen. Jetzt ist die Zeit da, weil sie die Sicherheit braucht, um nächstes Jahr für Biola zu planen, und es wird den Leuten zu Hause ihre Lage verständlich machen. Deshalb freue ich mich – jetzt ist die Zeit da.

Zwanzig Tage, nachdem mich sein Antrag erreicht hatte, bekam er meine Antwort. Sein Tagebuch zeugt von seiner freudigen Erregung:

> Olive will mich heiraten! Und wir planen, uns sobald wie möglich zu verloben. Halleluja – ich bin wirklich glücklich und spüre ein warmes Gefühl in meinem Innern vor Erwartung. Sie wird mir »Gutes und nicht Böses tun alle Tage ihres Lebens«, das weiß ich, und wird eine ausgezeichnete Gattin sein. Es gibt noch keine Einzelheiten zur Verlobung; die Post ist hier langsam!!

Petes Vater gab auf einem Treffen von Missionaren unsere Verlobung offiziell bekannt. Obwohl ich eine Verlobung mit einem abwesenden Verlobten schwer greifbar fand, war es doch eine aufregende Zeit. Ich genoss es tatsächlich, mit Petes Vater zusammen die Art von Ring auszusuchen, die Pete wollte. Er hatte einen wunderschönen großen Diamanten zwischen zwei kleineren. Pete hörte von der öffentlichen Bekanntgabe wegen der Post erst nach fast einem Monat. Ich konnte ihn noch nicht einmal anrufen und ihm sagen, dass ich den Ring hatte. Manchmal glaubte ich, mit einem Traum verlobt zu sein. Aber ich versuchte, ihn an dem Ereignis teilhaben zu lassen, indem ich ihm Fotos schickte, wo ich mit all unseren Freunden und dem Ring zu sehen war. Als er diese erhalten hatte, schrieb er in seinem Tagebuch von der »Erregung«, dass unsere Verlobung jetzt offiziell war und dass er jetzt seinen Freunden die Bilder zeigen konnte. Von nun an halfen seine Briefe, in denen er jetzt offen über Heirat schreiben konnte, meine Ängste zu zerstreuen. Wir hatten noch keinen Heiratstermin, aber ich wusste zumindest, dass ich Pete heiraten und ihn nach Ecuador begleiten würde. Innerhalb kürzester Zeit erhielt ich die Empfehlung der Ältesten und wurde im Herbst 1953 in Biola angenommen.

Pete hatte mir von Quito aus den Antrag gemacht, als er sich von einem schlimmen Malariaanfall erholte, dem ersten in einer Reihe von gesundheitlichen Rückschlägen. Nachdem er seine Kraft wiedergewonnen hatte, kehrte er nach Shandia zurück und vergrub sich in die Arbeit. Er und Jim bauten ein Haus für die McCullys, die vor kurzem in Ecuador angekommen waren und sich entschieden hatten, nach ihrem Sprachstudium in Quito nach Shandia zu kommen. Die anhaltenden medizinischen Bedürfnisse der Indianer nahmen viel von ihrer Zeit in Anspruch. Inmitten der körperlichen Arbeit kämpften sie auch damit, Quichua zu lernen, die ungeschriebene Sprache der Indianer. Aber sie machten Fortschritte.

Im Frühsommer erhielten die Männer eine moralische Stärkung in Form eines propangasbetriebenen Kühlschranks, der mit drei Flügen auf die Station gebracht wurde. Als sie es geschafft hatten, die Teile zusammenzusetzen, schwelgten sie in ihrem ersten Getränk mit Eiswürfeln. *Vielleicht ist das Leben im Dschungel doch nicht so übel?*, müssen sie wohl gedacht haben. Bald würde das Haus fertig sein und die McCullys würden zu ihnen nach Shandia kommen. Dann konnten sie vielleicht mit dem Kanu losfahren, um mehr Indianer zu finden. »Beschleunige unsere letzten Vorbereitungen, Herr«, schrieb Jim in sein Tagebuch. »Wenn die Planung und der Bau weiter so gut vorangehen, werden wir sicherlich die Reisen in den Wald unternehmen können, von denen wir träumen.«[23]

Leider waren ihre »Vorbereitungen« noch längst nicht vorüber. Die schweren Regenfälle im Juni änderten alles.

Der 14. Juni 1953 war »ein denkwürdiger Tag«, wie Pete in sein Tagebuch schrieb. Sintflutartige Regenfälle hatten den Napo River zu einer alarmierenden Höhe anschwellen lassen. Die tosenden Wassermassen spülten riesige Stücke von der ca. 20 m hohen Klippe weg, so dass mehrere Häuser ins Wasser kippten. Die Kante der Klippe war nun bedrohlich nahe an Pete und Jims Haus und das neue Haus für die McCullys herangerückt. Obwohl keiner der beiden Männer in seinem Tagebuch oder in Briefen irgendwie Entmutigung zeigte, wussten sie doch, dass sie einen schweren Rückschlag erlitten hatten. In den nächsten paar Wochen demontierten sie das neue Haus der McCullys und schafften es zurück an einen sichereren Ort und bauten es dort erneut auf. Aber der Regen zwang sie oft nach drinnen, wo sie ihr Sprachstudium fortsetzten, in ihre Tagebücher schrieben, Briefe verfassten – und warteten.

Der Regen beeinträchtigte nicht nur Jim und Pete, sondern auch Nate Saint, einen MAF-Piloten, der mit seiner Frau Marj gerade aus dem Heimaturlaub zurückgekehrt war. Nate hatte von Kalifornien aus ein neues Flugzeug nach Ecuador geflogen. Die schweren Wolken und der heftige Regen hielten Nate jedoch tagelang in den Bergen am Boden.[24]

Jim drehte sich immer noch um die möglichen Auswirkungen seiner Verlobung mit Betty. Er wusste, dass er jetzt nicht mehr der Idealist sein konnte, der anderen jungen Männern riet, seinem Beispiel der Ehelosigkeit zu folgen. Er schrieb:

> Ich wusste wenig davon, von was ich in jenen Tagen sprach, [als] ich sagte, ich sei willens, ehelos zu leben – ich denke, ich wusste nichts von der Kraft der Liebe zu einer Frau. Deshalb hilf mir, Gott, ich wusste es nicht! Hätte ich gewusst, was ich diesen Morgen fühlen würde, als der Regen schwer aus einem tief hängenden Himmel fiel, dann bezweifle ich, dass ich irgendeinen Eid geleistet hätte, dass ich willens bin, alleine zu bleiben.[25]

An einem anderen Regentag setzte Jim sein Bekenntnis fort:

> Ich wusste nicht, dass die Liebe für mich ein so intensives Gefühl sein könnte, dass es stark und anhaltend genug ist, um einen Tag und eine Nacht mit diesem Gefühl der Leere zurückzulassen – egal, was man tut. Pete redete mir ein, die undisziplinierten Gefühle durch den Willen zu kontrollieren, aber das ist Unsinn. Ich glaubte auch, dass der Wille, nicht von der Liebe überwältigt zu werden, genügt, um einen im Gleichgewicht zu halten und davor bewahrt, sich wegen einer Frau »verrückt zu machen«. Aber was ist, wenn der Wille selbst betroffen ist? Der Wille ist sogar noch stärker als die Gefühle der Sehnsucht. Aber dieses Jahr sehe ich keine Möglichkeit für eine Hochzeit. Gott schenkt uns, was wir wollten – alleine sein und die Freiheit, in den Oriente zu ziehen. Hier aber bauen wir Häuser ... Alles sagt, abwarten – der Regen, das fehlende Material, das nötige Sprachstudium – aber die Liebe zu ihr in mir sagt, warte nicht weiter.[26]

Die Dinge hatten sich gewendet: Nun war Pete derjenige, der für die Kontrolle sexueller Wünsche plädierte.

Jim und Betty entschieden sich, im Januar zu heiraten. Jim sprach mit Pete über diese Entscheidung und schrieb später Petes Reaktion nieder:

> Er ist vollkommen ruhig in der ganzen Angelegenheit und sagt, Gottes Wille geht für uns weiter, ob verheiratet oder unverheiratet, und er fühle sich überhaupt nicht, als ob ich ihn »im Regen stehen lasse«, wie manche [sagen] mögen, wenn ich zuerst heirate. Im Gegenteil, er meint, wir sollten zu verschiedenen Zeiten heiraten, weil das Wohnen sonst komplizierter wird ... So werde ich also Betty heute Abend schreiben.[27]

Jims Sorge über Petes Reaktion könnte anzeigen, dass er sich schuldig fühlte, weil er nach seiner ganzen Rhetorik für die Ehelosigkeit doch heiratete. Und außerdem hatte er von all den Dingen, die er als lediger Mann tun wollte, keines geschafft.

Unterdessen regnete es die nächsten Wochen kontinuierlich weiter. Der letzte Platzregen hatte vier Tage lang gedauert. Der Napo River erreichte einen gefährlichen Pegelstand – zum zweiten Mal innerhalb von weniger als zwei Monaten. Am Morgen des fünften Tages erkannten Jim und Pete, dass sie in ernsten Schwierigkeiten steckten. Pete schrieb:

> Am 30. Juni wurde alles, was wir von Shandia kannten, vom Fluss mitgerissen! ... Wir arbeiteten bis kurz vor Mittag an dem Wörterbuch, aßen dann früh zu Mittag und beobachteten besorgt, wie das Wasser stieg. Um die Mittagszeit begann die Klippe dann [zu sinken] ... und um 13.30 Uhr wurden der Flugposten und unser Blumenkasten vor dem Haus fortgespült. Nach einem kurzen Funkspruch ließen wir das Haus zurück und schafften die Ausrüstung in die Schule; wir waren wie betäubt und konnten immer noch nicht glauben, dass das Haus

fallen würde. Als das Kliff bis vor dem Haus weggebrochen war, begannen wir damit, es abzureißen – die Außenwände, den Boden, Wandschirme, usw. – und wir arbeiteten, bis uns alle Indianer aus Angst verlassen hatten und die Veranda weg war. Eine große Gruppe der Indianer kam dann [aus der Umgebung] und half uns an dem grauen, verregneten Nachmittag. Jim leitete dann den Transport des Holzes in die Nähe des alten Fundamentes und ich begann, die Klinik zu demontieren und schaffte alles Gerät in die Schulküche. [Die Klinik abzureißen war das Schlimmste, weil] wir sie selbst gebaut hatten und es das neueste und beste Gebäude war. Wir retteten einen großen Teil des Materials – die Bodenplanken, die Schränke, Türen, usw. – und wir zogen das Haus mit einem Seil beiseite und versuchten so, die Hauspfosten zu retten, aber wir verloren sie alle; wir hatten nicht die Zeit, um alles zu retten.

Als wir an der Klinik arbeiteten, sahen wir, wie das Haus fiel und die indianischen Frauen die Totenklage begannen. Es war später Nachmittag und es regnete, aber es war klar, dass die Schule auch weggeschwemmt werden wird, deshalb räumten wir mit großer Hilfe der Indianer unsere Sachen aus der Schule an den Ort, den wir gerade für das Haus des Professors geräumt und markiert hatten ... Dann, um sieben Uhr bei Einbruch der Nacht, gingen wir in die Schulküche [ein extra Bau getrennt von der Schule], um die Entwicklung abzuwarten ... Ungefähr um neun begann die Schule zu fallen und wir wussten, dass unsere Sachen gefährdet waren, deshalb arbeiteten wir mit Venancio [und mehreren anderen Indianern] sechs Stunden lang, um unsere Ausrüstung fortzuschaffen – Es war ein Albtraum: wir stolperten in der pechschwarzen Nacht, traten in Nägel, stießen uns die Beine an umgefallenen Bäumen und Baumstümpfen, taumelten unter Lasten von 45 kg in tiefem Schlamm, stolperten, wenn wir in knietiefe Wasserlöcher traten, und fröstelten vom Regen durchnässt in dem kalten Wind vom Fluss her.

Der Lärm des Flusses war ohrenbetäubend, der Boden wankte, wenn große Stücke der Klippe und Bäume ins Wasser fielen. Wir waren tief traurig, als wir sahen, wie alles aufgeweicht wurde. Am schlimmsten war, mit ansehen zu müssen, wie die unbezahlbaren Quichuavokabelnotizen von Dr. Tidmarsh über den ganzen Boden verstreut und in den Schlamm getreten wurden. Kurz vor drei Uhr [morgens] waren wir fertig ... wir gingen dann mit einer Decke zu Vicentes Haus, wo wir uns an einem Feuer aufwärmten und ein paar Stunden schliefen.

Vor sechs Uhr [morgens] hörten wir Venancio wieder rufen und rannten zu dem angeschwollenen Churu Yacu [Strom] oberhalb der Landebahn und sahen, dass die Schulküche während der Nacht auch verloren gegangen war, [wie auch das] Spielfeld, und dass der Abhang jetzt nur noch 9 m von dem Ort entfernt war, wo wir in der Nacht unsere Sachen hingebracht hatten. So begann wieder ein Wettlauf mit der Zeit, um es erneut fortzuschaffen. Wir schlugen – diesmal mit großer Hilfe – einen Weg zurück in den Dschungel und Venancio baute dort einen Unterstand mit einem Aluminiumdach. Venancio und Luis hatten während der Nacht den Kühlschrank in Sicherheit gebracht, indem sie Bretter auf den Boden legten und ihn darauf fort schoben, aber irgendwo bei der Schulküche müssen wir den Behälter mit allen Küchengeräten von Ed [McCully] verloren haben.

Um ungefähr zehn Uhr ließ der Fluss ein wenig nach. Wir verbrachten trotzdem den ganzen Tag damit, unsere Sachen [weiter vom Fluss] wegzubringen um [sie] zu trocknen ... und wieder zu ordnen ... Am Samstag richteten wir unser Zelt auf, wo wir seitdem leben ...

Wir sahen, dass Gott die Station in einem Streich ausgelöscht hatte ... und bauten McCullys Haus ab, das nun relativ nutzlos etwa 12 m von der Kante der Klippe ent-

> fernt stand. Wir hatten unsere fünf Häuser, das Spielfeld und über hundert Meter der Landebahn verloren – mit einem Wort: Alles, was wir gebaut hatten, war weg und die Zerstörung war vollständiger, als wir es für möglich gehalten hatten. Das meiste von unserer Ausrüstung hatten wir retten können, aber die Indianer stahlen dann einen großen Teil (Macheten, Äxte, Schaufeln, Salz, Zement und übrig gebliebenes Material); der größte Verlust war der Behälter von Ed mit allen Küchengeräten ...

Die Indianer nannten es eine Katastrophe. Der Priester bezeichnete es als Gottes Gericht über die Protestanten. Nach Petes Meinung »bot es uns eine unbezahlbare Möglichkeit, die Haltung eines Christen angesichts einer Tragödie zu zeigen«.

Was wollte Gott ihnen über die Zukunft von Shandia sagen? Während der Nacht in der ersten Flut hatte Pete geschrieben: »Wir wissen, dass die Zerstörung so schlimm ist, dass Gott uns etwas anderes sagen wollen muss, als nur unsere Ausdauer zu prüfen.« (Und das war, *bevor* der Rest der Häuser von Shandia zerstört worden war.)

Nachdem die zweite Flut alles ausgelöscht hatte, dachte Pete darüber nach, dass ihr Zeitpunkt eine Bedeutung für Gottes Willen bezüglich Shandia zu haben schien. Er schrieb:

> (1) Eine Woche vorher hatten wir uns in Bezug auf das Gehalt in den Gesprächen mit Eladio [dem Lehrer in Shandia] vollkommen festgefahren – somit bestand mit ihm kein bindender Vertrag mehr.
> Wir waren gerade dabei, für die Sommermonate große Bauprojekte anzugehen ... In genau diesem Augenblick zerstörte Gott alles und ersparte uns damit die Ausgaben und die Arbeit, die wir geplant hatten.
>
> (3) Gott hatte kurz vorher [nach der ersten Flut] unseren Willen geprüft, alles wieder aufzubauen, so dass

es unwahrscheinlich erscheint, dass er nur dies im Blick hat.

(4) Einen Tag vor der Flut sagte Jim zu mir, dass er glaube, dass jetzt die Zeit gekommen sei, zu heiraten, und dass er in der vorigen Woche in Dos Rios war, um mit Betty über einen Hochzeitstermin zu sprechen. Er hatte das Gefühl, dass ihre Liebe jetzt Erfüllung verlangte, weil sich die Dinge seit letzten Januar beschleunigt hätten, und dass biologisch und auch mit Blick auf die Arbeit in Shandia nun die Zeit war, in der er heiraten kann. Er meinte, dass unser Traum, zu reisen, dadurch nicht ins Wanken käme und dass alles, was er meinte, dass wir es als ledige Männer erforschen sollten, nicht dieses Gefühl minderte, das ihm sagte, der Zeitpunkt für seine Heirat sei jetzt da.

Ich antwortete ihm ehrlich, dass er gehen solle, wenn er meine, dass jetzt die Zeit da sei ... ich habe nicht das Gefühl, hier »im Stich gelassen« zu werden; Gott wird seine Verheißungen gegenüber mir erfüllen, was auch immer geschehen mag. Ich sagte jedoch, dass, wenn wir jetzt körperlich und geistig in der Lage wären, in den nächsten paar Monaten in großem Umfang umherzureisen, dann könnte seine jetzige Hochzeit wahrscheinlich doch ein Hindernis sei. Aber wenn wir uns entscheiden würden, dass es im Moment besser ist, etwas weniger zu unternehmen, dann würde seine Heirat wahrscheinlich nicht unsere Effizienz beeinträchtigen. Er plante, ein kleines Haus auf dem Zementfundament zu bauen, das bei Eds erstem Haus übriggeblieben war, [aber am] nächsten Tag wurde dies vom Napo fortgerissen. Gott schien zu Jim zu sagen, er solle noch ein wenig mit der Heirat warten, um noch umherreisen zu können.

Wenn Gott ihn wirklich dazu führte, Shandia zu verlassen, dann wäre das eine harte Entscheidung für Pete gewesen. »Gott hat mir eine tiefe Liebe zu den Indianern gegeben, und es wäre schrecklich für mich, sie zurücklassen zu müssen«, schrieb er.

> Ich denke nicht, dass ich für immer aus Shandia wegziehen werde. Ich habe in diesen Tagen über den »vollkommeneren Weg der Liebe« aus 1. Korinther 13 nachgedacht. Meine Übung bestand darin, meine Haltung zu überprüfen, wenn ich mit Indianern zu tun habe, die zu mir ins Haus kommen, um zu sehen, ob [meine Liebe zu ihnen] echt und überfließend ist. Ich werde sie nie als guter Zimmermann, Häuserbauer oder Mechaniker beeindrucken, aber ich möchte sie gerne um Christi willen lieben – das ist etwas, was ich sein kann, wenn ich mich mit Gottes Hilfe dazu entschließe.

Ed McCully war zu Pete und Jim gestoßen, um ihnen nach der Flut zu helfen. Kurz danach kam Dr. Tidmarsh an, um sich einen Überblick zu verschaffen und dic Zukunft zu besprechen. Sie entschieden, dass jetzt der richtige Zeitpunkt da war, dass Pete, Jim und Ed sich in den südlichen Bereich des Territoriums der Quichuas wagen sollten. Dort sollten sie nach Indianern suchen, die noch nie etwas von Jesus gehört hatten und vielleicht einen Außenposten errichten. Jim und Pete hatten das ganze letzte Jahr aus einem hauptsächlichen Grund Shandia wieder aufgebaut: um nach unerreichten Indianern zu suchen. Nun ebnete ironischerweise gerade die Zerstörung Shandias den Weg für ihre Reise. Betty blieb in einem Zelt in Shandia, um auf die Ausrüstung aufzupassen, während die Männer unterwegs waren.

Anstatt irgendwelche aufregenden Beschreibungen dieses Abenteuers zu liefern, machte Pete seine gewöhnliche Auflistung von Beobachtungen:

> Wir waren insgesamt 21 Tage unterwegs, 15 davon fuhren wir mit dem Kanu. Die wichtigsten Eindrücke von der Reise: (1) Da es unsere erste Erkundungstour war, lernten wir Dummköpfe dadurch, wie man hier reisen muss. (2) Dies war unsere erste Kanutour von gewisser Länge. (3) Es war die erste Reise zu Evangelisationszwecken, die in diese Gegend gemacht wurde und wir

> fanden viele, die noch nie etwas von Jesus gehört hatten. (4) Wir entdeckten Gebiete, in denen Interesse bestand, dass wir dort eine Schule eröffnen – wie Bella Vista, Montalvo – und wurden dorthin eingeladen. (5) Wir kamen in Kontakt mit einem völlig anderen Quichuadialekt. (6) Ed machte seine ersten Erfahrungen mit dem Zelten und der Orientierung im Dschungel. (7) Es wurde deutlich, dass wir die Bobanaza nie von Shandia aus erreichen werden. (8) Es gibt weitaus mehr Jivaros in dieser Gegend, als wir gedacht hatten und es könnte nötig sein, dass einer von uns Jivaro lernt.

Die Männer entschieden sich, die Einladung der Indianer nach Bella Vista, auch bekannt als Puyupungu, anzunehmen, wodurch sie auch viele Indianer entlang des Puyu Rivers erreichen konnten. Aber wer sollte dorthin gehen, um eine Arbeit zu beginnen und eine Schule zu eröffnen? Die McCullys, die neu waren, mussten in der bestehenden Arbeit in Shandia bleiben, wo sie ihre ersten Erfahrungen mit dem Leben im Dschungel und dem Sprachstudium machen konnten. Für Jim gab es hier jedoch keine Frage: Er und Betty würden im Oktober heiraten und nach Puyupungu ziehen. Pete würde in Shandia bleiben und für sich und für die McCullys provisorische Häuser bauen. Der langfristige Plan war, Shandia wiederaufzubauen und Jims Vater zu bitten, zu kommen, um bei dem dauerhaften Bau zu helfen.

Am 29. September 1953 schrieb Pete in sein Tagebuch:

> Ein sehr geschäftiger Tag – Jim und Betty fuhren diesen Morgen nach Quito, um am achten Oktober zu heiraten. Sie sind sicherlich glücklich und zeigen die gleichen Vorlieben wie jedes frisch verlobte Paar: das schüchterne Halten der Hände oder neckisches Stupsen des anderen, den Wunsch, über den anderen zu sprechen und ihn in einem vorteilhaften Licht dastehen zu lassen ... den Wunsch, alleine zu sein, das völlige Aufgehen in Hochzeitsvorbereitungen, Ideen, Gestaltung des zukünftigen

Zuhauses. Es ist alles gut und hat etwas Schönes und Ansteckendes. Sie haben lange genug gewartet – Betty ist jetzt seit anderthalb Jahren in Ecuador – und die Wartezeit hat ihnen erlaubt, ihre jeweiligen Ziele, die sie als ledige Arbeiter haben wollten, zu erfüllen; sie werden ein ausgezeichnetes Paar für diese Art von Arbeit sein.

15.
NACH HAUSE KOMMEN

In Seattle bekam Petes Vater in der ersten Augustwoche des Jahres 1953 ein Telegramm aus Ecuador: »HOCHWASSER ZERSTÖRTE SHANDIA. MATERIAL GERETTET. ALLE WOHLAUF. INFORMIERE PORTLAND. HERZLICHST PETE.« Erst ein paar Wochen später erreichten uns Petes Briefe mit allen Einzelheiten. Ich konnte mir die zerstörerische Kraft dieses Flusses oder die sintflutartigen tropischen Regenfälle nicht vorstellen. Ich wusste, dass sie nicht mit dem sanften Nieselregen hier im Nordwesten der Staaten verglichen werden konnten. Ich fragte mich, wie die Zerstörung Shandias sich auf unseren Zeitplan für die Heirat auswirken würde. Pete war gerade auf die dreiwöchige Kanutour gefahren, als ich in Los Angeles mein Studium in Biola begann. Ich musste also lange auf einen weiteren Brief warten.

Die Wochen vergingen schnell, weil ich mich in das Studium und eine Teilzeitarbeit in einem Krankenhaus in der Nähe vertiefte. Es gab keine Zeit, um an die Verzögerung der Briefe zu denken; ich hatte mich auch tatsächlich an die langen Wartezeiten gewöhnt. Ich fand auch Gefallen daran, eine Gruppe von Studenten um mich zu haben, die ein gemeinsames Interesse an der Außenmission hatten. Eine Frau wollte zu einem primitiven Stamm in Neuguinea, ähnlich denen in Ecuador. Da sie auch einen abwesenden Verlobten hatte, konnten wir einander gut verstehen. Ich begann, meine schwierige Zeit der Trennung von Pete als Möglichkeit zum geistlichen Wachstum zu sehen. Es half mir auch, wenn ich daran dachte, dass ich mich jetzt auf einen Dienst im Dschungel vorbereitete.

Schließlich kam Petes Brief und brachte nicht nur Neuigkeiten von seiner Kanuexpedition, sondern auch von Jims und Bettys Plänen, im Oktober zu heiraten – in nur ein paar Wochen. Ich war überrascht, besonders nach Jims Unentschlossenheit vorher. Meiner Meinung nach hatte Pete lange Zeit barmherzig auf Jims Schwanken

Rücksicht genommen. Nun, das wusste ich, würde er sich von seinem Versprechen, alleine zu bleiben, befreit fühlen und mit mir über einen Hochzeitstermin sprechen. Aber ich hatte noch acht Monate Studium vor mir. Dazu hatte Pete mich gedrängt, zum Sprachstudium nach Costa Rica zu gehen, um die Ablenkungen zu vermeiden, die er während seines Spanischstudiums hatte. Das würde unsere Heirat um weitere sechs Monate verschieben. Ich war gespannt, was er sagen würde.

Sicherlich schrieb Pete seine vorläufigen Pläne in sein Tagebuch, während Jim und Betty nach Quito gingen, um zu heiraten – eine standesamtliche Heirat, bei der nur das Ehepaar Tidmarsh und die McCullys dabei waren: »In diesen Tagen habe ich das erste Mal ernsthaft darüber nachgedacht, im nächsten Juni nach Hause zu fahren, um Olive zu heiraten, dann im Sommer an dem Wyclif-Kurs teilzunehmen und im Herbst an die Sprachschule in Costa Rica zu gehen. Auf diese Weise könnte Olive direkt mit in den Dschungel kommen.« Zu diesem Zeitpunkt sagte er mir aber nichts über einen Hochzeitstermin.

Pete verbrachte den Oktober alleine in Shandia und baute die Station wieder auf. Die Elliots genossen ihre Hochzeitsreise in Panama und Costa Rica und packten dann für Puyupungu, und die McCullys wollten später zu Pete stoßen. Im Gegensatz zu seinem ersten entmutigenden Versuch, ein Haus zu bauen, verlief das jetzige Projekt sehr erfreulich für ihn. Dieses Mal schaffte er viele Arbeiten, von denen er nie geglaubt hatte, dass er sie bewältigen kann:

> Ich habe mein Haus gebaut, Eladios Raum repariert, Venancios Küche repariert, die Schule und unser Grundstück aufgeräumt und Schulbänke und Stühle gemacht ... Es überrascht mich, wie viel Freude es mir gemacht hat, mein kleines Haus mit zwei Zimmern zu bauen ... es kostete mich nur vier oder fünf Tage ... Es ist sehr bequem und es ist *reiner Luxus*, Raum für sich alleine zu haben – ein Bett, ein Tisch und ein Stuhl für sich selbst – ohne immer beobachtet zu werden. Das Beste ist, dass es dabei hilft, ein diszipliniertes Leben zu

führen. Die Dinge sind bequem geordnet und Alleinsein zum Beten ist nun möglich. Ich habe jetzt wieder weiter an meinem Stichwortverzeichnis für das Neue Testament gearbeitet, etwas, das ich nicht gemacht habe, seit ich in Ecuador bin. Und ich bin sehr glücklich, dass alles nun seinen geregelten Gang hat; es steht außer Frage, dass dies die Art von Leben ist, die mir am meisten liegt, mit geregelten Schlafzeiten, die Abende frei für das Studium und eine volle Stunde oder mehr Stille Zeit am Morgen.

Seine Kenntnis von der ungeschriebenen Quichua-Sprache vertiefte sich, als er den Indianern zuhörte, wie sie ihre Geschichten erzählten. Er verbrachte viele Stunden damit, mit einem Indianer zusammen Passagen aus dem Neuen Testament durchzusprechen und lernte so Quichuaausdrücke und Konstruktionen, die wichtig für die Übersetzung der Bibel und zur Lehre waren. Er kam dem Ziel näher, »längere Plaudereien über jedes Thema« zu führen.

Als die McCullys ein paar Wochen später mit ihrem Sohn Stevie zu ihm zogen, war Pete noch mehr mit seiner Welt zufrieden. Nun hatte er den Vorteil, Marilous Kochkünste zu genießen. Er schätzte auch ihre Fürsorge, wenn er krank war.

Im Dezember besuchte Cliff Peterson, ein Freund von Pete aus Seattle, Shandia. An einem Abend, an dem der Regen Nate Saint daran hinderte, Cliff nach Shell Mera zurückzufliegen, sprachen Cliff, Pete und Nate über die Aucas. Pete schrieb zu ihrem Gespräch in sein Tagebuch:

Das Aucaproblem ist ernst und groß – ein unerreichtes Volk, das mit einem Hass mordet und tötet, der sie veranlasst, die Körper ihrer Opfer zu verstümmeln. Ich hatte dann das starke Gefühl, dass Gott von mir will, dass ich etwas in dieser Sache unternehme und die Idee und der Eindruck kam in mir auf, dass ich in den sechs Monaten, bevor ich nach Hause fahre (denn ich habe mich endgültig entschieden, [in die Staaten] zu fahren [um Olive im Juni zu heiraten]), meine Zeit hauptsächlich damit zubringen sollte, linguistische Daten über den Stamm zu sammeln und einige intensive Erkundungsflüge zu unternehmen, um nach Aucadörfern zu suchen. Ich könnte leicht in Ila wohnen [wo Dayuma lebte] und dort studieren und doch noch ein Auge auf Shandia werfen. ... Ich habe den starken Eindruck, dass ich der Richtige bin, sich damit zu beschäftigen, denn ich bringe einige Voraussetzungen mit, die niemand anderes hier hat ... ich bin noch allein ... kenne sowohl Quichua als auch Spanisch ... wesentlich, um linguistische Daten zu sammeln ...

Ich weiß, dass dies vielleicht die wichtigste Entscheidung meines Lebens ist, aber ich habe völligen Frieden darüber. Es ist merkwürdig genug, dass ich nicht glaube, dass meine zukünftige Heirat mich von diesem Dienst abhalten wird. Ich denke, wenn ich dazu gedrängt werde, würde Olive lieber haben, dass ich sterbe, nachdem wir zusammengelebt haben, als dass wir wegen der Möglichkeit, dass etwas Tragisches geschieht, unsere Heirat auf unbestimmte Zeit verschieben. Unsere Leben haben sich verbunden und ich habe nicht das Gefühl, dass Gott uns durch das Erkennen seines Willens trennen wird. Ich denke jetzt nur eines: dass ich in den sechs Monaten nach Weihnachten mich vorbereiten werde, damit ich bereit bin, wenn Gott mich ruft.

Ich habe Olive bereits einen Brief zu Weihnachten geschrieben und ihr gesagt, dass ich nach Hause komme, um sie zu heiraten – sie wird aus dem Häuschen sein. Ich bin es auch ...

So endete das Ideal, als allein stehender Missionar Gott zu dienen. Ehelosigkeit – das Ziel, welches einmal für Pete so wichtig gewesen war, dass er abrupt unsere Beziehung beendete, das Ziel, das zu einer schmerzlichen und sehr langen Trennung geführt hatte – zählte nicht mehr.

Kurz nachdem Pete den Brief abgeschickt hatte, kehrte seine Malaria zurück. Eine Woche später kam ein erneuter, noch schwererer Anfall. Sogar hohe Dosen von Medikamenten schafften es nicht, sein hohes Fieber und Erbrechen zu mildern, so dass er gefährlich ausgetrocknet und schwach war. Wieder musste er in eine Stadt in den Bergen geflogen werden, wo ihn ein Arzt und eine Krankenschwester der Radiostation HCJB aufsuchten und ihn in ein Krankenhaus nach Quito brachten. Wieder kämpfte er mit der dazukommenden Entmutigung und Niedergeschlagenheit und schrie zu Gott um Hilfe. Gott erhörte sein Gebet und gab ihm Ruhe. Die Worte »Werdet stark im Herrn und in der Macht seiner Stärke« trösteten ihn.

»Ich hatte versucht, meinen Mut und meinen Glauben selbst zu stärken und hatte dabei vergessen, dass das einzige Mittel zum Erfolg hier darin besteht, es in der Kraft *Seiner* Stärke zu tun«, schrieb er. »Es gibt nur Ruhe in Seiner Stärke, die uns den Sieg schenkt, und es gibt nur Versagen und Leere, wenn wir versuchen, Niedergeschlagenheit ohne diese Ruhe zu überwinden. *Seine* Stärke ist genug; meine ist kläglich und unzulänglich.«

In Biola fühlte ich mich einsam und niedergeschlagen, als ich mich darauf einstellte, mein erstes Weihnachtsfest fern von zu Hause zu verbringen. Mein kleiner, trübseliger Schlafraum bot mir nichts, um meine Stimmung zu heben. Die spartanische Atmosphäre ist für eine gute Missionarsausbildung gedacht, sagte ich mir. Zehn Tage vor Weihnachten brachte mich jedoch ein vertrauter blauer Umschlag aus Ecuador in meinem Briefkasten in eine bessere Stimmung. Er war hinten und vorne beschriftet mit den Worten: NICHT VOR WEIHNACHTEN ÖFFNEN. Ich wusste, dass es gute Nachrichten sein mussten. Wie konnte ich da so lange warten?

Ich schaffte es, mich bis Heiligabend zurückzuhalten, bis ich schließlich den Brief öffnete.

El Shandia, Ecuador
5. Dezember 1953

Mein Liebling,

FROHE WEIHNACHTEN! Und iss ein großes Stück Truthahn für mich mit. Ich habe Neuigkeiten für dich, Kleines, und werde so versuchen, diesen Tag weit weg von zu Hause und deinem Verlobten zu einem sehr glücklichen zu machen:

ICH KOMME IM NÄCHSTEN JUNI NACH HAUSE, UM DICH ZU HEIRATEN!!!

Hast du das gelesen? Könntest du es für mich wiederholen? Ich möchte es gerne. Ich komme nächsten Juni nach Hause, um dich in Seattle zu heiraten, nachdem du an der Medizinischen Schule absolviert hast. Halleluja. Wenn du nur halb so aus dem Häuschen deshalb wärst wie ich, dann könntest du keinen Bissen des Truthahns zu Weihnachten essen. Ich bin so glücklich, dir das zu schreiben, weil ich weiß, dass es für dich und für deine Verwandten eine Menge bedeutet. Und wenn es möglich ist, wird es mir noch viel mehr bedeuten, wieder zu dir nach Seattle zu kommen und zu all unseren Verwandten, und wir werden eine wunderschöne Hochzeit in was auch immer für einem Stil, den du gerne möchtest, im Kreis von Freunden und Verwandten haben können. So, mein Liebling, ich wünsche dir alles Glück für diesen Feiertag und hoffe ernstlich und bete dafür, dass dies dir noch weiteren Grund zur Freude gibt! DENN ICH LIEBE DICH VON GANZEM HERZEN UND WERDE IN WENIGER ALS SECHS MONATEN ZU HAUSE SEIN UND DICH HEIRATEN. D.V. [*Deo Volente*, d. h. So Gott will].

Nun zu den Einzelheiten. Ich habe die letzten Monate ernstlich darüber gebetet, nach Hause zu kommen und habe jetzt vor dem Herrn entschieden, dass es dies ist, was ich tun soll. Ich war versucht, dir dies in einem meiner früheren Briefe zu schreiben, aber ich dachte, ich warte bis heute, Weihnachten, so dass es dich vielleicht ein wenig über die Tatsache hinwegtröstet, dass ich nicht bei dir sein kann. Es gibt natürlich eine Menge von Gründen dafür, dass ich mich vor dem Herrn entschlossen habe, nach Hause zu kommen, aber sicherlich ist einer der herausragendsten, dass ich dir einfach das Privileg geben möchte, im Kreis aller unserer Freunde und deiner Verwandten zu heiraten. Und natürlich wird dir die Umgebung für unsere Hochzeitsreise dort weitaus vertrauter sein, als in einem südamerikanischen Land, wo jeder eine unbekannte Sprache spricht. Natürlich hat es noch den weiteren Vorteil, dass ich meine Verwandten und meine Familie sehen kann, was mir zusätzliche Freude bereitet. Aber das Wichtigste ist, mit dir an den altbekannten Orten und vertrauten Plätzen zu sein, an denen ich zuerst begann, dich zu lieben.

Ich habe umgehend mit den anderen, also Ed, Jim und Dr. T. [Tidmarsh] über die Möglichkeit gesprochen, nach Hause zu fahren, und sie unterstützen alle diesen Gedanken. Sogar Dr. T. sagte in einem Brief, den er einen Tag später schrieb, dass er »gerne zustimmt«. Ich dachte, dass es nur fair ist, ihnen von diesem Gedanken zu berichten, so dass sie darüber nachdenken konnten, welche Auswirkungen das auf die Arbeit hier haben wird. Es wird, so weit wir es beurteilen können, keine Probleme oder Unannehmlichkeiten hier verursachen. Aber du bist die Erste, der ich endgültig sage, dass ich komme, denn ich wollte dich zuerst damit überraschen. Im Moment sieht mein Plan so aus, dass wir um den ersten September an die Sprachschule in Costa Rica gehen, wo wir wahrscheinlich zwei Trimester oder sechs Monate

> bleiben werden, um Spanisch zu lernen. Ich habe sehr begeisterte Berichte über diese Schule gehört und denke, dass dir das bestimmt die beste Einführung ins Spanisch gibt, und außerdem heißt es, dass wir, wenn wir zurück nach Ecuador gehen, gut direkt zusammen zurück in den Dschungel gehen können und du nicht noch eine Zeit lang in Quito die Sprache studieren musst ... Damit können wir den Sommer zu Hause verbringen und lange Flitterwochen genießen!! Und weiter heißt es, dass ich dir bei der Riesenarbeit mit Kaufen, Packen und Einschiffen aller Sachen helfen kann, die wir brauchen werden ... So, mein Kleines, ich freue mich so sehr für uns beide und ich weiß, dass du dies auch tust. ES WIRD WUNDERBAR SEIN, DICH WIEDER ZU SEHEN UND DIR MEINE GANZE LIEBE ZU SCHENKEN. Bis dann Frohe Weihnachten und das glücklichste Neujahrsfest deines Lebens. In Liebe, Pete.

Es waren bessere Nachrichten, als ich mir je erträumt hätte. Unter Freudentränen las ich den Brief noch einmal. Pete kam tatsächlich nach Hause, um mich zu heiraten und mich mit nach Ecuador zu nehmen. Meine schwelende Furcht, Pete würde sich von Jim sogar bezüglich des Hochzeitstermins beeinflussen lassen, verschwand.

Ich konnte mir kein glücklicheres Weihnachtsfest vorstellen. In weniger als sechs Monaten würde er zu Hause sein! Nach all meinen Zweifeln wusste ich nun, dass er nie aufgehört hatte, mich zu lieben. Er war der gleiche romantische Pete, in den ich mich zuerst verliebt hatte. *Warum mussten wir durch diese Jahre der Ungewissheit gehen?*, fragte ich mich. War dies Gottes Weg gewesen, um Pete in den Dschungel zu »stoßen« und in mir den Wunsch zu wecken, ihn nach Ecuador zu begleiten? Ich wusste es nicht, aber meine freudige Erregung über das Kommen von Pete stellte alle Fragen in den Schatten. Ich dachte nicht einmal mehr an die Aucas und die mögliche Gefahr für Pete. In diesem Moment zählte nur eines: Gott hatte unsere Liebe am Leben erhalten. Sicherlich würde er auch unsere gemeinsame Zukunft lenken. Pete feierte in Shandia zusammen mit den McCullys (in ihrem fast fertigen Haus) und den Elliots Weihnachten, die für den Feiertag von Puyupungu gekommen waren. Direkt danach leiteten Pete, Jim und Ed eine Bibelkonferenz für Männer. Pete schrieb:

> Wir sind mitten in der ersten Konferenz für junge Männer, die bei dem Quichua-Stamm abgehalten wird – es ist eine gewaltige Freude und riesige Verantwortung. Etwa [40 Teilnehmer kamen], so dass unsere begrenzten Einrichtungen überlaufen sind ... Das ist wirklich das erste Mal, dass wir hier Gläubige lehren ... und wir brauchen andere Ausdrücke als wir für unsere normalen Botschaften vom Evangelium benutzen ... Ich habe mir angewöhnt, das Hauptsächliche von dem, was ich sagen will, ganz und gar auszuarbeiten und mir von mehreren indianischen Brüdern bei der Übersetzung der Abschnitte helfen und Ideen geben zu lassen – auf diese Weise kann ich meine Ausdrucksweise besser variieren und benutze einen größeren Vokabelschatz.

Pete, der Lehrer, liebte es, wieder in seinem Element zu sein.

Am Tag nach der Konferenz hielten Jim und Pete einen Taufgottesdienst ab, es war das erste Mal für sie und das erste Mal, dass in Shandia jemand getauft wurde. Zwei Quichua-Mädchen waren unter den ersten Gläubigen dort. Pete schrieb:

> Es war ein ungeheuer aufregendes Erlebnis, zuerst OrqueZa und Carmela in dem kühlen, angenehmen Wasser des Talag zu taufen. Was vielleicht das Erfreulichste von allem ist, war die Tatsache, dass eine Reihe von Menschen uns auch gesagt haben, dass sie getauft werden möchten ... Wir haben unaufhörlich für sie gebetet, besonders für die Schuljungen seit vielen Monaten. Oh Gott, ich danke dir für dieses ermutigende Zeichen – dafür lohnt sich aller Kummer, alle Kämpfe und alle Not. Möge Gott ihnen ihren Wunsch gewähren, *den Teufel zu besiegen.*

Als Cliff Peterson in die Staaten zurückkehrte, erzählte er mir von der Zeit bei Pete und erwähnte ihre Diskussion über die Aucas. Dies war das erste Mal nach langer Zeit, dass ich wieder von den Aucas hörte. Cliff sagte, sie hätten verschiedene Strategien in Betracht gezogen, um diesen Stamm zu erreichen – sogar die Möglichkeit, zuerst eine Frau zu diesen Menschen zu schicken. »Finde besser heraus, wen sie da im Blick haben, bevor du heiratest«, scherzte er. Ich lachte, aber innerlich erschrak ich bei dem Gedanken an die Aucas.

Petes Hoffnung, nach Ila zu ziehen, um näher an den Aucas zu sein (wie er in einem Tagebucheintrag im Dezember schreibt) hat sich nie erfüllt. Stattdessen bekam er im Februar wieder Malaria. Zu dieser Zeit war er alleine in Shandia (die Elliots waren nach Puyupungu zurückgekehrt und die McCullys waren für einige Wochen nach Quito gefahren) und er entschied sich, die Station zu verlassen, bevor das Fieber zu hoch steigt. Während er sich in Shell Mera erholte, dachte er über seine Gesundheit und seine Zukunft nach:

> Mir machte der Gedanke zu schaffen, dass es mir vielleicht nicht möglich sein könnte, mit Olive nach Shandia zurückzukehren. Als ich letzten Dezember krank gewesen war, dachte ich dasselbe ... Mir ist es hier nie wirklich gut gegangen und seit meinem Kommen war ich bereits mehrmals ernsthaft krank gewesen. Ich bat den Herrn dann, dass er, wenn er möchte, dass ich weiter in Shandia bleibe, mir dies bestätigt, indem er mir in den noch bleibenden sechs Monaten gute Gesundheit schenkt. Das hat er nicht für gut befunden, denn nach weniger als zwei Monaten streckte mich wieder die Malaria nieder, obwohl ich meine Prophylaxe [Tablette zur Vorbeugung gegen Malaria] genommen habe ...

Wieder bat er Gott, seine Berufung zu bestätigen, indem er ihm in den verbleibenden Monaten eine gute Gesundheit schenkt. Er war voller »Furcht, dass ich Jim und Ed in dieser Arbeit alleine zurücklassen muss, Furcht, dass sie auch aus gesundheitlichen Gründen weggehen müssen, Furcht, dass Olive das alles nicht verstehen könnte und dass sie sich einsam und verlassen fühlt.«

Mitten in seinen Ängsten und Zweifeln erreichte ihn noch ein Brief zur Unzeit. Ein Freund in Seattle schrieb ihm, dass manche Leute in seiner Gemeinde ihn dafür kritisierten, dass er »das Geld des Herrn« dazu benutzen wollte, für die Hochzeit nach Hause zu kommen. Seine Reaktion?

> Sie glauben, ich komme aus gesundheitlichen Gründen anstatt, um Olive zu heiraten. Gott weiß es. In ihrem Hinterkopf steckt ohne Frage der anhaltende Zweifel, ob es nach Gottes Willen war, überhaupt zu fahren und hierher zu kommen – ich bin mir sicher, dass Dad das immer noch bezweifelt. Als ich hier ankam, merkte ich aber am stärksten von allem, dass, obwohl meine vorrangigen Interessen und Gaben das Lehren der Bibel sind, ich das tun sollte, was Timotheus gesagt wurde: »Tue das Werk eines Evangelisten, richte deinen Dienst völlig aus!« Und das bis zu dem Zeitpunkt, an dem Gott für mich einen Dienst als Bibellehrer hier in Ecuador oder woanders aufrichten wird, oder ich dazu in die Staaten zurückkehren soll. Ich bin jetzt immer noch der gleichen Meinung – wenn Gott hier eine Arbeit für mich hat, schön! Wenn nicht, und wenn ich zurück in die Staaten oder in ein anderes lateinamerikanisches Land gehe, um dort zu lehren, auch schön. Alles, was ich will, ist Gottes Willen tun. Ich glaube, dass ich bis jetzt im Willen Gottes vorangegangen bin und ich glaube, Gott wird mich in seinem Willen bis zum Tod führen und nicht zulassen, dass ich Fehler machen werde!

Ich wusste nichts von dieser Kritik. Unserer beider Eltern begrüßten seine Rückkehr nach Hause und deuteten nie an, dass manche hier anderer Meinung waren. (Sie wussten, dass andere Pete kritisiert hatten, aber sie sagten nichts, weil sie keinen Schatten auf unsere Pläne werfen wollten.) Ich hörte jedoch schließlich von Pete davon. Er hatte das Gefühl, dass ihn die Leute wieder falsch verstanden, wie zu dem Zeitpunkt, als er sich das erste Mal entschlossen hatte, in die Mission zu gehen. Glücklicherweise hatte er jetzt meine Unterstützung und die unserer beider Familien.

Sobald Pete wieder zu Kräften kam, kehrte er nach Shandia zurück. Obwohl noch vieles gebaut und außerdem die zerstörte Landebahn noch fertig repariert werden musste, konnte die Schule ihre Arbeit wieder aufnehmen. Sonntags war der Schulraum bis auf den letzten Platz mit Indianern für den Gottesdienst gefüllt; unter der Woche nahm die Zahl der Kinder immer mehr zu. Gott hatte die Gebete erhört und den Dienst in Shandia über das Hochwasser hinaus bewahrt.

Die drei Männer hatten jetzt aber noch andere Gedanken. In jenem Frühjahr haben Ed und Nate aus der Luft die Landebahn und die Ruinen von Arajuno, einem kleinen, schon lange verlassenen Camp vom Shellkonzern am Rand des Aucaterritoriums, entdeckt. Die Männer hofften, dass sie eines Tages in diesem alten Camp eine Station errichten und unter den Quichuas dort arbeiten konnten, damit aber auch die Hoffnung hatten, mit den Aucas Kontakt aufzunehmen. Ohne zu wissen, wo genau die Aucas waren, begannen die Männer, einen Schritt näher zu machen, um sie zu erreichen.

Ende April kam Jims Vater in Shandia an und brachte einige wertvolle Ausrüstungsgegenstände zum Bauen mit, um den drei Männern beim Wiederaufbau der Station zu helfen. Jim musste nun die schwere Verantwortung auf sich nehmen, sowohl den Wiederaufbau als auch den Dienst unter den Indianern zu leiten, denn Pete wollte in ein paar Wochen in die Staaten fahren, Ed kannte die Quichuasprache noch nicht ausreichend und Jims Vater überhaupt nicht. Jim hatte die ersten sieben Monate seiner Ehe in Puyupungu verbracht, die Station gebaut und die Schule und die Arbeit unter den Indianern dort begonnen. Es kamen unvermeidlich Enttäuschungen und Entmutigungen, als sein Traum, die Quichuas und schließlich die Aucas zu erreichen, manchmal hinter kleinen Alltagsdingen wie Hausarbeit, Häuserbau und Beziehungen auf der Arbeit zurückstand. Einmal schrieb Jim in sein Tagebuch:

> Wie lange dauert es, Herr, ehe sie verstehen? Predigen, Lehren und in der Schule Unterrichten scheint so sinnlos zu sein, wenn die Dinge so schwer in die Seele der Indianer eindringen. Die meisten der jungen Männer gehen zur Arbeit an die Küste – einschließlich unserer treuesten Gläubigen. Gott, bewahre sie vor den schlimmen Auswirkungen der Zivilisation und bringe sie als bessere Menschen zurück ... Richte mich auf, o Herr, denn ich bin niedergedrückt. Wir möchten sehen, wie das Evangelium sich ausbreitet, aber woher konnten wir wissen, dass es zuerst ihre Kultur beeinflusst – sowohl bei den Alten wie auch bei den Jungen, bei Männern wie bei Frauen? ... Aber Herr, haben wir sie dazu ausgebildet, dass sie den Wald verlassen und die Kultur des weißen Mannes annehmen? War es nicht dazu, dass sie ihr eigenes Volk mit deinem Wort erreichen? Was haben wir falsch gemacht, so dass wir ihnen das falsche Ideal beigebracht haben und sie Geld für wichtiger ansehen als die Aufgabe, Seelen zu gewinnen? Führe uns hier heraus, O Herr, und zurück zu einfachen Arbeitsprinzipien. Die Schule ist eine schwierige Aufgabe und der Häuserbau eine Last, denn ich sehe wenig von dem, was ich erreichen wollte.[28]

Es gab wenig Einträge in Petes Tagebuch während der sechs Monate, bevor er nach Hause kam, vielleicht, weil er mir öfter schrieb und für uns Pläne schmiedete. Kurz bevor Jims Vater im April gekommen war, hatte Pete einen weiteren Malariaanfall erlitten, aber eine schnelle Genesung gab ihm die Hoffnung, dass sich sein Gesundheitszustand bessern würde. Eine Quichuakonferenz in einer anderen Station war sehr fruchtbar gewesen. Die Bekehrungen, die Freude der Gläubigen und die neun Leute, die getauft wurden, zeigten ihm deutlich, dass Gottes Geist in diesem Volk wirkte. Seine Tagebucheinträge vermitteln das Gefühl der Erfüllung in der wachsenden Arbeit unter den Quichuas, die Reisen in unerreichte Gebiete und neue Pläne, Kontakt mit den Aucas aufzunehmen.

Dann kam Pete zu unserer Hochzeit in die Staaten und ließ die anderen bei der Fertigstellung der Bauten in Shandia zurück.

16.
VEREINT

Nachdem ich mein Studium für Missionarsmedizin in Biola abgeschlossen hatte, kehrte ich nach Seattle zurück, um unsere Hochzeit vorzubereiten. Ich freute mich auf Petes Ankunft, hatte aber auch einige ängstliche Gedanken. Wie hatten wir uns in diesen zweieinhalb Jahren verändert? Würden wir, wenn wir wieder zusammen waren, erkennen, dass wir enger zusammengewachsen waren, oder würden wir das Gefühl haben, zu zwei verschiedenen Welten zu gehören? Seine Ankunft war für die erste Juniwoche 1954 geplant. Wir würden dann noch drei Wochen Zeit haben, wieder vertraut miteinander zu werden und Verletzungen aus der Vergangenheit vor unserer Hochzeit zu verarbeiten.

Nach dieser ganzen Wartezeit war es mir jedoch nicht möglich, ihn am Flughafen abzuholen. Ich hatte, bevor ich sein genaues Ankunftsdatum wusste, einen Gesprächstermin in Kanada angenommen und konnte nicht absagen. Mich frustrierte sogar diese kurze Verzögerung, aber Pete zeigte Verständnis. Was war dieser eine Tag nach einer so langen Zeit?

Und tatsächlich entwickelte sich dieser besondere Tag zu unserem Vorteil. Statt Pete am Flughafen mit seiner ganzen Familie zusammen zu treffen, holte er mich alleine vom Bahnhof ab, als ich aus Kanada zurückkehrte.

Als mein Zug langsam in den Bahnhof rollte, sah ich ihn auf dem Bahnsteig stehen und gespannt die Waggonfenster absuchen. Zu meiner Erleichterung wirkte er gesund und munter; ich hatte befürchtet, dass er durch seine Malariaanfälle dünn und kränklich aussehen würde. Ich winkte aufgeregt und klopfte an mein Fenster und versuchte, seine Aufmerksamkeit zu erlangen. Als er mich entdeckte, lächelte er scheu und winkte zurück. Mein Herz raste. Ich hatte so lange auf diesen Moment gewartet. Was sollte ich nun sagen? Wo sollten wir beginnen? Würden wir wie zwei Fremde sein?

Ich stieg aus dem Zug und fiel direkt in Petes offene Arme. Das erste Mal seit fast drei Jahren hielt er mich in den Armen und küsste mich – wie er es an jenem schicksalhaften Wochenende in den Bergen getan hatte, bevor Jim bei uns aufgetaucht war. Nun verblasste schnell der Schmerz dieser sechs turbulenten Monate und zweieinhalb Jahre des Wartens. Nichts zählte außer uns beiden. Immer und immer wieder sagten wir zueinander »Ich liebe dich«, »Mein Liebling« und »Du hast mir gefehlt«. Uns mangelten nicht die Worte. Ich war so dankbar dafür, dass wir alleine waren.

Petes Vater hatte ihm den Wagen geliehen, so dass wir den Nachmittag für uns hatten. Frei, dorthin zu gehen, wo wir wollten und nach Hause zu fahren, wann wir wollten, genossen wir das, was sich als einer der wenigen gemächlichen Tage vor unserer Hochzeit herausstellen sollte. Wir bemerkten, dass die Zeit der Trennung viel Wachstum und Heilung in unserem Leben (besonders in meinem) und sogar im Leben unserer Eltern bewirkt hatte. Meine Eltern hießen Pete herzlich willkommen. Sie hatten nun unsere Heirat und die kommenden Pläne, gemeinsam nach Ecuador zu gehen, akzeptiert. Während ich noch in Biola absolviert hatte, haben sie sogar alle Vorkehrungen für unsere Hochzeit getroffen. Ebenso war Petes Vater glücklich, dass er zu Hause war und dass wir heirateten. (Ich hatte mit seinem Dad und seiner Stiefmutter, Nellie, viel Zeit verbracht, während Pete weg war; wir waren wirklich gute Freunde geworden.) Er schien jetzt auch Petes anfängliche Entscheidung, nach Ecuador zu gehen, besser anzunehmen.

Wir heirateten am 26. Juni 1954 in einer presbyterianischen Kirche in Queen Ann Hill in der Nähe von Petes Zuhause. Ich trug ein wunderschönes geliehenes Brautkleid; Pete einen geliehenen schwarzen Anzug und eine Fliege. Mehr als zweihundert Gäste nahmen an dem traditionellen Traugottesdienst teil. Für das Fest hatte uns die Bäckerei meines Vaters eine elegante Torte mit pinkfarbenen Blumen angefertigt – eine Rarität für Hochzeitstorten in dieser Zeit. Einige unserer Hochzeitsgeschenke waren auch recht ungewöhnlich, z. B. eine Schrotflinte. (Pete hatte eine Liste mit Gegenständen in Umlauf gebracht, die er noch für den Dschungel benötigte – nicht gerade die gewöhnliche Wunschliste bei einer Heirat!) Es war eine glückliche Hochzeit, und Pete war richtig enthusiastisch. Glücklicherweise hörten wir nichts von der Kritik, die vorher über Petes Kommen geäußert worden war.

Wir verbrachten unsere Flitterwochen in einem kleinen Ferienhaus in Vancouver Island, wo wir uns erholten, die Landschaft genossen und zusammen Golf spielten. Wir nahmen uns auch ein wenig Zeit, die Familie seiner Mutter zu besuchen, die auf der Insel lebte. Jeder hat von einem peinlichen Moment aus seinen Flitterwochen zu berichten. Meiner war, als ich mit Pete zusammen »sündigte« und wir in unseren ersten Hollywoodfilm gingen. Irgendwie hätte ich nie gedacht, diese alte Familienregel ausgerechnet mit einem Missionar zu brechen. Petes verlegener Moment war aber noch viel besser. Als er unser Quartier gebucht hat, muss er sich wie »Johnny Cool« verhalten und nicht durchblicken lassen haben, dass es sich um unsere Flitterwochen handelt. Als wir ankamen und er die Tür unseres »Flitterwochenhauses« öffnete, wurde er plötzlich rot und ganz still. Dort, ganz am Ende des großen Raumes, standen zwei Einzelbetten. (Er kümmerte sich sofort um Abhilfe.)

Termine zum Sprechen, alte Freunde besuchen und ein Kurzausflug die Küste von Oregon hinunter ließen den Sommer schnell vergehen. Petes einziger Tagebucheintrag aus dieser Zeit handelt nicht von unserer Hochzeit oder den Flitterwochen, sondern von einer Bootsfahrt mit meinem Onkel John in Howe Sound (in der Nähe von Vancouver). Ich erinnere mich, wie Pete tief in Gedanken am Bug stand und die Größe von Gottes Schöpfung in sich aufnahm. In sein Tagebuch schrieb er:

> Mit atemberaubender Geschwindigkeit auf dem Wasser, den Wind kühl und salzig in meinem Gesicht, stand ich vorne im Boot, wie wir über die Wellenkämme und durch die Wellentäler glitten. Wenn ich die Augen schloss, konnte ich spüren, wie mein Körper eins mit der Bewegung des Bootes wurde, mit seinem Schlingern rollte und seine Stöße absorbierte. Mit meinen Händen auf dem Rand des Bootes konnte ich die Wassertropfen scharf auf meinem Kinn spüren, wie wir über das Wasser

> brausten und kleine Wassertröpfchen mit unserem Kiel aufspritzen ließen. – Howe Sound ist wunderschön mit den Bergen, die direkt bis in das klare blaue Wasser ragen und mit dem Dunkelgrün und dem verwitterten Grau der Felseninseln. Es war ein wunderschöner Ausflug.
>
> Ich bemerkte in dem stürmischen Wind, dass die Kämme und die Wellen nicht nach dem bekannten Schema liefen und sich an der Küste brachen, sondern in einem turbulenten und schrägen Durcheinander, welches das Boot hin- und herwarf – es war kein ständiges Rollen, sondern auch ein Schlingern nach allen Seiten. Ich bemerkte auch, wie diese Turbulenzen unser kleines Boot beeinträchtigten, während die Black Ball Fähre ohne eine Spur von Wanken oder Bewegung über das Wasser fuhr. Je näher wir uns an einem Unglück befinden, desto mehr beeinflusst es uns. Viele Christen [sind] wie diese Fähre – hoch und fern dem Wasser. Sie fühlen nicht die Bewegung [und die] Stöße.

Ich glaube, er wollte sagen, dass viele Christen sich hochfliegende Ziele für ihren Dienst setzen, aber manchmal die Bedürfnisse derjenigen vergessen, denen sie dienen. Es ist wichtig, unbeirrbar die gesamte Arbeit im Blick zu haben, aber die wirkliche Arbeit besteht darin, für normale Menschen zu sorgen und ihnen zu helfen. (Was Pete in seinem Tagebuch nicht erwähnte, ist, dass er nach diesen großen Gedanken seekrank wurde.)

Als wir uns auf unsere Reise nach Südamerika vorbereiteten, entschied Pete, dass ich nicht nach Costa Rica zum Sprachstudium gehen würde. Dies überraschte mich, denn er war so fest der Überzeugung gewesen, dass Costa Rica für mich der beste Ort wäre, um Spanisch zu lernen. Seine Ansicht hatte sich nicht geändert, aber veränderte Entwicklungen ließen ihn glauben, dass es für uns die beste Wahl wäre, direkt nach Ecuador zu gehen. Erst jetzt war ein Haus in Quito verfügbar, das kurze Zeit vorher für die Missionare der Brüder angemietet worden war, damit sie dort wohnen konnten, wenn sie in die Stadt kamen. Eine allein stehende Missionarin und ein Hausmädchen, eine Quichuaindianerin namens Lucrecia, wohnten dort und hatten viel Platz. Es erschien ideal: Ich würde keine Pflichten im Haus haben und könnte mich ganz dem Sprachstudium widmen. Pete spürte auch Jims Entmutigung beim Bau und der tagtäglichen Langeweile im Dschungel, und glaubte, es würde die Arbeit aufhalten, wenn er noch weitere sechs Monate weg wäre. In Quito, so argumentierte er, könne er nach Shandia fliegen, wenn dort Hilfe benötigt werde, könnte den Elliots und den McCullys Zeit sparen, indem er für sie Proviant einkaufte und konnte mit seiner Übersetzung des Quichua fortfahren.

Im September fuhren wir von Seattle mit dem Zug nach Los Angeles und hatten noch Gesprächstermine auf dem Weg dorthin. Von Los Angeles flogen wir nach Panama, wo wir samt den Behältern mit den Hochzeitsgeschenken und dem Proviant ein Schiff nach Ecuador bestiegen. Diese wenigen Tage auf dem Schiff gaben uns die dringend benötigte Ruhe und Zeit alleine. (Wir hatten den ganzen Sommer entweder bei seinen oder meinen Eltern gewohnt.) Pete hatte gehofft, dass mir die verschiedenen Stopps des Schiffes eine allmähliche Einführung in mein neues Leben bieten würden, wie es bei ihm gewesen war. Leider stoppten wir bloß an einem Hafen – in Buenaventura, der Stadt, die Pete vorher als ein »Loch« beschrieben hatte. Dieses Mal mieden wir den Fleischmarkt.

Trotzdem bombardierten der schreckliche Anblick und die ekligen Gerüche meine Sinne. *Wie können die Menschen nur in solch erbärmlichen Verhältnissen leben?*, fragte ich mich. Der grüne Schleim auf den Straßen, die Hitze und die Feuchtigkeit, die den Gestank noch verschlimmerten und die dreckigen, kränklich aussehenden Kinder, die uns um Geld anbettelten, ließen die Tiefe der materiellen und geistlichen Bedürfnisse dieser Menschen als unermesslich erscheinen. Es erschien alles als so unglaublich hoffnungslos. Buenaventura war keine sanfte Einführung gewesen. Die harte Realität unseres Dienstes zusammen mit der rauen See, die wir am nächsten Tag hatten, ließen mich krank werden.

Der trübe, verschmutzte Guayas-Fluss, der zu dem Hafen Guayaquil in Ecuador führte, tat wenig, dass ich mich besser fühlte. Ich war glücklich und aufgeregt, dass ich jetzt in Ecuador angekommen war, aber ich fürchtete auch, dass ich Schwierigkeiten haben würde, mich an unser neues Leben zu gewöhnen. In Guayaquil holte uns niemand ab, weil sich Pete ja inzwischen hier auskannte. Sogar bei dieser Hitze, der Feuchtigkeit, dem ungenießbaren Wasser und dem vielen Ungeziefer war diese Stadt weitaus angenehmer als Buenaventura. Pete achtete jedoch sorgfältig darauf, dass er ein besseres Hotel buchte als das, in dem er und Jim übernachtet hatten.

Die zweite Nacht verbrachten wir in dem Haus der Gospel Missionary Union in Guayaquil – das erste Haus von Missionaren, das ich zu Gesicht bekam. Die freundliche, fürsorgliche Art der jungen Familie dort half mir, diese ersten aufregenden Tage mit der Furcht, den Übelkeit erregenden Gerüchen und dem fremden Essen zu überleben. Sie lebten einfach, aber sie teilten mit uns das, was sie hatten, einschließlich des abgekochten Trinkwassers. Pete war es gelungen, mich so leicht wie möglich in dieses neue Land einzuführen.

Der Flug von Guayaquil nach Quito bot mir einen atemberaubenden Anblick nach dem nächsten, von dem saftig grünen Blattwerk des Dschungels zu den hohen, schneebedeckten Gipfeln der Anden und schließlich Quito, auf einer Hochebene zwischen den Bergketten gelegen. Im Gegensatz zu den zwei Hafenstädten, die ich gesehen hatte, gab es in Quito eine schöne Umgebung, wenig Hitze und kaum Feuchtigkeit. Die Sonne schien am Tag warm, aber in unserem Haus blieb es kühl, besonders nachts. Ich entdeckte schnell, wie wenig Energie man in der dünnen Luft in 2700 m Höhe hatte, aber ohne Pflichten im Haushalt war es für mich ein großartiger Platz, um zu leben und Spanisch zu lernen.

Innerhalb weniger Wochen nach unserer Ankunft änderten sich jedoch die Dinge zum Schlechteren. Die ledige Frau, welche die Angelegenheiten im Haus überwacht und als Gastgeberin fungiert hatte, musste unerwartet wegen gesundheitlicher Probleme zurück in die Staaten. Plötzlich mussten Pete und ich ein Gästehaus mit einer darin lebenden Hausangestellten führen. Pete erinnerte sich an seine frühere Schlussfolgerung, dass Hausangestellte unnötig seien und kämpfte mit einer Entscheidung, was nun mit Lucrecia geschehen sollte. Er wollte, dass wir so einfach und sparsam wie möglich leben, erkannte aber auch, dass diese junge indianische Frau eine Arbeit und einen Platz zum Leben benötigte. Und ich musste Spanisch lernen. Nach einigem Beten und Überlegen wurde ihm klar, dass sie bleiben musste. Ich hätte es in den folgenden Monaten nie ohne ihre Hilfe geschafft.

Das Führen jedes Haushalts in einem fremden Land ist schwierig, aber ein Gästehaus ist es noch weitaus mehr. In dieser ersten Zeit konnte ich mich überhaupt nicht mit Lucrecia unterhalten, so musste Pete ihr in Quichua erklären, was ich wollte. Alles war fremd für mich. Die winzige Küche, sogar noch kleiner als das Badezimmer, schien der unwichtigste Ort im ganzen Haus zu sein. An einem guten Tag brauchte man Stunden, um in einem Land, in dem Wasser und Milch grundsätzlich abgekocht werden mussten und die große Höhe die Kochzeiten verlängerte, ein Mahl zuzubereiten. Weil wir keinen Kühlschrank hatten, musste ich jeden Tag Essen einkaufen, was mich noch mehr Zeit von meinem Spanischstudium kostete. Ich hörte selten Spanisch, weil die Hausgäste englisch sprachen. Die Entmutigung kam, genauso wie bei Pete, als er das erste Mal in Quito gelebt hatte. Ich dachte, wir waren aus einem Grund hier: um Spanisch zu lernen. Nun würde das weitaus länger dauern, als wir angenommen hatten. Wie konnten wir nur den Fehler machen, nicht unseren ursprünglichen Plan zu verfolgen, nach Costa Rica zu gehen? Hatten wir Gottes Führung missachtet, als wir in dieses Haus zogen, oder wollte Gott uns hier etwas jenseits von Spanisch lehren?

Um die ganze Sache noch zu verschlimmern, wurde ich wieder krank. *Machte mir die große Höhe zu schaffen, oder kam ich mit dem ganzen Wechsel nicht klar?*, fragte ich mich. Niemals vorher hatte ich mich so schwach und ausgetrocknet gefühlt. Mit der Hilfe von Missionsärzten und Krankenschwestern kam ich wieder auf die Füße. Pete und ich taten die Krankheit ab und fuhren trotz der Warnungen des Arztes, dass ich zu schwach sei, mit unseren Plänen fort, den Dschungel zu besuchen. Pete war sich sicher, dass ich wieder zu Kräften kommen würde, wenn ich die große Höhe verlasse.

Wir mussten uns noch für den besten Weg entscheiden, um in den Dschungel zu gehen. Die gewundenen, kaum in Stand gehaltenen Bergstraßen waren schwer zu befahren, aber ein Flug mit den kommerziellen Fluglinien war genauso gewagt. Mit all der Ausrüstung, die wir für die Leute im Dschungel hatten und meiner gerade erst abgeklungenen Krankheit entschieden wir uns, das Auto zu nehmen. Ein weit einfacheres und zuverlässigeres Mittel als ein ecuadorianischer Bus. Dr. Tidmarsh wollte fahren.

Auf dem leichtesten Teil der Strecke hatten wir keine Probleme. Aber unsere Reise kam zu einem abrupten Stopp, wo zwei Bergflüsse auf ihrem Weg in den Dschungel zusammenflossen. Ein schwerer Platzregen hatte die Brücke weggespült. Wie ich so über den Fluss schaute und mich fragte, was wir nun tun würden, bemerkte ich eine roh gezimmerte, hölzerne Plattform, die an einem dicken Drahtseil hing, das hoch über dem Fluss dort befestigt war, wo vorher die Brücke gewesen war. Die Plattform (*Tarabita* genannt) war mit Kisten und Menschen überhäuft und wurde unsicher auf die andere Seite gezogen. Ein Blick auf die Plattform und den Fluss unten genügte, dass ich am liebsten nach Quito zurückgekehrt wäre. Aber wir stapelten die Ausrüstung auf der Plattform, verabschiedeten uns von Dr. Tidmarsh und kletterten hinauf. Irgendwie schafften wir es.

Auf der anderen Seite füllte sich ein typischer ecuadorianischer Bus mit Menschen, Taschen, Kisten und Hühnern. Wir luden unsere Ausrüstung mit auf und stiegen ein. Der Bus rasselte, rumpelte und schwankte auf einer gewundenen und verschlammten Straße, die kaum so breit war wie der Bus selber – und dazu noch oft durch Erdrutsche verstopft war – die Berge hinunter. Ich versuchte, die Schönheit der sich ändernden Vegetation zu genießen, als wir von der Höhe hinunter in den tropischen Regenwald kamen, wo die Berghänge mit Orchideen bewachsen waren, aber ich konnte die steile Schlucht auf der anderen Seite des Busses nicht vergessen. Wir schienen ohne Leitplanken über der Kante eines Abgrunds zu hängen. Sicherlich hätte uns eine Gewichtsverlagerung des Busses hinunterstürzen lassen.

Endlich erreichten wir zu meiner Erleichterung das Haus der Mission Aviation Fellowship in Shell Mera. Die herzliche Gastfreundschaft des Piloten Nate Saint und seiner Frau Marj half mir, die quälende Fahrt durch die Berge fast zu vergessen (zumindest bis zu unserer Rückkehr nach Quito).

Wegen der Beschreibungen, die Pete mir in seinen Briefen gegeben hatte, dachte ich, ich könnte mir vorstellen, wie ein Flug in den Dschungel aussehen mag, aber die tatsächliche Erfahrung übertraf jede Vorstellung: ein riesiger, tief grüner Teppich von dichtem Regenwald, der nur von sich schlängelnden, braunen Flüssen unterbrochen wurde. Pete zeigte auf eine kleine Unterbrechung zwischen den Bäumen in der Ferne: Shandia. Nate drückte das Flugzeug über dem Napo-Fluss für die endgültige Annäherung hinunter und landete auf der grasbedeckten Landebahn, die sich von der Kante der Klippe (das, von dem große Teile während des Hochwassers in den Fluss gefallen waren) bis zu einem kleinen Bach mehrere hundert Meter dahinter erstreckte. Sofort umrundeten mehrere Dutzend Indianer das Flugzeug, gefolgt von den McCullys und den Elliots, die uns herzlich begrüßten. Der Tag, auf den ich so lange gewartet hatte, war schließlich gekommen. Ich fühlte mich, als ob ich träumte.

Die Indianer, überglücklich, dass sie Pete zurückhatten und neugierig, wie seine Braut aussehen würde, schwirrten um uns herum und beobachteten jeden unserer Schritte, wobei sie schwatzten und lachten, sich kratzten und um sich schlugen, um die Moskitos zu vertreiben. Ich fragte mich, ob ich sie jemals verstehen oder mich an den Mangel von Intimsphäre gewöhnen würde. Pete allerdings genoss jede Minute; er fühlte sich zu Hause.

Die Männer hatten eine Menge nachzuholen, und so unterhielten sie sich und lachten bis weit in die Nacht. Ich war unterdessen ins Bett gegangen, weil ich mich nicht gut fühlte. Schwere Krämpfe und eine unnormale Blutung zeigten mir, dass etwas nicht stimmt, aber weil ich Pete die Freude nicht verderben wollte, sagte ich ihm, er solle sich keine Sorgen machen. Am nächsten Tag fühlte ich mich wieder gut und von da an genoss ich diese neue Erfahrung im Dschungel. Als wir dann nach Quito zurückkehrten, hatte ich diesen Vorfall bereits fast vergessen.

Im Dezember bereiteten Pete und ich unser erstes gemeinsames Weihnachtsfest vor. Die McCullys, die ihr zweites Kind erwarteten, wollten mit uns gemeinsam feiern. Eds Eltern wollten aus den Staaten zu Besuch kommen. Alle kamen aufgeregt und gut gelaunt an und Heiligabend gingen wir alle zu Bett und warteten gespannt auf den nächsten Tag.

Spät in der Nacht wachte ich mit den gleichen Krämpfen auf, die ich schon in Shandia hatte, nur hatte ich dieses Mal noch eine schwere Blutung. Plötzlich wurde mir – zu spät – klar, was ich vorher nur vermutet hatte: Ich war schwanger und es drohte eine Fehlgeburt. Obwohl wir wussten, dass ich medizinische Hilfe benötigte, zögerten wir, den Arzt der HCJB Mission, Paul Roberts, anzurufen, weil es so spät an Heiligabend war. Aber als die Blutung nicht aufhörte und ich immer schwächer wurde, rief Pete schließlich an und ich wurde auf dem schnellsten Weg in die Klinik gebracht.

Meine Schwangerschaft überraschte Pete und mich völlig. Als wir heirateten, waren wir übereingekommen, dass wir für mindestens zwei Jahre keine Familie gründen wollten. Auf diese Weise konnte ich Spanisch lernen, mich in die Indianersprache einarbeiten und mich an das Leben im Dschungel gewöhnen. Mein Arzt in den Staaten hatte mir gesagt, dass ich nur schwer schwanger werden würde. Als mir auf dem Schiff übel wurde, taten wir es als Seekrankheit ab. In Quito vermuteten wir, dass ich die Höhe nicht vertragen würde. Bei all den Veränderungen in meinem Leben und dem fremden Essen gab es scheinbar immer eine Erklärung für meine Symptome. Nun wussten wir, dass das nicht richtig war.

Ich erwachte am ersten Weihnachtstag, als die Sonne durch das kahle Krankenhauszimmer strömte. Ich wusste nicht, wie spät es war, oder was mit mir geschehen war. Für scheinbar mehrere Stunden sah ich niemanden. Wo war Pete? Da lag ich nun, alleine an Weihnachten in einem Krankenhaus in einem fremden Land und hatte keine Möglichkeit, mit jemandem zu reden. Mir wurde klar, dass ich eine Fehlgeburt gehabt haben muss, und ich fragte mich, was wohl geschehen wäre, wenn ich im Dschungel so stark geblutet hätte.

Schließlich kam jemand; ich vermute, sie war eine Krankenschwester. Weil ich nicht genug Spanisch gelernt hatte, konnte ich mich jedoch nicht mit ihr unterhalten. Ich wusste nicht, wie es um mich stand, wie lange ich in der Klinik bleiben musste und wann ein

Arzt kommen würde, um mich zu sehen. Sie sagte nur eines, was ich verstand: dass ich im Bett bleiben musste. Die Enttäuschung und Niedergeschlagenheit wurden nun stärker, als ich sie ertragen konnte. Ich wusste, dass jeder Weihnachten feierte, aber ich konnte nicht verstehen, warum Pete nicht bei mir war. Das schlechte Essen, das ich bekam, erinnerte mich nur an den Truthahn, den Pete und die McCullys ohne mich aßen. (Eds Eltern hatten aus den Staaten einen Truthahn für Weihnachten mitgebracht.) Ich weinte den restlichen Nachmittag und tat mir sehr Leid. Ich hatte unser erstes gemeinsames Weihnachtsfest verpasst und unser erstes Baby verloren, und ich hatte das Gefühl, dass Pete sich nicht um mich kümmerte.

Als Pete am Ende des Tages auftauchte, um mich nach Hause zu holen, war ich gekränkt und ärgerlich. Es war ihm nie in den Sinn gekommen, dass ich ihn brauchen würde, sagte er. Ihm war gesagt worden, dass ich wahrscheinlich durch die Medikamente schlafen würde und dass die Krankenschwestern sich um mich kümmern würden, wenn ich irgendetwas benötige. Als er mir dann erzählte, was uns zu Weihnachten geschenkt worden war und wie gut das Essen gewesen wäre, fühlte ich mich nur noch schlechter. Er war völlig gedankenlos gewesen, dachte ich, mich an einem fremden Ort völlig alleine zu lassen, besonders in solch einer Notlage.

Dr. Roberts erklärte mir später, dass Fehlgeburten nichts Ungewöhnliches seien. Meine war jedoch schlimmer, weil ich so stark geblutet hatte. Ich musste es als Gottes Willen zu meinem Besten annehmen. *Vielleicht ist dies ein Teil des Opfers, das ich bringen muss, um Missionarin zu sein,* dachte ich. Aber in diesem Moment prallte mein nobles Ideal, alle Dinge »durch Christus« zu können, auf die kalte Realität des Lebens: Ich fühlte mich völlig von Pete abhängig, als eine Last für ihn, als genau das, was er befürchtet hatte – eine Frau, die ihm in seinem Dienst für den Herrn hinderlich war.

Sobald ich wieder bei Kräften war, musste ich als Gastgeberin für den ständigen Strom der Besucher agieren, was hieß, dass mein Sprachstudium zu kurz kam. Meine Sprachlehrerin schalt mich für meine mangelnden Fortschritte, was mich nur noch mehr entmutigte. Warum war ich nicht wie Pete, Jim und Betty, die so gut in Sprachen waren, schien sie mich zu fragen. Ich fühlte mich als Versagerin und stellte Gottes Willen bei seiner Führung nach Ecuador in Frage. Meine langsamen Fortschritte behinderten Petes Dienst. Warum schien nur alles verkehrt zu laufen? Pete versuchte, mich zu ermutigen, aber ich wurde nur noch niedergeschlagener.

Nach einer Untersuchung luden uns Dr. Roberts und seine Frau zu sich nach Hause ein. An diesem Abend sprachen sie als Freunde mit uns und erzählten von ihren eigenen Erfahrungen. Sie halfen mir, zu verstehen, dass meine Fehlgeburt körperlich und seelisch ihren Tribut gefordert hatte und dass Pete und ich darüber reden mussten. (Wir hatten es bis dahin nicht getan.) Dr. Roberts erinnerte Pete freundlich daran, dass er nicht mehr alleine sei und an seine Frau denken müsse. Wir erlebten das echte Leben einer Ehe, sagte er, mit echten Schmerzen und wirklichen Gefühlen und wir mussten gemeinsam damit fertig werden. Heilung würde nicht einfach dadurch geschehen, dass wir sagten, alles sei Gottes Wille.

Dieses Gespräch war ein Wendepunkt in meiner Beziehung zu Pete. Wir begannen, offener miteinander zu reden und uns unsere Gefühle mitzuteilen. Pete ließ mich auch das erste Mal seine Tagebücher lesen.

Bis zu diesem Punkt hatte ich das Gefühl gehabt, Pete könnte meine überwältigenden Gefühle der Niedergeschlagenheit und des Versagens nicht verstehen. Aber als ich begann, seine Tagebücher zu lesen, fand ich – zu meiner Überraschung – genau die gleichen Gefühle: seine Entmutigung, als er die Sprache lernte, seine schweren Kämpfe mit Niedergeschlagenheit, als er Malaria hatte, seine Frustration über seine mangelnden praktischen Fähigkeiten, die Zweifel, auf dem Missionsfeld zu etwas nütze zu sein. Er hatte während seiner Krankheit auch das Gefühl, dass er alle enttäuschen würde. In seinen Briefen hatte er mir nie diese Gefühle mitgeteilt. Ich hatte ihn immer als stark, fähig, dem Herrn vertrauend und mit unerschütterlichem Glauben gesehen. Das war anscheinend das, was er anderen und mir als Bild von sich vermitteln wollte. Er behielt seine Schwächen und seine Kämpfe für sich und vertraute sie nur seinem Tagebuch an. Als ich von diesen Gefühlen las und mit Pete darüber sprach, verstand ich ihn viel tiefer. Und als ich ihn an seine früheren Kämpfe erinnerte, konnte er besser die meinigen verstehen. Wir versuchten nun, von dem unrealistischen »geistlichen« Höhenflug, in dem nur »der Dienst« zählte, herunterzukommen und begannen, uns ehrlich unsere Gefühle mitzuteilen.

Gegen Ende von unserer Zeit in Quito trat ein junges christliches Ehepaar in unser Leben. Der Ehemann, der an der Universität von Quito studierte, hatte das Gefühl, dass seine Vorlesungen seinen Glauben untergruben. Jemand hatte ihm vorgeschlagen, zu Pete mit seinen Problemen zu gehen. Die Zeit, die Pete mit diesem jungen Mann verbrachte, weckte wieder den ursprünglichen Wunsch in ihm, auf einem Universitätscampus Gott zu dienen. Er hatte diese Sehnsucht schon früher, kurz nach seiner Ankunft in Ecuador, gehabt. Er hatte dann in seinem Tagebuch über seinen Wunsch geschrieben, »direkt die Gedanken an der Universität anzugehen, und das intelligent und in der vollen Erkenntnis Gottes und dem Wissen um seine Gegenwart, damit diese Arbeit nicht langweilig und spröde ist. Diese Monate abseits vom Universitätsleben haben mir das vermittelt, was ich vorher an der Universität nur theoretisch hatte: vollkommenes Vertrauen in Gott und dass er *alles gut gemacht hat.*«

Nun kam ihm ein neuer Gedanke. Augenblicklich arbeitete niemand unter den Studenten in Quito. Mit seinem Magister in amerikanischer Literatur konnte er an der Universität lehren und eine christliche Studentengemeinschaft gründen. Einige der älteren Missionare hatten ihn ermutigt, über einen solchen Dienst nachzudenken. Pete und ich erwogen nun, nur ein paar Jahre im Dschungel mitzuarbeiten und dann nach Quito zurückzukehren, wo er lehren konnte. Er wusste, dass seine Gesundheit im Dschungel gelitten hatte, und glaubte nicht, das noch lange durchzuhalten. Aber er wollte sein Versprechen gegenüber Jim und Ed halten, bis diese kritischen Pionierjahre vorüber waren.

Während ich mein Spanischstudium abschloss, arbeitete Pete an einer Bibelübersetzung und besuchte regelmäßig nahe gelegene Missionsstationen und lehrte dort die Bibel für die in den Bergen lebenden Quichuas. Tausende von diesen Indianern lebten in der Nähe, aber es gab nur wenige Missionare, welche die Sprache gut genug beherrschten, dass sie dort über die Bibel lehren konnten. Im Sommer 1955 nahm Pete mich mit auf die westliche Seite der Anden, um dort die Arbeit von Missionaren unter den spanischsprachigen Weißen und den Coloradoindianern zu sehen. Pete lehrte in der spanischen Gemeinde und wir erlebten die Entstehung einer Gemeinde unter den Colorados.

Bevor wir in den Dschungel zogen, mussten wir aus dem großen Haus in eine kleine Wohnung ziehen, das erste Gebetstreffen für alle Brüdermissionare vorbereiten und ich kämpfte wieder vermehrt mit Krankheit. Dieses Mal war ich mir sicher, dass ich wieder schwanger war, und ging sofort zum Arzt. Er ordnete umgehend Bettruhe an, aber davon bekam ich nicht viel, den ich musste die Wohnung für unsere Missionarskollegen herrichten. Die Furcht vor einer weiteren Fehlgeburt quälte mich. Sicher ist, dass mir in der Nacht vor dem Treffen wieder eine solche drohte. Am nächsten Morgen gingen Pete und die anderen zu dem Treffen und ich blieb mit einer Missionarsfamilie bei der HCJB. Wieder verbrachte ich mehrere schwierige Tage alleine im Bett und fragte mich, warum Gott diese Dinge zuließ, und immer zur falschen Zeit.

Als Pete von dem Treffen zurückkehrte, blieben wir zusammen im Haus eines anderen Arztes der HCJB, Art Johnston, und hofften, eine Fehlgeburt zu vermeiden. Aber sie geschah trotzdem, und ich musste wieder in die Klinik. Diese Erfahrung stand, so schmerzlich sie auch war, in einem scharfen Kontrast zu meinem vorherigen Krankenhausaufenthalt. Pete kümmerte sich während seines gesamten Aufenthaltes liebevoll um mich, hielt meine Traurigkeit und Enttäuschung aus und teilte mir seine mit. Die Heilung und das Wachstum unserer Beziehung hatte wirklich begonnen.

Es tat mir aber immer noch Leid für ihn, denn ich hatte wieder seine Pläne, in den Dschungel zurückzukehren, verzögert. Wir konnten nun nicht mehr länger warten, denn Pete sollte an der ersten Kurzbibelschule der Quichuas in Dos Rios lehren. Im August flogen wir, als ich teilweise wieder bei Kräften war, von Quito nach Shell Mera, anstatt auf der Straße zu reisen. Das Haus der Saints in Shell Mera war ein guter Ort für mich, dass ich mich ein wenig erholen konnte, bevor wir zu der Dschungelstation Dos Rios flogen. Bald würde ich im Dschungel leben. Aber einmal erinnerte ich mich an einen Scherz, den ich bei einem Freund in den Staaten gemacht hatte, als ich sagte: »Wahrscheinlich entdecken sie diese unauffindbaren Aucas, nachdem ich in den Dschungel gekommen bin!«

17.
DIE AUCAS ENTDECKT

Von Shell Mera aus flogen wir im September 1955 zurück nach Shandia. Wir wollten dort nur wenige Tage bleiben, bevor wir zu der Missionsstation Dos Rios flogen, wo Pete und Jim ein dreiwöchiges »Bibelinstitut« für die Quichuas leiten sollten. Dann würden wir nach Puyupungu ziehen, um die Arbeit unter den Quichuas, die Jim und Betty dort begonnen hatten, fortzusetzen.

Nach seiner fünfzehnmonatigen Abwesenheit bemerkte Pete, dass die Indianer »überschwänglicher als je zuvor bei ihrer Begrüßung« waren. Sie flehten uns an, zu bleiben. Pete erschien es »ein wenig unfair zu sein, umgehend wieder nach Dos Rios zu hetzen« und dann den Indianern sagen zu müssen, wir würden für ein paar Monate nach Puyupungu ziehen. Aber »es gibt keinen Ausweg« schrieb er, weil er sich der neuen Arbeit in Puyupungu verpflichtet fühlte. Als wir uns fertig machten, um fortzugehen, »versammelten sie sich alle nach dem Sonntagsgottesdienst und flehten uns an, zu bleiben – einer nach dem anderen und auch alle zusammen und das war vielleicht ein Anblick. Es war eine große Freude, die vielen Neubekehrten und die Freude auf ihren Gesichtern zu sehen.«

Das Dos-Rios-Seminar war das erste für die Quichuas. Dreizehn Indianer kamen, davon zwei junge Frauen. Pete lehrte über den Jakobusbrief; Jim eine Zusammenfassung und die Geschichte der Bibel; und zwei Einheimische lehrten die grundlegenden Lehrsätze und persönliche Evangelisation. Pete schrieb:

> In meinem Kurs über den Jakobusbrief ließ ich jeden der Schüler den anderen über ausgewählte Abschnitte ein paar Sätze sagen. Gestern sprach Santiago Calapucha ausgezeichnet über das Gebet des Glaubens aus Kapitel 5. Ich hatte ihm nur einen sehr flüchtigen Umriss gegeben und er entwickelte es selbst und brachte dabei das

> Versinken von Petrus im Wasser ein und endete mit einer Ermahnung, um uns zu mehr Glauben im Gebet anzuregen. Es war die erste Botschaft über das gläubige Gebet, die ich in Quichua gehört habe und es war sogar das erste Mal, dass ich diesen Gedanken von einem indianischen Gläubigen entwickelt hörte – was für eine Ermutigung. Es zeigt, wie nötig es ist, Buch für Buch durch die Schrift zu gehen und wie sehr es das geistliche Leben der Indianer erweitert und entwickelt.

Das praktische Lehren über den Jakobusbrief ließ sich leicht auf die Situation der Indianer anwenden. Pete sprach über

> »übles Gerede« und unsere Verantwortung, alle Arten von übler Nachrede zu unterbinden ... Die jungen Leute wurden sofort ernst und aufmerksam und gestanden die Größe dieses Problems ein. Sie machten darauf aufmerksam, wie umfangreich es ist und wie schwierig man davon loskommt, aber sie beschlossen, alles zu tun, was in ihrer Macht steht, um es aus ihrem Leben zu verbannen.

Dass er sah, wie die Indianer lernten, erneuerte Petes Enthusiasmus und seine Vision für die Arbeit mit den Quichuas. Er sah, dass die Indianer zu Lehrern und reisenden Evangelisten unter ihrem Volk ausgebildet werden konnten und machte sich dieses Verfahren für seine Arbeit mit ihnen zu Eigen, entwickelte und leitete intensive kurze Unterrichtseinheiten, die er »Bibelinstitut« nannte.

Die drei Wochen in Dos Rios gaben mir genügend Zeit, mehr über das Leben im Dschungel zu lernen. Ich half der Frau des Missionars dort beim Brotbacken und lernte, wie man die Maniokwurzel und Bananen kocht. Eine der weiblichen Studenten, Fanny, sprach fließend Spanisch und besuchte mich oft in ihrer freien Zeit. Ich freute mich, bei ihr mein Spanisch anwenden zu können und schnappte auch ein bisschen Quichua auf. Ich brachte ihr Schwimmen bei, etwas, das die Frauen selten lernten. Indianische Jungen andererseits lernten normalerweise schwimmen, weil sie dies brauchten, um Fische auf dem Grund des Flusses aufzuspießen, was eine wichtige Arbeit war.

Am letzten Sonntag des Instituts wurden die Schüler als Evangelisten zu ihrem Volk ausgesandt. Sie wurden in vier Gruppen aufgeteilt, die jede von einem Missionar oder einem Lehrer begleitet wurde, und in verschiedene Gegenden geschickt. Pete, ich und Morris Fuller – der Missionar der Allianz in Dos Rios, wagten uns mit einer Gruppe von Indianern in ein Gebiet, das vorher noch nie von Missionaren besucht worden war. Am Tag vorher hatten wir uns die Erlaubnis von dem Großgrundbesitzer geholt, sie zu besuchen und mieteten Pferde für den Weg. Sonntag früh jedoch, als wir die Pferde besteigen wollten, waren sie plötzlich nicht mehr verfügbar. Wir hegten den Verdacht, dass jemand versuchen würde, uns aufzuhalten, entschieden uns aber einfach, zu Fuß zu gehen. Interessanterweise waren wir noch nicht weit gelaufen, als uns ein Reiter in großer Eile überholte.

Als wir endlich am Indianerdorf ankamen, war niemand zu sehen. Als wir die Ereignisse des Morgens zusammenfügten, schlossen wir, dass der Reiter geschickt worden war, um die Indianer vor unserem Kommen zu warnen, weil uns die fehlenden Pferde nicht abgeschreckt haben. Wir warteten eine Zeit lang auf der Lichtung und schauten nach irgendwelchen Lebenszeichen. Bald steckten ein paar Kinder ihre Köpfe hinter den Bäumen hervor. Pete und Morris holten eine Reihe von billigem Schmuck hervor, den sie mitgebracht hatten und bald darauf hatte sich eine Schar Kinder um uns herum versammelt. Dann erschienen auch mehrere Frauen und murmelten untereinander, aber sie hielten sich fast eine Stunde lang von uns entfernt. Dann kamen sie eine nach der anderen zu uns, schüttelten uns die Hände und hießen uns offiziell in ihrem Dorf willkommen.

Nachdem die christlichen Indianer den Frauen und den Kindern eine einfache Evangeliumsbotschaft gesagt hatten, sangen wir christliche Lieder in Quichua. Wir erfuhren später, warum die Frauen uns willkommen geheißen hatten: Eine von ihnen hatte Morris erkannt. Sie kannte ihn von einer Station, auf der sie Jahre vorher als junges Mädchen gelebt hatte. Obwohl Morris kein Quichua sprach, hatte er offenbar das wirklich Wichtige vermittelt, denn sie nannte ihn einen »der die Indianer lieb hat«. Leider waren die Männer aus dem Dorf alle fort; wir fragten uns, ob unser Besuch den Großgrundbesitzer veranlasst hatte, sie arbeiten zu schicken.

Während Jim und Pete an dem Institut lehrten, unternahmen Ed und Nate einen kurzen Flug über den nördlichen Rand des Territoriums der Auca. Die Sicht war an diesem Tag besonders gut, und Nate glaubte, es würde eine perfekte Möglichkeit zur Erkundung bieten. Sie wussten nicht genau, was sie an diesem Tag gesehen hatten. Nate schrieb in sein Tagebuch:

> Wir folgten dem Nushino Richtung Osten, flogen dieses Mal aber die nördliche Seite entlang. Wir konnten ein etwa zehn bis dreizehn Kilometer großes Stück absuchen. Etwa achtzig Kilometer östlich von Eds Wohnort [Arajuno], ganz weit draußen im tiefsten Dschungel, drehten wir Richtung Norden nach Coca am Rio Napo. Fünf Minuten später entdeckten wir einige Flecken, die so aussahen, als ob sie Jahre vorher bepflanzte Maniokfelder gewesen sein könnten. Aus der Vogelperspektive ist das schwer zu erkennen, selbst wenn man die Wälder schon eine Zeit lang kennt. Wir drehten eine Runde und flogen dann nordwärts bis in die Nähe des Napo, ohne noch einmal etwas zu sehen. Es war nun unvermeidlich, dass wir nach links Richtung zu Hause flogen. Wir hatten nicht genügend Treibstoff, um noch weiter zu fliegen und wir hatten die Strecke zurückgelegt, die wir für diesen besonderen Flug geplant hatten. Es fiel uns jedoch schwer, aufzugeben. Es braucht so viel Zeit, um so weit hinauszukommen, und es ist schwer, so ideales Wetter zu finden. Ich musterte einen unschönen, kaum erkennbaren Fleck im Dschungel, vielleicht acht Kilometer entfernt. Ed konnte nichts erkennen, aber wir entschieden uns, nur ein paar Minuten in diese Richtung zu fliegen und wenn wir nichts Konkreteres sehen, uns schnell auf den Weg nach Hause zu machen.

> Der unschöne Fleck wurde zu einem gut abgegrenzten Punkt und dann zu einer relativ großen Lichtung, die mit gut gepflegtem Maniok bedeckt war. *Das war es.* Wir flogen sehr langsam und unser Treibstoffverbrauch war damit gering, und wir konnten noch fünfzehn Minuten lang umherfliegen, ohne unsere Spritreserven anzugreifen. So flogen wir umher. Alles in allem müssen es etwa fünfzehn Lichtungen und ein paar Häuser gewesen sein. Es war ein aufregender Moment ... ein Moment, auf den wir gewartet hatten.[29]

Die Missionare hatten das erste Mal Häuser von Aucas entdeckt. Nach dem Institut flog ich mit Pete nach Arajuno, wo die McCullys lebten. Ich sollte dort mit Marilou leben, während Nate, Ed, Pete und Jim zu mehreren nicht evangelisierten Quichua-Siedlungen in der Nähe der Dschungelstadt Villano flogen. Nate und Ed nahmen die Gelegenheit wahr, Pete und Jim von ihrer aufregenden neuen Entdeckung zu berichten, weil sie vereinbart hatten, ihre Gespräche über die Aucas geheim und auch nicht über Funk zu führen.

Die Flüge nach Villano führten direkt über das Territorium der Aucas. Nate nahm jedes Mal eine andere Route, um den Bereich zu beobachten. Kurz nachdem er mit Pete zu einem Flug gestartet war, sahen die Männer etwas.

»Etwa fünfzehn Minuten von Arajuno entfernt entdeckten wir einige Lichtungen«, schrieb Nate, » ... Wir flogen einen kleinen Fluss entlang und entdeckten etwa ein halbes Dutzend großer Häuser mit kleineren um sie herum. Das war es. Dort lagen sie wie auf dem Präsentierteller, *und nur fünfzehn Minuten Flug von Eds Wohnort in Arajuno entfernt.*«[30]

Als sie wieder in Arajuno waren, konnten sie ihre Begeisterung kaum zurückhalten. Endlich hatten sie die Aucas gefunden, für die sie so lange gebetet und die sie so lange gesucht hatten. Und sie waren praktisch bei Ed hinter dem Haus. Petes Reaktion in seinem Tagebuch:

> Ich bin total aufgeregt, dass ich meine ersten Aucahäuser gesehen habe ... wir sahen mehrere große Gebäude und eine Reihe von kleineren entlang des Flussufers. Das gab uns einen echten Schub bei unseren Plänen für die Aucas. Wir beschlossen, dass wir ab sofort häufig zu ihnen fliegen und Geschenke herunterlassen sollten – Nate ist fleißig dabei, seinen Abwurfkorb zu perfektionieren ... Jim und Betty wollen sehen, ob wir ein wenig linguistisches Material von Rachel [Saint] bekommen können, denn wir alle merken, dass wir Stück um Stück eine Grundlage für einen zukünftigen Kontakt mit ihnen legen müssen.

Sie hatten die Aucas entdeckt – und ich war erst einen Monat im Dschungel. Zuerst habe ich mich für die Männer gefreut. Aber dann erinnerte ich mich an einen Eintrag in Petes Tagebuch (als er mich gefragt hat, ob ich ihn heirate), den ich gelesen hatte: »Ich denke, wenn ich dazu gedrängt werde, würde Olive lieber haben, dass ich sterbe, nachdem wir zusammengelebt haben, als dass wir wegen der Möglichkeit, dass etwas Tragisches geschieht, unsere Heirat auf unbestimmte Zeit verschieben.« Seine Worte wirkten fast unheilvoll angesichts dieser neuen Entdeckung, und meine Begeisterung kühlte ab.

Während die anderen Männer ihre Aufmerksamkeit auf die Aucas richteten, bereiteten Pete und ich uns darauf vor, nach Puyupungu zu ziehen. Wir würden mit dem Kanu dorthin fahren, und unsere Hochzeitsgeschenke und die Ausrüstung, die das letzte Jahr in Shandia gelagert waren, würden eingeflogen werden, sobald wir die zugewucherte Landebahn wiederhergestellt hatten. Nach Monaten der Erwartung und des Gebets zogen wir endlich in unseren neuen Dienst und unser neues Zuhause im Dschungel. Pete war jedoch hin- und hergerissen zwischen der Arbeit in Puyupungu und der Chance, die Aucas zu erreichen.

Am 17. Oktober stiegen wir in Puyu, einer kleinen Stadt den Weg abwärts von Shell Mera, in einen von mehreren Einbäumen, die nach Puyupungu unterwegs waren. Jim, Ed und Pete waren zwei

Jahre vorher auf ihrer großen Erkundungstour diesen Fluss mit dem Kanu abwärts gefahren. Pete schrieb in sein Tagebuch, diese Fahrt »war genauso aufregend wie die vorige – nicht so gefährlich, wie ich sie in Erinnerung hatte, aber an manchen Stellen spannend«. Die Fahrt mit dem Kanu ermöglichte Pete, alle Indianerhäuser entlang des Puyu-Flusses zu besuchen und die Bewohner auf die Schule in Puyupungu hinzuweisen. Wir hatten den Puyupungu-Indianern auch mitgeteilt, dass wir kommen würden.

Auch wenn es weit entfernt von den erholsamen Kanuausflügen war, die Pete und ich in Seattle gemacht hatten, genoss ich meine erste Kanufahrt durch den Dschungel in vollen Zügen – wenn Schreien eine Messlatte für Freude ist. Die Indianer benutzten lange Stangen und manövrierten die Kanus geschickt um gefallene Bäume herum, über Felsen in Bereichen mit Untiefen, und durch riesige Riffs, als wir durch Stellen mit schnell fließendem Wasser schossen. Ich fand es so vergnüglich wie eine Achterbahnfahrt, wenn auch weitaus gefährlicher. Wegen des ungewöhnlich geringen Niederschlags im vergangenen Monat war der Fluss ziemlich niedrig, so dass wir gezwungen waren, an manchen Stellen auszusteigen, während die Indianer die Kanus über die Felsen trugen. Als wir die Stromschnellen passiert hatten, kamen wir in den friedlichen unteren Teil des Flusses. Kurz bevor der Puyu in den größeren Pastaza River mündet, fuhren wir ans Ufer und kletterten die Böschung hoch. Von dort aus konnte ich unser neues Zuhause sehen.

Pete beschrieb diese Gegend und seine Bevölkerung in einem Brief an Freunde:

> Puyupungu ist ein liebenswürdiger Fleck auf einer hohen Böschung, von dem man auf einen der riesigen und donnernden Nebenflüsse des Amazonas blickt und wo die ganze östliche Bergkette der Anden vor uns aufragt. Es ist ein prächtiger Ort, aber ein gutes Beispiel für die Beschreibung der Menschheit, wie sie in Römer 1 steht. Denn die Menschen hier haben Jahrhunderte gelebt, ohne von Christus zu hören, und wurden von dem betrunkenen Gestammel der Medizinmänner versklavt,

> die den Glauben des Stammes bestimmten, indem sie sich durch das Essen von wilden Kräutern in einen Rausch versetzten. Diese Äußerungen, die solch ein Mensch machte, während er offensichtlich nicht bei Bewusstsein war und die von satanischen Mächten bestimmt waren, haben für Jahrhunderte die Grundlage für Aberglauben und heidnische Praktiken gebildet.

Unsere ersten Tage in Puyupungu waren nach Pete »primitiv«. Wenn er meinte, sie seien primitiv, dann hatte ich das Gefühl, dass sie das und noch viel mehr waren. »Olive kämpfte damit, in nur einem oder zwei Töpfen zu kochen, mit zwei Blechtellern, jeweils einem Messer, Löffel und Gabel, und anderen kleinen Unannehmlichkeiten«, schrieb er. »Mit nur einer Luftmatratze und einer Decke war das Schlafen ein Problem. Die Indianer hatten die Landebahn und den großen Platz wieder hergerichtet. Das Flugzeug flog mehrere Male ein und brachte Ladungen von Ausrüstungsgegenständen.«

Im gleichen Tagebucheintrag wechselte Pete abrupt zu dem anderen Thema, das ihm im Kopf herumging:

> Das Auffinden der Aucahäuser hat uns zu großer Aktivität angespornt. Im Augenblick übernehmen Ed und Nate den größten Teil der Planung, während Jim und ich finanziell und durch Gebet helfen. Der Tag, an dem wir Arajuno verlassen haben, der 6. Oktober, war ein wichtiger Tag für die Arbeit unter den Aucas – der erste Kontakt durch die Luft wurde hergestellt, indem wir Geschenke machten, die mit der »Korb«-Methode heruntergelassen wurden, einem verzierten Aluminiumbehälter ... Sie haben niemanden gesehen, aber viele Beweise für Leben ... Letzte Woche sind wir wieder hingeflogen und haben einen bemerkenswerten Fortschritt in den Beziehungen bemerkt ... Wir treten nach und nach immer mehr in Kontakt mit ihnen und müssen uns für alles wappnen.

Obwohl seine Gedanken ständig um die Aucas kreisten, konzentrierte sich Pete auf die Arbeit in Puyupungu. Er war enttäuscht, dass einige der Schlüsselfiguren unter den Indianern, mit denen er hatte arbeiten wollen, auf der Suche nach dem Geld des weißen Mannes an die Küste oder zu Arbeitsplätzen im Dschungel gegangen waren. Pete hatte gehofft, diesen Indianern Lesen beizubringen und sie dann die Heilige Schrift studieren zu lassen. Aber er hatte schon lange gelernt, Rückschläge wie diesen zu erwarten und mit den Veränderungen umzugehen, und so plante er eine große christliche Fiesta, zu der sich alle Indianer versammeln würden, um zusammen zu essen, zu spielen und aus der Bibel zu lernen. Ed und Jim hatten sich bereit erklärt, zu kommen und zu lehren.

Um den ersten November schrieb Pete, dass sich unser Leben jetzt normalisiert habe. Ich hatte gerade erfolgreich Plätzchen und meinen ersten Laib Brot in dem kleinen Holzofen gebacken. Die Indianer liebten besonders die Tage, an denen Brot gebacken wurde, und der köstliche Duft trieb sie immer vor unsere Tür, um eine Scheibe zu bekommen. Unser kleiner gasbetriebener Kühlschrank faszinierte sie: Wie konnte eine kleine, heiße Flamme außen an der Kiste das Innere von ihr so kalt machen? Es erschreckte sie fast, einen Eiswürfel in der Hand zu halten – so kalt in ihren Händen, dass es schon schmerzte. Pete zeigte über die Bäume auf die schneebedeckten Berggipfel und versuchte ihnen zu erklären, dass der Schnee auf diesen Bergen genauso kalt wie dieses Eis war.

Wenn wir unter der feuchten Hitze im Dschungel litten, schaute ich oft auf die fantastischen Gipfel der Anden und staunte darüber, dass sie so nah und doch so kühl waren. Einer der Berge, der Sangay, war nicht nur schneebedeckt, sondern auch ein aktiver Vulkan. Nachdem wir einen Ausbruch beobachtet hatten, schrieb Pete:

> Der Sangay bot uns wirklich ein atemberaubendes Schauspiel – es war noch beeindruckender mit dem Fernglas [einem Hochzeitsgeschenk]. Bei Nacht sah es wie ein riesiges Feuer aus, aus dem lodernde Flammen in fantastisch schönen Bögen hervorschossen und ungefähr sechshundert Meter weiter unten auf den Berg aufprall-

> ten. Mit dem Fernglas sahen wir einzelne Feuerbälle zerbersten und überall hin zerstäuben. Es war ein unglaubliches Schauspiel, und auch wenn große Dampfwolken durch die Lava auf dem Schnee für einen Moment dieses Feuerwerk am 4. Juli übertünchten, so wurde es dann doch wieder klar und begann von neuem.

Ich denke, dass manche meiner Freunde und Verwandten mich für mutig und furchtlos hielten, als ich in den wilden Dschungel zog. Ich wünschte nur, ich wäre es wirklich gewesen. Viele Aspekte des Lebens im Dschungel ließen mich schreckhaft und empfindlich erscheinen. Unser Haus, zum Beispiel, das Jim gebaut hatte, stand auf rund drei Meter hohen Stelzen und hatte ein idyllisches Grasdach. Ich liebte dieses Dach, bis ich entdeckte, dass sich dort Spinnen und Skorpione einnisteten, die manchmal in das Haus fielen. Nachts kamen dann die Küchenschaben, wurden aber schnell von einer Horde sich dort niederlassender Ameisen vertrieben.

Ich lernte schnell, die Körbe mit unseren Nahrungsmittelvorräten nicht unter dem Haus zu lagern, selbst wenn ich so vorsichtig war, sie hoch oben an den Pfosten zu befestigen. Eines Nachts wurden wir von einem fürchterlichen Tumult unter unserem Fußboden geweckt. Voller Angst, dass wir unsere Nahrungsmittel verlieren würden, sprang ich auf und rannte mit einer Taschenlampe in der Hand hinaus und schaute in die großen Augen und weichen Nasen der Kühe des Häuptlings. Ich überließ es Pete, sie zu verjagen.

Ich war immer sehr vorsichtig, wenn ich Holz holen wollte, nachdem ich einmal in den Holzscheiten eine Tarantel gefunden hatte. Damit ich besser die Giftschlangen erkennen könnte, bat Pete die Indianer, mir einige Exemplare, die sie getötet hatten, zu zeigen. (Ich hielt das eigentlich nicht für nötig.) Wenn jemand eine Schlange gesehen hatte, die sich bei den Ananaspflanzen herumtrieb, überließ ich es den Indianern, die Ananas zu ernten. Die Saints hatten uns einen ihrer Hunde überlassen – einmal, damit er uns Gesellschaft leistet, aber vor allem, um die Schlangen zu verscheuchen. Und Pete schrieb, dass sich unser Leben normalisierte!

Während er die Schule in Ordnung brachte, den Unterricht beaufsichtigte und die Indianer sonntags lehrte, übernahm ich den medizinischen Teil unserer Arbeit und kämpfte damit, Quichua zu lernen. Um die Indianer zu behandeln, musste ich oft aufschreiben, was sie mir sagten und es dann von Pete übersetzen lassen, damit ich die Diagnose stellen konnte. Ich half direkt nach unserer Ankunft bei der Geburt von zwei Babys. Es machte mir Angst, alleine eine Geburt zu leiten, aber ich dankte Gott dafür, dass alles gut verlief und die Babys sicher auf die Welt kamen. Manchmal sah ich, wie unsere medizinische Hilfe die Barrieren der Angst zwischen uns und Indianern aus anderen Gegenden niederriss. Wenn sie krank wurden, dann kamen sie zu uns, um Hilfe zu erlangen, und hörten dabei im Gegenzug Gottes Wort.

An der Schule, die einen jungen christlichen Quichua aus Shandia als Lehrer hatte, nahmen siebzehn Schüler teil. Aber es hätten noch mehr indianische Kinder von flussaufwärts teilnehmen können, wenn sie einen Platz gehabt hätten, um über Nacht zu bleiben. So kam die Idee auf, ein Schülerwohnheim zu bauen. Die Indianer schauten auf Pete und erwarteten, dass er ihnen sagt, was zu tun ist. Pete wollte jedoch die Indianer dazu bringen, ihre eigenen Entscheidungen für den Betrieb der Schule zu fällen. Irgendwie musste er ihnen beibringen, Verantwortung zu übernehmen, ohne sie hin- und herzuschieben. Er hatte dann eine Idee. Eines Tages rief er die Indianer zusammen und schlug ihnen vor, einen »Padres de Familia« – das heißt, eine Art Eltern-Lehrervereinigung – zu bilden. Daraufhin hielten sie eine Wahl ab und wählten einen Vorsitzenden und einen Schreiber – etwas, das sie nie vorher getan hatten. Einer nach dem anderen flüsterten sie mit großem Enthusiasmus Pete ihre Entscheidung ins Ohr.

Mit dem nun verantwortlichen Ausschuss der Indianer diskutierte Pete dann über die Notwendigkeit eines Schülerwohnheimes und die Ausrichtung einer Weihnachtsfiesta. Die Fiesta begeisterte die Indianer so sehr, dass sie den Bau des Wohnheimes auf danach verschieben wollten; Pete half ihnen dann freundlich, ihre Prioritäten richtig zu setzen. Für die Indianer bedeutete eine typische Fiesta wenig mehr als essen, trinken und Ausgelassenheit. Pete hatte jedoch etwas anderes vor. Er erklärte den Indianern, dass es bei dieser Fiesta viel zu essen und viel Spaß geben würde, aber auch biblische Lehre. Und es würde kein Alkohol erlaubt sein. Die Indianer konnten sich eine Fiesta ohne Alkohol nicht vorstellen und meinten, dieses Verbot würde die Indianer aus den anderen Dörfern stören. Doch Pete blieb bei seinem Standpunkt und erklärte ihnen, dass Alkohol völlig verboten sei. Widerwillig stimmten sie zu.

Der Bau des Schülerwohnheimes und die Vorbereitung der Fiesta machte die Indianer entschlossener. Jeder hatte eine Aufgabe zu erledigen. Und die ganze Arbeit brachte mehr Indianer in die sonntäglichen Gottesdienste, wo Pete sie über Gott lehrte und wie Christus für sie gestorben ist. Eines Tages kam ein junger Indianer auf Pete zu und sagte ihm, dass er jetzt auch an Christus glauben würde – das erste sichtbare Zeichen von Gottes Wirken unter diesen Menschen.

Zwei Wochen später schrieb Pete:

> Heute jubeln die Engel über Puyupungu und wir tun es auch! Wie treu Gott doch ist! Diesen Morgen hat sich eine Reihe von Indianern für Christus entschieden. Ich hatte das Gefühl, ich sollte über die Taufe sprechen, weil mir mehrere Missverständnisse aufgefallen waren, als ich Gespräche der Indianer mitgehört habe. Deshalb versuchte ich, nachdem ich die Geschichte von Philippus und dem Kämmerer erzählt hatte, einfach und klar den Unterschied zwischen Glaube und Taufe zu erklären. Nachdem wir zuerst mit schreienden Babys zu kämpfen hatten, war die Aufmerksamkeit danach ausgezeichnet und ich spürte, wie Gottes Geist an den Herzen arbeitete, deshalb fragte ich, nachdem ich ihnen sorgfältig erklärt hatte, was eine Entscheidung für Christus alles beinhalten würde, ob sie es durch ein Handzeichen zeigen würden, wenn sie mit Christus leben wollen. Eine Reihe Hände gingen hoch – Tito, Benito, Pascual und andere. Eine Reihe anderer Hände hob sich noch, als Alejo dann plötzlich von hinten meinte, es würde auch

> heißen, das Trinken und ein unmoralisches Leben aufzugeben. Danach nahmen manche ihre Hand wieder herunter. Ich schloss mit einem Gebet und lud die, die wirklich bereuten, ein, in den hinteren Raum der Schule zu kommen, wo ich mich besser um sie kümmern könnte. Zwölf kamen ... Wir ermutigten und ermahnten sie und bereiteten für Freitagnachmittag ein Treffen für Gläubige vor. Viele andere stehen kurz vor einer Entscheidung ... und wir fühlen uns immer noch gedrängt, für Atanacio, den Häuptling, zu beten, der sich noch nicht entschieden hat – aber was für eine Freude, dafür sind wir hier hergekommen.

An seinem siebenundzwanzigsten Geburtstag schrieb Pete: »Wie gut ist Gott gewesen und wie vollkommen und gesegnet sind seine Wege. Wie sehr danke ich Gott immer noch dafür, dass er mich hierher gebracht hat, indem er das fast Unmögliche geschafft und mich hinausgedrängt hat – Ich fühlte mich ›hinausgetrieben‹, und wie dankbar bin ich nun für Gottes Zwang.«

Im November kam mitten in den Vorbereitungen für die Fiesta eine Wyclif-Bibelübersetzerin namens Betsy für mehrere Wochen zu uns, um mit der Quichuasprache zu arbeiten. Sie bat Pete um Hilfe und wollte ihr Wörterbuch mit seinem abgleichen. Aber ihre Gegenwart verstärkte die Probleme, die es für Missionare gibt, wenn sie eine Sprache auf die Schrift und die Übersetzung reduzieren. Es gibt verschiedene Methoden. Welchen Buchstaben benutzt man für welchen Laut? Bei diesen Problemen kann es leicht Meinungsverschiedenheiten geben.

Das Problem, welche Methode man beim Übersetzen nimmt, beschäftigte mich auch, denn ich kämpfte zu dieser Zeit damit, Quichua zu lernen. Zwei verschiedene phonetische Systeme wurden benutzt: das linguistische von Wycliff und der Gebrauch von einfachen Buchstaben, wie sie im Spanischen ausgesprochen wurden. Es gab scharfe Differenzen unter den Missionaren, welches das Bessere war. Jim und Betty benutzten die Wycliffmethode und schrieben die ungeschriebene Quichuasprache in linguistisch »richtigen« Lautzeichen nieder. Dr. Tidmarsh hatte aber das spanische Alphabet übernommen, weil er wusste, dass die Quichuas schließlich auch Spanisch lernen mussten. Es erschien für die Indianer praktischer und einfacher zu sein, nur eine Reihe phonetischer Symbole lernen zu müssen als zwei. Pete, der keine linguistische Ausbildung hatte, benutzte die Methode, die er von Jim und Betty gelernt hatte. Später sah er jedoch den Vorteil für die Indianer, wenn sie die spanischen Buchstaben lernten.

Trotz allem schwankte ich zwischen beiden Methoden hin und her. Bettys strikte Meinung über dieses Thema machte es mir nur noch schwerer, zu wissen, was zu tun ist. Das Problem lag nicht nur in der Methode, sondern auch in der Sensibilität gegenüber den Indianern selbst. Ungefähr zu dieser Zeit sagte Pete zu mir, er habe den Eindruck, Bettys Gaben gingen mehr in die Richtung intellektueller Tätigkeiten als Dienst an Menschen. Er begann auch tatsächlich dafür zu beten, dass Gott sie in einen Dienst führt, wo sie schreiben kann.

Unterdessen kam die »Operation Auca« gut voran. Nate und Ed unternahmen wöchentliche Flüge zu der neu entdeckten Aucasiedlung in der Nähe von Arajuno, die am dichtesten an einer Landebahn lag, und ließen aus der Luft Geschenke hinab. (Jim, der mit Betty in Shandia war, flog auch auf mehreren Flügen mit.) Nate berichtete uns von den Erfolgen, wenn er wöchentlich zu uns kam und uns Essen und die Post brachte. Als Pete von den Geschenken und Gegengeschenken hörte und dass die Aucas offensichtlich freundlich gesinnt und begeistert waren, tat es ihm Leid, dass er nicht in Arajuno war und sich beteiligen konnte.

Auch wenn Pete die Begeisterung der anderen bei ihren Fortschritten mit den Aucas teilte, hatte er nicht so große Eile wie sie, mit ihnen auf dem Boden Kontakt aufzunehmen. Vielleicht war das so, weil er selbst noch keine Aucas gesehen hatte – die anderen aber hatten. Dazu waren die Vorbereitungen für die bevorstehende Fiesta und die Neujahrskonferenz in Shandia bereits in vollem Gange. Deshalb sprach er sich dagegen aus, als die anderen die erste Dezemberwoche für einen ersten Versuch vorschlugen und schrieb einen Brief, um ihnen zu erläutern, warum.

Betty fasste in dem Buch *Through Gates of Splendor* später die verschiedenen Sichtweisen der Männer zusammen:

> Pete, der sich ständig mit den anderen beriet, glaubte nicht, dass der nächste Vollmond [früh im Dezember] der richtige Zeitpunkt für einen ersten Versuch war, Kontakt aufzunehmen. Es war zu früh, um anzunehmen, dass ein alter Hass gegen Weiße schon überwunden war. Auch das Sprachproblem wog schwer – und sie hatten es in der Hand, bessere Sprachkenntnisse zu erlangen, wenn sie mit Dayuma arbeiteten, der entkommenen Aucafrau, von der Jim sein Material hatte. Eds Reaktion war, der nächste Schritt müsse nicht notwendigerweise die Kontaktaufnahme, sondern die Errichtung einer benutzbaren Landebahn flussabwärts des Curaray sein, vielleicht acht Kilometer in der »Nachbarschaft« [des Aucadorfes]. Unterdessen dachte Jim ein wenig weiter. Wenn eine freundliche Kontaktaufnahme gelang, waren Jim und ich bereit, die Arbeit in Shandia für eine Weile zu verlassen und unter den Aucas zu leben. Nate meinte, wir sollten den bereits bekannten Kurs für eine reguläre Kontaktaufnahme fahren und dass nichts überstürzt getan werden sollte, sondern dass jeder Fortschritt erst »sacken« sollte, bevor man den nächsten sucht.[31]

»In dem Team gab es ein Spektrum von Ungeduld bis Vorsicht«, schrieb Nate. Pete war der Vorsichtige, Jim der Ungeduldige. Die Männer kamen schließlich überein, mit der Kontaktaufnahme am Boden bis nach Neujahr zu warten.

Bei einem seiner wöchentlichen Besuche in Puyupungu brachte Nate Roger Youderian, einen Missionar der Gospel Missionary Union, zu uns. Wir hatten uns noch nie vorher gesehen, aber wir wussten von seiner Pionierarbeit unter den Jivaro und den Atshuara-Indianern. Nate kannte Roger gut und glaubte, seine Erfahrung wäre für die »Operation Auca«[32] von Nutzen. An diesem Nachmittag sprachen die drei Männer über die Art, wie sie die

Aucas erreichen konnten. Sie sprachen über mehrere Artikel des *Brown Gold* Magazins [von New Tribes Mission], in denen ein Bericht über fünf Männer stand, die 1943 bei einem Versuch, einen Indianerstamm in Bolivien zu erreichen, getötet worden waren. Weil sie nicht die Fehler anderer wiederholen wollten, versuchten Roger, Pete und Nate so viel sie konnten aus diesen Berichten zu lernen. Pete gefiel es, dass Roger miteinbezogen wurde. Er glaubte, dass sie alle von seiner Sachkenntnis profitieren würden.

Die Flüge wurden den ganzen November und Dezember hindurch fortgesetzt. Pete schrieb:

> Die Situation mit den Aucas entwickelt sich schnell. Ein endgültiger Versuch einer Kontaktaufnahme ist für den frühen Januar geplant. Die Haltung bei den wöchentlichen Flügen scheint zunehmend freundlicher zu sein: Gegengeschenke werden gemacht, Plattformen für die »Willkommensdelegation« [von neugierigen Aucas] wurden gebaut, ein Modellflugzeug steht auf einem der Dächer – es gibt keinerlei Zeichen von Feindschaft, sondern das Flugzeug wird im Gegenteil überall begeistert willkommen geheißen. All dies lässt die Brüder denken, dass wir jetzt eine Reise zu ihnen unternehmen sollten, sobald die Konferenzen vorbei sind, auch wenn wir keine weiteren Informationen über die Sprache aus Ila [wo Dayuma war] haben. Sie denken, Ila ist zu heikel und zu öffentlich für uns, als dass wir noch viel Informationen bekommen können, ohne das ganze Projekt zu gefährden. Vielleicht ist das so – ich weiß es nicht genau. Wir müssen in Arajuno über Weihnachten noch einmal darüber sprechen. Ed, Jim und Roger gehen definitiv mit – entweder Nate oder ich könnten auch noch mit.

Bis zu diesem Zeitpunkt wollten sie per Kanu reisen, und dort wäre nur Platz für vier Männer und zwei Quichuaführer gewesen. Pete hasste es, so weit von dem Geschehen weg zu sein, und grämte sich wegen der Möglichkeit, dass er vielleicht nicht mit den anderen mitgehen könnte.

Doch dann kam der Tag der Weihnachtsfiesta und die Pläne, die Aucas zu erreichen, wurden für ein paar Tage fallen gelassen. Jim, Ed und Pete richteten ihre Aufmerksamkeit auf beinahe hundert Indianer, die von dem ganzen Puyu River gekommen waren, um Spaß zu haben und etwas über die Bibel zu lernen. Wir hielten das für einen riesigen Erfolg. Es kam nur zu einem »Vorfall«, als mehrere Flaschen Gin entdeckt wurden. Anstatt den Alkohol zu vernichten, entschieden sich die Männer, ihn dem Indianer, der gegen die Anordnung verstoßen hatte, nach dem Ende der Fiesta zurückzugeben. »Niemand hegte Groll gegenüber uns«, schrieb Pete später.

Als die Fiesta halb vorüber war, landete Nate unerwartet bei uns. Ed McCullys Frau Marilou, die mit ihren zwei Jungen alleine in Arajuno war, hatte an Marj Saint in Shell Mera eine dringende Botschaft gefunkt. Ein Quichua hatte früh am Morgen einen nackten Aucaindianer mit einer Lanze kaum fünfzig Meter von ihrem Haus entfernt gesehen. Der Auca war geflohen, aber ein verräterischer Fußabdruck ließ keinen Zweifel daran, dass er dort gewesen war. Ed sprang sofort mit Nate ins Flugzeug und sie hasteten zurück nach Arajuno. Von dem Eindringling war nichts mehr zu sehen, aber der Vorfall erinnerte uns daran, dass es mit diesem scheinbar »freundlichen« Volk vielleicht mehr auf sich hatte, als man mit Augen sah.

18.
EIN ALBTRAUM

Als die Männer weiterhin ihre Geschenke aus der Luft über dem Aucadorf absetzten, bemerkte Nate eine Reihe von Sandbänken entlang des Curaray River. Es hatte in den letzten Monaten spärlich geregnet, so dass der Wasserstand ungewöhnlich niedrig war. Es kam ihm der Gedanke, dass er vielleicht ein Stück Strand finden kann, das lang genug für ihn war, um zu landen. Nach weiteren Erkundungsflügen fand er die ideale Sandbank – lang genug zum Landen und einigermaßen in der Nähe der Aucahäuser. Nun konnten die Männer dorthin fliegen, ein Lager auf »Palm Beach« errichten – ihr Spitzname für die Sandbank – und auf einen Besuch der Aucas warten. Nate würde jeden Tag dorthin und wieder hinausfliegen und so einen leichten Transfer von Leuten, Ausrüstung oder Proviant, wenn nötig ermöglichen. Sowohl Nate als auch die Männer am Strand würden Funkgeräte haben, um mit dem Rest von uns in Kontakt zu bleiben. Jeder fühlte sich weit sicherer mit diesen Vorkehrungen, als mit der weit gefährlicheren Fahrt mit dem Kanu durch Aucaland, was sie auch vom Zugang aus der Luft abgeschnitten hätte.

Als Nate den Strand gefunden hatte, war ein Kontakt am Boden mit den Aucas kein unerreichbares Ziel mehr. Es war jetzt eine realistische, unmittelbare Möglichkeit. Der nächste Vollmond, ihre letzte Möglichkeit für einen Versuch vor den nächsten Regenfällen, würde in zwei Wochen sein. Pete und ich standen nun vor der wirklichen Entscheidung, ob er mitgehen sollte. Bis zu diesem Punkt hatte er an dem größten Teil der Planung teilgenommen, aber er hatte noch nicht versprochen, eines der Mitglieder der tatsächlichen Landungsgruppe zu sein. Wir mussten uns auch entscheiden, bevor wir für ein am 23. Dezember in Arajuno geplantes Treffen, wo wir Weihnachten feiern wollten, Puyupungu verließen.

»Pete, wirst du mitgehen?«, fragte ich ihn direkt und hatte Angst, dass ich die Antwort bereits kenne. Es war jetzt vier Jahre und vier

Monate her, seit er mir das erste Mal gesagt hatte, dass Gott ihn als ledigen Mann zu den Aucas gerufen habe. Er hatte diese Entscheidung ohne mich getroffen. Nun waren wir in genau der Situation, vor der er mich hatte bewahren wollen. Mir wurde klar, dass dieser verhängnisvolle Tagebucheintrag schon fast eine Voraussage war. Ja, er konnte immer noch gehen. Und ja, ich würde lieber diese kurze Zeit mit ihm haben, als überhaupt keine Zeit. Aber jetzt war die Gefahr real. Es musste ein Preis bezahlt werden, und ich war jetzt Teil dieses Preises. Wir hatten beide für die Möglichkeit gebetet, die Aucas zu erreichen. Aber ich hatte irgendwie erwartet, dass Gott es uns leichter machen würde.

»Ich denke schon lange darüber nach«, sagte Pete, »aber ich habe noch keine klare Antwort. Ich bin nicht so robust wie die anderen und auch nicht so erfahren im Dschungel. Ich weiß nicht, was ich im Moment zu diesem Team beisteuern kann. Meine Gegenwart könnte die Expedition sogar behindern. Ich bin wirklich hin- und hergerissen zwischen dem Wunsch, ein Teil des Teams zu sein und der Verantwortung für die Quichuaarbeit hier. Und ich muss dich darüber nachdenken lassen. Du bist noch nicht lange hier und es ist schon so viel passiert. Habe ich das Recht, dich jetzt das noch durchmachen zu lassen?«

»Liebling, ich möchte dich nicht davon abhalten, mitzugehen«, sagte ich und versuchte so ehrlich zu sein, wie ich konnte. Die volle Wirkung meiner Worte habe ich gar nicht registriert. Ich vermied es, an den Tod zu denken. Mir wurde klar, wie viel einfacher die Entscheidung für ihn gewesen wäre, wenn er allein geblieben wäre. Aber nun glaubten wir, dass Gott unser Leben verbunden hat. Wir mussten ihm vertrauen. Er würde uns sicherlich nicht fallen lassen. Ich fühlte mich Pete sehr nahe, als wir ernstlich darüber beteten, was wir tun sollten. Wir kamen zu keiner definitiven Entscheidung, bevor wir Puyupungu verließen, aber ich wusste, dass er gehen wollte.

Bei dem Planungstreffen in Arajuno kamen die Männer überein, dass die Zeit da war, um voranzugehen. Obwohl Roger und Barbara Youderian nicht kommen konnten, hatte Roger bereits einen Plan für die Operation entworfen. Die Sicherheit hatte hohe Priorität. Sie würden ein Baumhaus für drei Männer bauen, das größere Sicherheit vor einem Hinterhalt bieten würde. Nate würde nicht dort über Nacht bleiben, sondern jeden Morgen hin und vor der Dunkelheit zurück fliegen und würde von seinem Flugzeug aus regelmäßig Funkkontakt zu Marj in Shell Mera halten. Auf dem Strand würden die Männer ein weiteres Funkgerät haben. Dann diskutierten sie, ob sie Gewehre mitnehmen sollten. Weil sie nicht wussten, was für wilden Tieren sie begegnen würden, kamen sie überein, ein paar Pistolen mitzunehmen. Aber die Männer schworen, sie nicht zu benutzen, um ihr Leben zu verteidigen – sie würden nur schießen, um die Aucas zu erschrecken, wenn dies nötig wäre.

Beim Fortgang der Diskussion sagte Pete sehr wenig. Ihm wurde klar, dass jedermanns Rolle außer seiner eigenen feststand. Jim, Ed und Roger würden in dem Haus bleiben; Nate würde sie hinfliegen. Pete fragte sich, wo er noch hinpasst.

»Was ist mit dir, Pete, kommst du mit?«, fragte Ed schließlich.

Pete wollte schon antworten, als Jim losredete: »Ich glaube nicht, dass es weise wäre, für den Fall, dass etwas passiert, alles auf eine Karte zu setzen. Wenn Pete mitkommt, haben wir alle drei Männer, die Quichua sprechen, in einer gefährlichen Situation. Wenn etwas passiert, ist die Arbeit unter den Quichuas damit erst einmal vorbei.« Das erste Mal wurde Jim vorsichtig und rechnete Kosten und Nutzen gegeneinander auf. Aber ich sah den niedergeschlagenen Ausdruck auf Petes Gesicht.

Doch dann meldete Ed sich: »Nun komm schon, Jim. Was meinst du mit ›falls etwas passiert‹? Meinst du, ich würde gehen, wenn ich glauben würde, dass wir getötet werden? Schau auf Marilou. [Sie war schwanger.] Ich bin davon überzeugt, dass diese Indianer unsere Freunde werden möchten. Wir haben sie entdeckt und Gott hat unsere Gebete erhört. Marilou und ich und unsere beiden Jungen leben jetzt schon fast ein Jahr hier auf dem Land der Aucas, und sie haben uns noch nichts getan. Und wir wissen sicher, dass sie hier gewesen sind. Wir treffen alle möglichen Vorbereitungen für diese Aktion. Wir haben das Baumhaus und wir überlegen, ob wir Gewehre mitnehmen sollen. Ich denke, Pete sollte gehen, wenn Gott ihn so führt. Wir können jede Hand gebrauchen.«

»Hört zu, Freunde«, sagte Nate, »ich könnte bei den Flügen sicher Hilfe gebrauchen. Pete könnte jeden Tag mit mir zu Palm Beach und jede Nacht zurück nach Arajuno fliegen.« (Nates Tagebuch zeigt, dass er Pete schon mindestens zwei Wochen vorher für diese Rolle vorgesehen hatte. Pete war der leichteste der vier Männer, was Nates Landungen und Starts auf dem Strand vereinfachen würde.) Pete heiterte dieser Vorschlag etwas auf.

»Ich möchte mitmachen, wenn ich euch helfen kann«, sagte Pete schließlich. So kamen sie überein, dass er teilnehmen würde. Wenn alles nach Plan verlief, würde die ganze Gruppe am 3. Januar auf dem Strand sein.

Pete war dabei, aber nicht ohne Furcht. Er schrieb:

> Es wurde gesagt, dass ich vielleicht mitmachen sollte, um durch die höhere Zahl vielleicht mehr Sicherheit für alle zu gewinnen. Ich bin glücklich, dass ich mitgehe, und als mein Herz einmal begann, sich Sorgen zu machen, hat der Herr mich beruhigt. Einmal, indem er meine Aufmerksamkeit durch einen Tukan, der im Badezimmer an der Wand hängt, auf seine unglaubliche Fürsorge gelenkt hat – er sorgt sogar für die Spatzen – und dann durch [den Vers] »Fürchte dich nicht und erschrick nicht.«

Unser erstes Weihnachtsfest im Dschungel verlief für mich weitaus glücklicher als das vorige in Quito. Aber die Bedeutung des Tages ging weit über die einfache Begehung des Feiertages hinaus. Es war ein Sonntag mit dem normalen evangelistischen Gottesdienst für die Quichuas, und im Anschluss wurden fünf neue Gläubige getauft.

Am Nachmittag des Weihnachtstages kehrten die Männer zu dem Thema zurück, das sie alle im Kopf hatten – die Aucas. Sie studierten, was sie über deren Sprache wussten und übten gegenseitig den Gebrauch von Sätzen. Am Abend spielten wir zusammen im Licht von Kerosinlampen, lachten und versuchten, nicht an die vor uns liegende Gefahr zu denken. Während der nächsten paar Tage bereiteten Pete, Ed und Jim sich eifrig auf die Operation Auca vor, schlugen Holz für das Baumhaus, sammelten Lebensmittel und fragten sich Aucasätze ab – alles mit einem Gefühl der Erwartung.

Wir machten uns für die Quichua-Neujahrskonferenz in Shandia am nächsten Tag auf den Weg. An einem Abend während der Konferenz unterhielten Betty und ich uns unter vier Augen.

»Und was denkst du darüber, dass die Männer zu den Aucas gehen?«, fragte sie mich.

»Ich kann nicht sagen, dass ich glücklich darüber bin«, antwortete ich. »Ich fühle mich ziemlich unbehaglich, denn wer weiß, was passieren wird? Jim und Pete haben uns nicht vor den möglichen Gefahren verschont, als sie noch alleine waren. Ich kann mir nicht helfen, ich muss immer an diese Tage und die unsichere Zukunft damals denken, alles wegen der Aucas. Was ist mit dir?«

»Jim und ich haben darüber gesprochen, als Familie zu den Aucas zu gehen. Wenn er dort sterben wird, werde ich lieber mit ihm sterben.«

»Ja, und die anderen waren nicht sehr glücklich über diesen Plan.«

»Olive, was wirst du tun, wenn Pete umkommt?«

Was soll ich dann tun?, fragte ich mich. Die reale Möglichkeit dieses Ausgangs drang erst langsam in mich ein.

»Ich denke, ich würde nach Hause gehen. Ich wollte noch nicht darüber nachdenken. Was soll ich hier alleine? Ich kenne die Sprache nicht. Ich vermute, du würdest bleiben, stimmt's?«

»Ja.«

Je näher der 2. Januar rückte, an dem die Männer sich für ihren Flug nach Palm Beach in Arajuno einfinden wollten, desto ängstlicher wurde ich. Mein Kopf war voll von Erinnerungen an die Dinge, die ich in meinem Anthropologiekurs über bestimmte feindselige Indianerstämme gelesen hatte. Oft gaben sich die Indianer freundlich, erhoben sich dann aber ohne Warnung und ermordeten die, die sich ihrer angenommen hatten. Während ich in Biola war, hatte ich von zwei Missionaren in Neuguinea gehört, die getötet worden waren, nachdem sie sich scheinbar mit Eingeborenen eines primitiven Stammes dort angefreundet hatten. Niemand schien zu wissen, was dort vorgefallen war. Ich hatte Angst, dass das Gleiche bei den Aucas geschehen würde. Und dann holte ich mir noch eine Grippe.

Am 2. Januar 1956 machten die fünf Männer in Arajuno ihre letzten Vorbereitungen für die Flüge nach Palm Beach am nächsten Tag. Marilou, Barbara und ich waren die einzigen Frauen dort. An diesem Tag traf ich Barbara zum ersten Mal. Es half mir, ihre Fröhlichkeit zu sehen, denn ich wusste, dass sie es schon öfter erlebt hatte, dass ihr Mann sich in gefährliche Situationen begab – und dazu noch alleine.

In dieser Nacht unterbrachen ein paar lichte Momente den Ernst der Situation und mein Unbehagen. Normalerweise waren Ed und Jim für die Witze zuständig, aber nun unternahm Pete einen Versuch. Er las laut aus einem Brief vor, den er und ich an diesem Tag von Jims Vater bekommen hatten und in dem er versuchte, ein paar Sätze in den wenigen Brocken Spanisch zu schreiben, an die er sich erinnerte. Als Pete der Gruppe das bruchstückhafte Spanisch vorlas – ohne ein Wort zu sagen, von wem es stammte – krümmten sich alle vor Lachen. Ohne eine Sekunde zu zögern sagte Jim: »Das klingt ganz nach Dad!«

Als Pete und ich alleine waren, sagte ich ihm, wie ich mich wirklich fühlte. Als wir in dem dunklen Schlafzimmer standen und die Bewegungen der anderen im Haus hörten, sagte ich: »Pete, ich habe so große Angst wegen dem, was passieren könnte. Diese Indianer scheinen freundlich zu sein, aber wie kannst du dir sicher sein, dass sie sich nicht gegen dich wenden werden?« Ich war froh, dass es dunkel war und Pete deshalb nicht meine Tränen sehen konnte. Ich wusste, wie wichtig es für ihn war, zu gehen, und ich wollte ihn nicht zurückhalten. Aber ich schaffte es auch nicht, meine Angst zurückzuhalten.

»Liebling, manchmal kam ich selbst ins Zaudern«, sagte er sanft, »aber als ich den ausgestopften Tukan sah, der im Badezimmer von den McCullys hängt, erinnerte er mich daran, dass Gott sogar für die Vögel sorgt. Er wird sicherlich auch für uns sorgen. Gott wird nicht unser Leben für fünfzig Aucas fordern. Wir können ihm vertrauen.«

Es war der erste Hinweis, den ich hörte, dass auch Pete sich fürchtete. Es tröstete mich etwas, zu wissen, dass ich nicht alleine war, aber trotz seiner tröstlichen Worte und unserem gemeinsamen Gebet an diesem Abend schliefen wir unruhig in dieser Nacht. Ich konnte mich nicht dazu überwinden, ihn zu fragen, was ich tun sollte, wenn er nicht zurückkommt. Die schlaflose Nacht sorgte zusammen mit der Grippe dafür, dass ich mich am Morgen mies fühlte.

Früh am Dienstagmorgen, dem 3. Januar, flog Johnny Keenan, der andere MAF-Pilot, nach Arajuno und brachte die Bremsflüssigkeit, die Nate benötigte. Das gab mir die Gelegenheit, mit ihm nach Shell Mera zurückzufliegen, dort bei Marj zu bleiben und einen Arzt aufzusuchen. Die Männer reparierten eifrig das Flugzeug und schleppten Lebensmittel auf die Landebahn.

»Ich glaube nicht, dass ich dich noch einmal wiedersehe«, sagte ich zu Pete durch meine Tränen hindurch.

Dort auf der Landebahn umarmte er mich und küsste mich zum Abschied. »Ich komme zurück, Liebling, mach dir keine Sorgen. Ich weiß, du würdest anders reden, wenn du nicht krank wärst. Dr. Johnston wird dich wieder auf die Beine bringen und dann kannst du zurück hier raus [nach Arajuno] kommen. Ich bin froh, dass du bei Marj bist.«

Das letzte Mal, als ich Pete sah, stand er auf der grasbedeckten Landebahn neben Nates gelbem Piper-Cub-Flugzeug. Er winkte mir zu, als Johnny und ich die Bahn hinunterrollten, um zu starten.

Alle Flüge zum Strand mit den Männern und den Vorräten liefen genau nach Plan. Jim, Ed und Roger blieben in dem Baumhaus, während Pete mit Nate jeden Abend nach Arajuno zurückflog. Am Mittwoch sah Pete die Indianer zum ersten Mal, als er mit Nate über das Aucadorf flog und ihnen über einen Lautsprecher zurief, sie sollten zum Strand kommen. Er war begeistert, dass er nun das sah, was Ed und Jim in den letzten beiden Monaten gesehen hatten.

Pete schrieb in seinem Tagebuch über die viel versprechenden Ereignisse, die am Freitag geschahen: »Aucas – dies ist ein großer Tag für die Verbreitung des Evangeliums ... Eine Aucastimme dröhnte in einem Schwall von unverständlichen aufgeregten Lauten und gab uns den lang erwarteten ersten Kontakt mit diesen Wilden, für den wir so viel gebetet hatten.« Dann traten drei nackte Aucas, ein Mann und zwei Frauen, auf der anderen Seite der Sandbank hinaus ins Freie. Petes Herz »tat einen Sprung und hämmerte wie wild, als wir langsam zu Ed gingen [der in den Fluss gewatet war] und mit ihm zusammen Sätze hinüberriefen.« Offensichtlich wurde die junge Frau, die sie »Delila« nannten, den Missionaren als Geschenk angeboten.

Während Pete und die anderen Männer bei den beiden Frauen blieben, nahm Nate den Aucamann, den sie »George« genannt hatten, mit in sein Flugzeug zu einem Rundflug über das Dorf. Die Männer machten eine Menge Fotos, die Nate mit nach Arajuno nahm, wie er es jeden Abend machte. Nate übernahm nach seiner täglichen Rückkehr auch die Rolle des Historikers, indem er sorgfältig die Ereignisse jeden Tages dokumentierte.

Unterdessen teilte ich in Shell Mera Nates Begeisterung, dass sie den ganzen Freitag mit drei Aucas verbracht hatten, als ich seinen Funkgesprächen mit Marj zuhörte. Wie sollten wir uns nicht auch freuen? Stellen Sie sich das vor, ein wilder Indianer, der über sein Dorf in einem Flugzeug fliegt und die ganze Zeit vor Begeisterung schreit. Diese Aucas hatten sogar einen Hamburger von einem Weißen angenommen und gegessen! Sie schienen überhaupt keine Furcht zu haben. Und als ich die Berichte von ihrem erstaunlich freundlichen Umgang mit den Männern hörte, legte sich meine Furcht ein wenig. Ich schämte mich sogar ein wenig, dass ich so ängstlich gewesen war und Gott offensichtlich nicht wirklich vertraut hatte, dass er das Unmögliche tun wird.

Aber anstatt zu verschwinden, glimmte meine Furcht unter der Oberfläche – bis mitten in der Nacht zum Samstag, als ich von einem schrecklichen Traum aufgeschreckt wurde. (Ich wusste, dass dies bedeutsam ist, denn ich erinnere mich selten an Träume.) Ich sah Nates Flugzeug auf dem Strand und fünf tote Körper um es herum liegen. Ich hatte mich an diesem Abend für die Männer gefreut und hatte wieder Hoffnung geschöpft. Warum jetzt dieser Traum?

Auf dem Strand warteten die Männer am Samstag darauf, dass die Indianer wiederkommen, aber niemand erschien. Als Nate und Pete über das Dorf flogen, um die Lage zu überprüfen, berichtete Nate

Marj von einigen Anzeichen von Furcht: Die Frauen und die Kinder versteckten sich schnell. Nach einem zweiten und einem dritten Flug kam »George«, ihr Aucabesucher vom Vortag, zu ihnen, und seine recht herzliche Begrüßung ermutigte sie. Vielleicht würden die Indianer am Sonntag kommen und sie in ihr Dorf einladen.

Am Sonntagmorgen, als Nate und Pete in das Flugzeug stiegen, rief er Barbara und Marilou in Arajuno zu: »Tschüs, Mädels. Betet. Ich glaube, heute ist der entscheidende Tag.«

Zuerst flogen sie zum Palm Beach und besprachen ihre Pläne für den Tag. Dann unternahm Nate alleine einen schnellen Erkundungsflug über das Dorf. Er sah nur ein paar Frauen und Kinder bei den Häusern, aber auf dem Rückweg entdeckte er eine Gruppe von Aucamännern die auf den Fluss zuliefen. Um 12:30 Uhr verkündigte Nate überglücklich über Funk Marj, dass sie wohl einen »Sonntagnachmittags-Gottesdienst« haben würden, und dass er um 16:30 Uhr wieder Kontakt zu ihr aufnehmen würde.

Den Nachmittag über plauderten wir mit den Gästen im Haus und fragten uns, was die Männer wohl tun würden. Um 16:30 Uhr ging ich mit Marj in den Funkraum und war gespannt darauf, zu hören, was diesen Nachmittag geschehen war. Sie schaltete das Gerät ein und nahm das Mikrofon, wie immer, und lauschte.

Das Funkgerät blieb seltsam still.

Zwei oder drei lange Minuten verstrichen. Marj schaute überrascht und prüfte noch einmal ihre Uhr und sagte: »Nate ist sonst immer pünktlich.«

Als ich dort bei ihr stand, machte ich mir nicht sofort Sorgen. Ich versuchte, mir die Begeisterung der Männer vorzustellen, wie sie dort mit allen Indianern zusammen waren. »Marj, ich wette, dass die Indianer gekommen sind und die Kerle bei aller Aufregung vergessen haben, zu funken, oder sie sind tatsächlich mit in das Dorf gegangen.«

»Nein, Nate würde das nie tun«, antwortete Marj mit Nachdruck. »Er hält immer Funkkontakt zu mir. Es ist wie ein Gesetz. Das vergisst man nicht.«

Nach ein paar Minuten kam ein Funkspruch von Marilou aus Arajuno. Sie fragte, ob wir schon etwas gehört hätten.

Als Marj immer und immer wieder sagte: »Hier Shell Mera – Palm Beach, bitte kommen.« sank mir langsam das Herz. Wir beteten darum, Nates Stimme über den Lautsprecher zu hören.

Stille.

»Vielleicht stimmt mit dem Funkgerät irgendetwas nicht«, sagte ich und griff nach jedem Strohhalm.

»Nein«, sagte Marj wieder. Es lag etwas Schweres in ihrer Stimme. »Sie haben zwei Funkgeräte auf dem Strand, so dass eines funktionieren würde, selbst wenn das andere kaputt wäre.«

»Dann schaute sie mich an und sagte: »Olive, dort ist etwas passiert. Nate würde dort nie das Flugzeug über Nacht lassen. Es ist jetzt schon fast zu spät für ihn, um vor der Dunkelheit nach Arajuno zu fliegen, und er hat immer noch nicht gefunkt.« Ihr ängstlicher Gesichtsausdruck und ernsthafter Tonfall erschreckten mich; ich hatte sie noch nie so gesehen. Die Wirkung ihrer Worte betäubte mich.

Als es dunkel wurde, schaltete sie das Funkgerät ab.

»Olive, ich denke, wir sollten das heute Abend noch für uns behalten«, sagte sie. »Es hat keinen Sinn, die Gäste zu erschrecken, wenn wir selbst noch nicht wissen, was vorgefallen ist.« Leichter gesagt als getan. Art Johnston, der Missionsarzt von HCJB, der mich bei meiner zweiten Fehlgeburt behandelt hatte, arbeitete gerade in der Gegend und kam vorbei, um nach mir zu sehen. Sobald er uns sah, merkte er, dass etwas nicht stimmt. Wir konnten die Wahrheit nicht vor ihm verbergen. Er hörte sorgfältig zu, dann wandte er sich zu mir und sagte: »Kein Wunder, dass Sie sich krank fühlen.«

Wir versuchten uns an diesem Abend abzulenken und unsere aufgewühlten Gefühle so gut es ging zu verheimlichen. Ich half Marj dabei, einer der Frauen unter unseren Gästen das Haar zu frisieren.

Was mag wohl dort geschehen sein?, fragte ich mich am Abend im Bett. Ich hoffte auf ein wenig Trost aus der Bibel und schlug deshalb den Abschnitt auf, den Pete und ich an diesem Tag in unserer gemeinsamen Andacht zusammen gelesen hätten. Ein Vers aus 2. Korinther erregte meine Aufmerksamkeit: »Der uns aber hierzu bereitet hat, ist Gott« (5,5). Wenn ich an die turbulenten Jahre dachte, die ich mit Pete erlebt hatte, fragte ich mich, ob Gott mich durch diese harte Zeit auf das hier vorbereitet hatte – was immer es auch war. Ich musste immer wieder an das schreckliche Bild aus meinem Traum denken. Was wäre, wenn ich morgen wirklich dem ins Angesicht sehen müsste, was ich in diesem Traum sah? Wäre ich darauf vorbereitet?

19.
VERWITWET

Am nächsten Morgen flog Johnny Keenan über den Curaray River, um nach den Männern zu sehen. Er fand Nates Flugzeug auf Palm Beach, aber es war völlig zerstört. Er sah keinerlei Lebenszeichen. Marj bekam seinen Bericht über Funk um 9:30 Uhr. In den nächsten paar Stunden wurde an den Luftrettungsdienst der Vereinigten Staaten im Funkbereich ein Bericht über die fünf vermissten Missionare zugestellt. Radio HCJB in Quito sendete die Nachricht um die ganze Welt. Eine kleine Gruppe von Quichuaindianern fuhr heimlich mit dem Kanu aus Arajuno, um auf dem Curaray River nach den Männern zu suchen.

Wenn ich nicht in dieser Woche einige meiner Gedanken niedergeschrieben hätte, hätten die verworrenen Ereignisse und die Betäubung durch den Kummer alle Erinnerungen ausgelöscht. Der Vers aus dem zweiten Korintherbrief, den ich Sonntagabend gelesen hatte, tröstete mich ein wenig – auch wenn er aus dem Zusammenhang gerissen war. Während dieser Tage der Ungewissheit schrieb ich viel über Gottes Gnade und Trost. Ich war überzeugt davon, dass der Herr Pete zu dieser Operation Auca geführt hatte. Zur gleichen Zeit schrieb ich von meinen eigenen Unzulänglichkeiten und stellte Pete im Vergleich dazu als vollkommen dar. Ich war mir sicher, dass ich für meinen mangelnden Glauben bestraft wurde. Manchmal war ich völlig hoffnungslos, dann betete ich wieder, dass Gott ihn mir zurückgeben möge.

Als Barbara und Marilou am Montag von Arajuno zu uns geflogen wurden, schaute ich in ihre Gesichter und wusste, sie machten sich nicht klar, wie ernst die Situation wirklich war. Sie hofften immer noch, dass die Männer fliehen konnten. Marilou kehrte tatsächlich schnell nach Arajuno zurück für den Fall, dass die Männer zu Fuß zurückkämen. Zu dieser Zeit beteten viele Menschen für die Rettung der Männer. An diesem Abend bildeten einige unserer

Missionarskollegen einschließlich Dee Short und Dr. Johnston zusammen mit dreizehn freiwilligen ecuadorianischen Soldaten eine Rettungsmannschaft vom Boden aus.

Am Dienstag kam Betty zusammen mit Rachel Saint, Nates Schwester, aus Shandia. Ich sah Rachel zum ersten Mal, und sie tat mir sehr Leid, denn sie hatte bis zum Vortag nichts von der Operation Auca gewusst. (Die Männer hatten niemandem von ihren Plänen erzählt, nicht einmal ihren Verwandten in den Vereinigten Staaten. Sie glaubten, dass Geheimhaltung von äußerster Wichtigkeit war.) In dieser Nacht schöpften wir Hoffnung, als uns jemand berichtete, dass er ein Feuer im Dschungel gesehen habe. Ich betete darum, dass Gott wenigstens einige der Männer überleben lassen würde. Sicherlich würde Gott uns nicht umsonst Hoffnung schöpfen lassen. Mit Sicherheit behielt er alles unter Kontrolle. Aber mein gespenstischer Traum quälte mich auch; mir fiel es schwer, zu glauben, dass die Männer noch am Leben sind. So schwankte ich zwischen Hoffnung und Verzweiflung.

Einmal bat ich Gott, Pete wegen der Arbeit unter den Quichuas zurückzubringen. Als ich mir dann klarmachte, dass ich ihn in Wirklichkeit für mich zurückwollte, fühlte ich mich schuldig, als ob es irgendwie selbstsüchtig wäre, den Ehemann zu vermissen. Meine Gedanken schwankten von einem Extrem ins andere, als ich versuchte, zu verstehen, was dort vorgefallen war. Ich konnte nicht glauben, dass Gott es zulässt, dass fünf Männer wegen nur fünfzig Indianern umkommen.

Die Verzweiflung kam dann am nächsten Tag, als Johnny den ersten Körper mit dem Gesicht nach unten im Curaray treiben sah. Die Khakihosen zeigten, dass es wahrscheinlich nicht Roger war; Barbara sagte, sie wüsste, das Roger Jeans getragen habe. Aber wir hatten keine weiteren Informationen; wir konnten nur warten – voller Angst und mit schwerem Herzen.

Am Donnerstag beteiligte sich das Personal der Luftwaffenrettungsmannschaft, das von Major Nurnberg und dem Marinehauptmann DeWitt geführt wurde, mit einem Hubschrauber an der Suche. Als sie am Nachmittag nach Shell Mera zurückkehrten, sagte jemand, Johnny solle Marilou aus Arajuno holen. Ich werde nie ihr

Gesicht vergessen, als sie die Stufen zum Haus der Saints hinaufkam. Zu dieser Zeit war alle Hoffnung dahin.

»Habt ihr erfahren, dass sie alle umgekommen sind?«, sagte sie unter Tränen.

Wir machten uns auf diese Nachricht gefasst, als Major Nurnberg und Hauptmann DeWitt uns in Marjs Schlafzimmer zusammenriefen. Sie berichteten uns, dass sie aus der Luft vier Körper entdeckt hätten. Unterdessen war die Gruppe von Missionaren am Boden, die am Morgen aufgebrochen waren, auf die Gruppe der Quichuas getroffen, die von Palm Beach zurückkehrten. Die Indianer hatten Eds Leiche am Vortag im seichten Wasser gefunden. Sie hatten seine Uhr zurückgebracht, um ihn zu identifizieren, und Major Nurnberg hatte sie mit dem Helikopter aufgenommen. Heute hatte die Strömung Ed dann weggeschwemmt. Das bedeutete, dass alle fünf Männer tot waren.

»Alle vier Körper lagen im Wasser«, schrieb ich später. »Bei einem ragten nur die Füße aus dem Wasser. Alle trugen T-Shirts, zwei hatten hellbraune Hosen an und einer Jeans. Roger trug Jeans. Einer hatte einen rötlichen Gürtel. Das war ohne Zweifel Pete.« Die endgültige Identifikation kam am Freitag, als der Hubschrauber vom Strand mit den Uhren, Ringen und Notizbüchern der Toten zurückkehrte.

Ich war wie betäubt und hatte doch ein unglaubliches Gefühl der Ruhe. »Allein das Wissen ist schon eine Erleichterung«, schrieb ich. Die Tage waren lang gewesen, das Warten und die Anspannung fast unerträglich. Es war leicht gewesen, sich das Schlimmste vorzustellen. »Es ist ein Trost für mich, zu wissen, dass Pete starb, als er den Willen seines Vaters tat«, schrieb ich weiter. »Er starb genauso, wie er es sich gewünscht hatte.«

In dieser Nacht schrieb ich ein Lied nieder, das Pete gerne gesungen hatte:

> Herr, in der Fülle meiner Kraft,
> möchte ich gerne stark für dich sein;
> Während ich durch diese schöne Welt laufe,
> soll zu dir mein Lied aufsteigen.

Ich möchte nicht der Welt mein Herz schenken,
und dann sagen, dass ich dich liebe;
Ich möchte nicht spüren, wie meine Kraft nachlässt,
um dann deinen Dienst zu verrichten.

Ich möchte nicht mit schnell verfliegendem Eifer
in die Welt als Bote gehen;
und zum himmlischen Hügel mich plagen
mit langsamen und müden Füßen.

Nein, nicht für dich ist mein Wankelmut,
mein ärmlicher, von unten stammender Teil!
Nein, nicht für dich ist mein erlöschendes Feuer,
die Asche meines Herzens.

Erwähle meine goldene Zeit,
hab Teil an meiner schönen Zeit!
Dir gebührt die Blüte meiner Jahre,
die Fülle meines Herzens.

Als die Soldaten und die Bodentruppe mit den Missionaren von Palm Beach zurückkehrten, hörten wir, wie sie das entsetzliche Unwetter beschrieben, das genau zu der Zeit niederging, als sie die Leichen begruben. Der Himmel war so dunkel und der Regen so stark, dass man kaum die Hand vor Augen sah. Die Furcht regierte ihre Gedanken; sie sagten, sie hätten die Gegenwart des Bösen geradezu gespürt. Sie hielten ihre Gewehre die ganze Zeit auf den Dschungel gerichtet.

Die Mannschaft des Rettungsdienstes staunte über die Gelassenheit der fünf Witwen und neun Kinder. Sie hatten fünf hysterische Ehefrauen erwartet – eine gewöhnliche Szene bei ihren vielen Rettungseinsätzen. Aber Gott hielt uns ruhig, zumindest nach außen. Es gab zu viel zu tun: Kinder, um die man sich kümmern musste, Menschen, die essen wollten, Gespräche mit den Suchmannschaften. Und die ganze Zeit über rannte Cornell Capa, der Fotograf des *Life* Magazins, umher und machte hunderte von Fotos, darunter auch das berühmte Foto, wie Dr. Johnston mit uns in der Küche der Saints spricht. (Elisabeth Elliot beschreibt in ihrem Buch *Through Gates of Splendor* die meisten dieser kleinen Einzelheiten.) Bevor die Soldaten uns verließen, flogen sie uns in einem Marineflugzeug über Palm Beach, damit wir das gemeinsame Grab sehen konnten, in dem die Männer hastig begraben worden waren.

In der folgenden Woche hielten ortsansässige Missionare einen einfachen Gedenkgottesdienst in einer kleinen Missionsbibelschule ab. Vertreter aller drei Missionsgesellschaften der fünf Männer – der Gospel Missionary Union, der Missionary Aviation Fellowship und der Christian Missions in Many Lands (der Missionsgesellschaft der Brüder) kamen aus den Vereinigten Staaten. Freunde und Verwandte kamen an und gaben uns den dringend benötigten Trost und halfen uns bei Entscheidungen, die wir nie zuvor hatten treffen müssen. Jeder Besucher in dieser Zeit erfüllte eines unserer besonderen Bedürfnisse. Wir waren uns immer bewusst, dass Menschen für uns beteten, und merkten, dass Gott uns die Kraft und den Frieden schenkte, den wir benötigten. In der Woche davor hatten wir gehofft, dass die Männer lebend gefunden werden würden. Als sich dies zerschlug, gaben wir diese zeitliche Hoffnung auf und trauerten, aber Gott sei Dank haben wir nie unsere ewige Hoffnung auf Christus verloren.

Viele der Einheimischen, die kamen, um uns zu trösten, konnten nur schwer verstehen, warum wir die Leichname nicht aus dem Dschungel herausbringen ließen. Sie machten sich nicht klar, wie schwierig das gewesen wäre. Nur ein winziger Hubschrauber konnte jetzt noch auf diesem Strand landen, was eine Bergung aus der Luft ausschloss. Und vier Leichname mehrere Tage auf dem Fluss und über schlammige Wege zu transportieren war undenkbar. Außerdem verwesten die Körper schon, nachdem sie für fast eine Woche in einem tropischen Fluss gelegen hatten. Wir erklärten den Einheimischen, dass die Körper der Männer uns nicht so viel bedeuteten wie die Zusicherung aus Gottes Wort, dass ihre Seelen jetzt im Himmel sind. Aber manche von ihnen dachten immer noch, dass uns unsere Ehemänner nichts bedeuteten, weil wir ihre Leichname im Dschungel gelassen hatten.

Für einen Christen ist der Tod nicht das Ende. Er ist vielmehr eine Tür, das große Eintrittstor in den Himmel. Und es ist der Himmel, nicht der Tod, auf den wir uns freuen können. Der Himmel wird für uns aber nicht Realität, ehe wir dem Tod begegnen. Mitten in aller Trauer und allen Aktivitäten sprachen wir fünf über den Himmel und fragten uns laut, was die Männer wohl gerade tun würden. Würden sie wissen, was hier auf der Erde geschieht? (Wir wollten gerne, dass sie wissen, dass mit uns alles in Ordnung ist.) Würden sie wissen, dass sie jetzt beim Herrn sind? Würden sie mit ihm reden? Wir fragten alle möglichen Fragen. Wir wissen so wenig über den Himmel, außer den Bildern von den goldenen Straßen und den vielen Wohnungen. Aber wir wussten, dass der Herr da war. »Wäre es nicht wundervoll, wenn Jesus genau jetzt zurückkehren und uns mit sich nehmen würde?«, fragte eine der Frauen.

Leider geschah dies nicht. Das Leben lief weiter und wir mussten es weiterleben. Marilou musste sich umgehend entscheiden, wo sie ihr Baby zur Welt bringen wollte. Sie entschloss sich, in die Staaten zurückzukehren. Wir gingen alle mit ihr nach Arajuno und halfen ihr beim Packen ihrer persönlichen Habseligkeiten. Das meiste der Ausrüstung verschenkte sie an Missionare, die im Dschungel arbeiteten. Sehr schnell stand das Haus, das Ed selbst gebaut hatte, völlig leer und enthielt nur noch die Erinnerungen an das vergangene Jahr. Sie erinnerte sich ohne Zweifel an die herumstehenden Indianer, die alles beobachteten; Steve, der auf seinem Dreirad von Zimmer zu Zimmer fuhr; Eds Begeisterung, wenn er von seinen Flügen mit dem Herablassen von Geschenken mit Nate zurückkam; das letzte Gespräch, als wir alle über die Operation Auca sprachen; und das Weihnachtsfest kaum drei Wochen vorher mit den Flemings, den Elliots und dem kleinen Weihnachtsbaum, den sie aufgestellt hatte. Aber das war nun vorüber und konnte nie wiederholt werden. Marilou war die erste von uns Witwen, die wegzog. Als sie und die Kinder nach einem tränenreichen Abschied in das Flugzeug stiegen, wusste sie nicht, ob sie jemals hierher zurückkehren würde.

Obwohl ich Gottes Gegenwart und Trost den größten Teil der Zeit spürte, hatte ich auch mit dunklen Gefühlen zu kämpfen. Ich konnte einfach nicht verstehen, warum Pete und ich durch eine schwierige Zeit der Trennung, eine lange Zeit der Unsicherheit, und zwei Fehlgeburten, als wir schließlich zusammen waren, hatten gehen müssen – und jetzt war er umgekommen. Manchmal wurde ich von einem Gefühl der Einsamkeit überwältigt. Mir wurde klar, wie abhängig ich von ihm gewesen war, und je länger ich ohne ihn war, desto unzulänglicher kam ich mir vor.

Ich versuchte, »stark« zu sein, weil es irgendwie von mir erwartet wurde; das Zeigen von Gefühlen schwächte offenbar das Zeugnis als Christ vor anderen. Aber manchmal kam der Schmerz wie eine Welle über mich und ich konnte die Tränen nicht zurückhalten. Bei einer solchen Gelegenheit schalt mich Betty, die während der ganzen Tortur stoisch ruhig geblieben war. »Du hast nur Mitleid mir dir selber«, sagte sie. »Du weinst nicht aus Liebe zu Pete.« Ich konnte nur an Jesus denken, der am Grab seines Freundes Lazarus geweint hatte. Ich musste einfach weinen; die Tränen waren für mich eine nötige emotionale Erleichterung. Doch sogar in diesen dunklen Momenten tröstete Gott mich, wenn ich die Schrift las.

Zu unserer Überraschung hörten wir davon, dass Zeitungen aus den ganzen Vereinigten Staaten die Nachricht vom Tod der fünf Missionare verbreitet hatten. »Wie wenig war uns klar«, schrieb ich in mein Tagebuch, »dass solch eine kleine Operation von fünf Männern in einem kleinen Flugzeug, die eine kleine Gruppe von Indianern erreichen wollten, von so vielen Menschen gehört werden könnte.« Als ich daran dachte, dass die Welt über die Aucas hinaus erreicht wurde, fiel es mir etwas leichter, zu glauben, dass Gott irgendwie hier in das Ganze miteinbezogen war. Ich betete, dass jeder, der diese Geschichte hört, von ihr berührt wird.

Was die Aucas selbst anbelangte, so waren sie, nachdem sie die Männer getötet hatten, wieder im Dschungel verschwunden. Es schien völlig hoffnungslos, sie jemals zu erreichen. Wir fragten uns, ob sie den Hubschrauber und das riesige Navy-Flugzeug gesehen hatten, und wenn ja, was sie gedacht haben. Haben sie die Rettungstrupps und, aus verborgenen Posten im Dschungel, die Soldaten und ihre Gewehre gesehen? Wir fragten uns auch, ob die ganze Arbeit der Männer dadurch wieder zunichte gemacht worden war.

Ein paar Wochen später zeigte Rachel Saint, die mit Dayuma, dem Aucamädchen aus Ila, gearbeitet hatte, Dayuma die Bilder, die die Männer auf dem Strand gemacht hatten. Erstaunlicherweise erkannte Dayuma in der älteren Aucafrau die Schwester ihrer Mutter und war glücklich darüber, dass zumindest einer ihrer Verwandten noch am Leben war. Das gab ihr die Hoffnung, dass vielleicht auch ihre Mutter noch lebte. Ich fragte mich, ob Dayuma (die noch keine Christin war) vielleicht eines Tages ein Bindeglied werden könnte, um die Aucas mit dem Evangelium zu erreichen.

Überall, wohin ich kam, spürte ich noch einmal die Qual, dass Pete verstorben war. Als ich mit Betty zurück nach Shandia ging, drückten die Indianer, die uns nicht gesehen hatten, seit die Männer getötet worden waren, ihren Kummer auf die einzige Art aus, die sie kannten – durch Klagen. Ich erinnerte mich an Petes Tagebucheintrag über die Hoffnungslosigkeit und Schaurigkeit ihrer Klage. Eine der älteren Indianerfrauen setzte sich neben mich und sagte: »Arme Senora, dein Pedro ist tot und Du hast noch nicht einmal ein Kind.«

Witwenschaft ist wahrscheinlich das Letzte, worüber eine junge Frau sprechen möchte – es sei denn, sie ist selbst eine Witwe. An einem Tag in Shandia sprachen Betty und ich darüber, wie sehr wir unsere Ehepartner vermissten und über unseren neuen Status.

»Es fällt mir so schwer, zu glauben, dass wir jetzt keine Ehefrauen mehr, sondern Witwen sind«, sagte ich. »Die Witwen, die ich kenne, sind alle alt.«

»Meinst du, du wirst wieder heiraten?«, fragte Betty. »Ich denke, du wirst, wie auch einige der anderen.«

»Ich kann es mir überhaupt nicht vorstellen, wieder zu heiraten«, sagte ich. »Kannst du es?« Ich kannte bereits ihre Antwort.

»Nein, Jim war der einzige Mann für mich. Hast du gelesen, was Paulus in 1. Korinther 7 über die Ledigen und Witwen schreibt? ›Es ist gut für sie, wenn sie bleiben wie ich. Wenn sie sich aber nicht enthalten können, so sollen sie heiraten; denn heiraten ist besser als in Glut geraten.‹ Was meinst du, was das heißt?«

»Ich habe nie sehr darüber nachgedacht«, antwortete ich. »Ich denke, das tut man nicht, ehe es einen selbst betrifft.«

Wir führten dann eine kurze theologische Diskussion, ob junge Witwen wieder heiraten sollten. Wir haben diese Frage nie geklärt.

Während ich dort mit Betty in Shandia war, bemerkte ich einen allmählichen Wechsel in meiner Einstellung. Als ich mehrere Abschnitte von Amy Carmichaels Buch *His Thoughts Said ... His Father Said* las, kam ich zu einem Kapitel mit dem Titel: »In der Annahme liegt Frieden.« Ich wusste lange, bevor ich nach Ecuador ging, dass Pete, wenn die Aucas gefunden werden würden, versuchen würde, sie zu erreichen. Er hatte sich selbst diesem Ende geweiht, worin, wie er glaubte, Gehorsam gegenüber Gottes Ruf an ihn lag. Es fiel mir ein, dass Gott irgendwie jeden der Männer für diese Mission vorbereitet hatte. Als ich an der Kante des Klippe stand und in den Napo River schaute, dachte ich an das Hochwasser, das praktisch alle Arbeit, die Jim und Pete in Shandia gesteckt hatten, wieder zerstörte. Doch bei all ihren Erlebnissen haben sie Gott vertraut. Nun fragte ich mich, warum Gott mich aus der Arbeit riss, für die er mich vorbereitet hatte. War es nun Zeit für mich, auch Gott zu vertrauen – so, wie Pete und Jim es getan hatten? Obwohl ich noch nicht entschieden hatte, was ich mit meinem Leben nun anfangen wollte, überantwortete ich an diesem Tag noch einmal Gott meine unsichere Zukunft.

Im letzten Dezember, als die Planungen für die Operation Auca langsam Gestalt annahmen, hatte ich Betty gesagt, dass ich wahrscheinlich nach Hause fahren würde, wenn Pete getötet wird. Nun stand ich tatsächlich vor dieser Entscheidung. Ich wusste, dass es mir sehr schwer fallen würde, die Quichuasprache zu lernen, die immer noch nicht vollständig niedergeschrieben war. Und nach all den Krankheiten, die ich dort gehabt hatte, war ich mir nicht sicher, ob ich in der Höhenluft von Quito leben kann. Ich wusste einfach nicht, ob es für mich eine Zukunft in Ecuador gab. Ich entschied mich, die Frage offen zu lassen und für eine Weile in die Staaten zurückzukehren – insbesondere, weil man mir für diesen Zweck auch Geld zugeschickt hatte.

Zuerst musste ich die Station Puyupungu schließen und meine Habseligkeiten packen. Betty kam mit, um zu helfen und den Indianern zu erzählen, was passiert war. Wieder mussten wir die quälenden Gefühle durchleben. Wir konnten ihnen nicht entkommen oder sie vergessen, selbst, wenn wir es gewollt hätten. Aber mir kamen Schriftverse in den Sinn, die mir Gottes Gegenwart zusicherten. Mit der Hilfe eines neuen Flugzeugs von Wyclif und dem Piloten Larry Montgomery flogen wir meine wenigen Habseligkeiten von Puyupungu nach Shell Mera. Von dort aus flog ich nach Quito.

Am 16. Februar würdigte der Präsident von Ecuador in Quito das Opfer, das die fünf Missionare gebracht hatten, in einer besonderen Zeremonie. Marj Saint, Barbara Youderian und ich, zusammen mit den Direktoren von mehreren Missionsgesellschaften nahmen an einem offiziellen Empfang im Präsidentenpalast teil. Er lobte die Anstrengungen der fünf Männer und enthüllte eine Gedenktafel, um alle evangelischen Missionen in Ecuador zu ehren. Die Tür für die Mission in diesem kleinen Land hatte sich noch weiter geöffnet.

Das Thema der Witwenschaft kam wieder hoch, kurz bevor ich Quito in Richtung der Staaten verließ. Als ich die Besitzerin des Apartments besuchte, in dem Pete und ich gewohnt hatten, kurz bevor wir in den Dschungel gegangen waren, sagten sie und ihre Mutter (die selber Witwe war): »Sie sind zu jung, um eine Witwe zu sein. Bleiben Sie nicht hier. Es ist hier sehr hart und traurig, eine Witwe zu sein. Einmal eine Witwe, immer eine Witwe. Gehen Sie zurück in die Vereinigten Staaten und heiraten Sie wieder.« Anscheinend dachten die Menschen, dass sie mich trösten würden, wenn sie mir sagen, dass ich noch jung bin und wieder heiraten würde. Aber in dieser Zeit konnte ich schwer mit diesem »Trost« umgehen.

Im Flugzeug nach Hause machte ich meine ersten Erfahrungen mit den negativen Auswirkungen der Bekanntheit. Der Flugbegleiter, der an meinem Ring sah, dass ich verheiratet war, aber dass mein Mann nicht mit mir reiste, machte abfällige Bemerkungen darüber, dass ich alleine reiste. Als ich ihm erzählte, was passiert war, sagte er mir frei heraus, die Männer hätten es verdient, getötet zu werden. Er fand Missionare grundsätzlich unnütz. Dann erfuhr er von einem anderen Passagier, dass die Geschichte in *Life* gestanden hatte. »Das ist alles bloß ein Trick, damit sie Geld für ihre Mission bekommen!«, murrte er. Für den Rest des Fluges musste ich seine ganzen Klagen über Religion, Kirche und Mission ertragen. Egal, was ich auch sagte, er kam immer zu dem Schluss, dass alles darauf hinauslief, dass wir Geld wollten. Als wir landeten, hatte ich ihn wenigstens überzeugt, dass die Männer ehrlich gewesen waren, aber ich begann mich zu fragen, ob Gott die Geschichte der Männer im Leben von anderen Menschen benutzen konnte. Die Skepsis des Flugbegleiters bereitete mich auf andere Skeptiker vor, die mir in den kommenden Jahren begegneten.

In Seattle überfluteten meine Eltern mich mit Liebe und Trost und schlugen vor, dass ich für die nächste Zeit bei ihnen wohnen sollte. Sie erzählten mir, sie hätten bereits verrückte Anrufe von Betrügern bekommen, die versuchen, trauernde Menschen auszunutzen.

Ich besuchte auch sofort Petes Verwandte, weil ich von der schlimmen Art gehört hatte, wie sie von seinem Tod erfahren haben. Sie hatten noch nicht einmal gewusst, dass die Aucas entdeckt worden waren. Zwei Tage nach dem Verschwinden der Männer kam ein Telegramm bei ihnen an, in dem stand, dass die Männer vermisst würden. Aber irrtümlicherweise war es an die Elliots adressiert, was die Flemings noch mehr verwirrte. Dann, sie hatten kaum das Telegramm fertig gelesen, erschienen Reporter bei ihnen an der Haustür. Als ich schließlich bei ihnen ankam und sie sah, waren sie in tiefer Trauer. Ich erklärte ihnen, dass Pete ihnen nichts über diese Aktion hatte schreiben können, weil sie sich um die Geheimhaltung sorgten. Ich sagte ihnen auch, dass Pete sich alleine entschlossen hatte, mitzugehen, und dass Jim versucht hatte, ihn davon abzubringen. Indem ich ihnen die ganze Geschichte erzählte, brachte ich ihnen ein wenig Trost.

In den nächsten neun Monaten war mein Kalender gefüllt mit Gesprächsterminen, meistens vor christlichen Frauengruppen, Jugendgruppen und auf Konferenzen. Mir begegneten verschiedene Arten von Menschen – manche, die – wie der Flugbegleiter – die Arbeit der fünf Männer skeptisch beurteilten, und anderen, die in ihrem Tod einen großen Triumph für die Sache Christi sahen. Ich bekam ermutigende Briefe von Menschen aus der ganzen Welt, die tief bewegt über den Bericht von den fünf Männern waren. Ich entdeckte, dass Zeitungen und Magazine überall auf der Welt diese Geschichte gebracht hatten.

Fast ein Jahr war vergangen, seit Pete und die anderen Männer getötet worden waren. Aber ich hatte immer noch nicht entschieden, was ich nun mit meinem Leben anfangen wollte. Im Dezember 1956 kehrte ich mit Marilou McCully nach Ecuador zurück, die sich entschlossen hatte, in Quito ein Heim für Missionarskinder, die in Quito die Schule besuchten, aufzubauen. Ich flog mit, um ihr auf dem langen Flug nach Ecuador mit ihren zwei kleinen Jungen und dem Baby und dann auch beim Aufbau des Heims zu helfen. Aber ich brauchte auch Zeit, um meine eigene Zukunft als Missionarin dort zu überdenken. Nach viel Gebet und vielen Ratschlägen entschloss ich mich, in die Staaten zurückzukehren. Unter großen Schwierigkeiten schaffte ich es, unsere Hochzeitsgeschenke durchzugehen (sie waren in Shell Mera gelagert) und sie an befreundete Missionare zu verschenken. Ich verbrachte dieses Weihnachtsfest mit Marilou, Marj und Barbara in Quito. Betty war in die Staaten gefahren, um sich mit dem Verleger ihres in Kürze erscheinenden Buches Through Gates of Splendor zu treffen, aber sie kehrte nach Weihnachten nach Ecuador zurück und wir trafen uns alle. (Seitdem haben sich nie mehr alle fünf Witwen getroffen.)

Kurz bevor ich wegging, flog mich ein MAF-Pilot ein letztes Mal über das Territorium der Aucas. Als ich auf die gewaltige Fläche des grünen Dschungels schaute, fragte ich mich, ob diese Indianer wohl jemals wieder gefunden werden würden. Waren alle Anstrengungen unserer Männer vergeblich gewesen? Wir wollten gerade umkehren, als wir, genau vor uns, eine kleine Lichtung direkt an einem Fluss entdeckten. Wir drehten eine Runde, um genauer hinzusehen. Es war ein Aucahaus.

20.
DIE RÜCKKEHR

In den Monaten und Jahren nach Petes Tod hatten mich viele Fragen beschäftigt: Warum musste es zu dieser Tragödie kommen? War Gott hierfür verantwortlich, oder hatten die Männer einen verhängnisvollen Fehler gemacht? Hätten sie auf einen besseren Zeitpunkt warten sollen? Was geschah genau, als die Männer die Aucas trafen? Hätte vielleicht doch zuerst eine Frau zu ihnen gehen sollen? Warum hatte Gott uns so lange voneinander getrennt und Pete dann kurz nach unserer Hochzeit sterben lassen? Hätte Pete überhaupt nach Ecuador gehen sollen, wenn doch seine Gesundheit und seine Gaben einen anderen Dienst als geeigneter für ihn erscheinen ließen? War der Tod der fünf Männer wirklich nötig, um den Stamm zu erreichen? Einige meiner Fragen wurden beantwortet, als neue Informationen ans Licht kamen. Andere hörte ich auf zu fragen, weil sie nie beantwortet werden könnten. Aber viele Fragen blieben. Und um die Antworten zu finden – oder wenigstens Frieden über diese Fragen zu bekommen – wusste ich, dass ich eines Tages nach Ecuador zurückkehren würde.

Am 8. Januar 1989, dreiunddreißig Jahre nach dem Tag, an dem die Männer getötet worden waren, wurde mein Traum wahr.

In der Zwischenzeit hatte sich mein Leben in eine andere Richtung bewegt. Ich war die Frau von Dr. Walter Liefeld geworden, einem Professor für Neues Testament an der Trinity Evangelical Divinitiy School, und lebte in Deerfield, einem schönen Vorort von Chicago. Walt und ich hatten in unserer dreißigjährigen Ehe 3 Kinder großgezogen. Unser ältester, David, ein Ingenieur, beabsichtigte, Robin Lettman zu heiraten. Unsere Tochter Beverly, eine Krankenschwester, war seit zwei Jahren mit Jonathan Hancock, dem Pastor der LaSalle Street Church in Chicago, verheiratet. Unsere Jüngste, die zwanzigjährige Holly, studierte im zweiten Jahr an der Staatsuniversität von Illinois. Ich hatte ein reiches und erfülltes Leben mit meiner Familie gehabt und hatte auch weiterhin zu Studenten und Gemeindegruppen gesprochen.

Das Leben der Aucas hatte sich auch geändert. Das Aucahaus, das ich auf meinem letzten Flug Anfang 1957 gesehen hatte, markierte den Beginn eines neuen Versuches, den Stamm zu erreichen. Der MAF-Pilot Johnny Keenan fing dort an, wo Nate Saint aufgehört hatte, und machte weiter Geschenke aus der Luft mit dem Korb. Eines Tages kamen zwei Aucafrauen in ein Quichuadorf in der Nähe von Arajuno. Als Betty, die gerade »zufällig« Arajuno besuchte, von dieser Entwicklung erfuhr, ging sie sofort in dieses Dorf. Zu ihrer Verblüffung war eine der Frauen Dayumas Tante – die ältere Frau, welche die fünf Männer auf dem Strand getroffen hatte. Diese beiden Frauen dienten Betty als eine Art Brücke – und später Dayuma und Rachel – um Kontakt mit den Aucas aufzunehmen. Schließlich waren viele der zerstreut lebenden Aucagruppen Christen geworden, einschließlich aller fünf Männer, welche die Missionare getötet hatten. Drei von ihnen sind jetzt sogar Pastoren in ihrem Stamm. Die alten Gesetze des Terrors und Mordens sind durchbrochen. Die Aucas werden jetzt mit ihrem richtigen Namen, Huaorani (wa-oh-RAH-nee) bezeichnet, und nicht mehr mit dem Quichuawort Auca, was einfach »Wilde« bedeutet.

Auf dem Flug nach Ecuador dachte ich über all diese Veränderungen nach. Nun kehrte ich endlich zurück und besuchte die Menschen aus meiner Vergangenheit. Wie würde ich mich gegenüber ihnen verhalten? Würde alles nur alte Wunden aufreißen?

Walt, Holly und ich kamen am Sonntag in Quito an – nicht nur am gleichen Datum, sondern sogar am gleichen Wochentag, an dem Pete getötet worden war. Einer der ersten, die uns begrüßte, war Rachel Saint, die seit mehr als dreißig Jahren mit den Huaoraniindianern lebte. Sie wollte uns in den Dschungel begleiten, um die Huaoranis zu besuchen. Als wir durch Quito fuhren, staunte ich darüber, wie sehr es sich zu einer modernen, geschäftigen Stadt gewandelt hatte. An diesem Abend sprachen Walt und ich in der English Fellowship Church. Ich beschrieb meine dunklen Gedanken an genau diesem Abend, als Pete vermisst wurde, und erzählte ihnen, dass Gott die dreiunddreißig Jahre hindurch treu geblieben ist. Als ich über die versammelten Menschen blickte, erinnerten mich mehrere von früher bekannte Gesichter an alle, die uns während dieser schwierigen Tage des Wartens beigestanden hatten.

So sehr sich Quito zum Besseren gewandelt hatte, so sehr merkte ich, dass außerhalb der Stadt die Zeit praktisch stehen geblieben war. Große Strecken der schmalen Bergstraße nach Shell Mera, wo die Berge der Anden auf den Dschungel treffen, war immer noch nicht gepflastert und nur breit genug für einen Lastwagen. Über Unebenheiten und andere Hindernisse fuhr unser Transporter durch kleine Bäche, die über die Straße flossen, und unter einem lieblichen Wasserfall hindurch, der ohne Frage bei einem sintflutartigen Platzregen gewaltig anschwellen würde. Der erfahrene Missionar fuhr mühelos auf diesem schlammigen, die Knochen durchschüttelnden Weg, aber Reisende, die zum ersten Mal mitfahren, mögen wohl denken, dass eine Fahrt wahrhaftig genügt. Bei all dem Regen und all der Erosion konnte ich gar nicht glauben, dass es die Straße immer noch gab. (Wir erfuhren später, dass der jährliche Niederschlag in Shell Mera fast sechseinhalb Meter beträgt, eine Tatsache, die ich vor Jahren nicht wusste.)

Diese tückische Straße endet nicht länger in Shell Mera, sondern geht jetzt bis zu manchen Städten und Stationen im Dschungel, die vor Jahren nur mit dem Flugzeug erreicht werden konnten. Aber man musste immer noch fliegen oder viele Tage lang über Wege durch den Dschungel gehen, um zu den Huaoranis zu kommen. Weil ich wusste, dass bald die Regenzeit beginnen würde, fürchtete ich, die äußeren Bedingungen würden uns davon abhalten, in den Dschungel zu fliegen. In Shell Mera stiegen wir mit Rachel und dem Piloten in ein großes, schnittiges MAF-Flugzeug (viel schöner als die winzige Piper Cub, die Nate geflogen hatte), und starteten. Unser Ziel war das Huaoranidorf ToZampare, wo Rachel lebte und arbeitete.

Wegen unseres straffen Zeitplans und einem sich nähernden Unwetter mussten wir uns mit einem Blick aus der Vogelperspektive auf Puyupungu und Arajuno begnügen. Aus der Luft sahen sie noch genauso aus, wie zu der Zeit, als ich sie verließ. Dann schwenkten wir in Richtung des Huaoraniterritoriums, auf einem

Kurs, der dem ähnelte, den Nate Saint genommen hatte. Auf meinem letzten Flug über diesen verbotenen Bereich fühlte ich mich überwältigt von Kummer und dem Gefühl des Versagens. Nun, als ich auf den üppigen, undurchdringlichen Regenwald unter mir schaute, war ich voller Erwartung. Bald würde ich mit eigenen Augen sehen, wie sich das Leben dieser früher schwer bestimmbaren und gefährlichen Menschen geändert hatte.

Bei einer Runde über den Curaray River schauten wir flüchtig auf Palm Beach, bevor wir in ToZampare landeten. Sofort erinnerte ich mich an den Flug mit dem Navy-Flugzeug, als ich diesen Strand das erste Mal sah. Mit nur einem Ring, einer Uhr und einem Gürtel zur Identifikation war es für mich schwer fassbar, dass Pete wirklich tot war. Aber als ich tatsächlich den Strand mit dem zerstörten Flugzeug und dem gemeinsamen Grab sah, wurde mir diese Realität bewusst. Damals war Palm Beach ein Ort des Todes gewesen. Nun gab es keinerlei Anzeichen dafür, dass überhaupt jemals jemand darauf gelaufen war. Alle Sandbänke sahen gleich aus.

Als wir in dem Dorf ToZampare landeten, versammelten sich die Indianer um die Landebahn und die Kinder kamen zu dem Flugzeug gelaufen. Wie typisch! Die Ankunft eines MAF-Flugzeugs war in den Dschungelstationen immer ein großes Ereignis. Mein Herz raste, als ich die Menge absuchte und mich fragte, ob ich wohl Dayuma oder Kimo erkennen würde.

»Es ist fast wie im *National Geographic*«, sagte Holly, und unterbrach damit mein Grübeln. Ich war so tief in meinen Erinnerungen versunken, dass mir gar nicht in den Sinn kam, was meine Familie denken könnte.

Als wir herzlich willkommen geheißen wurden, wusste ich, dass Rachel sie auf unser Kommen vorbereitet hatte. Ich musste mich selbst daran erinnern, dass diese Menschen einmal die gefürchteten Aucas gewesen waren. Wie mir gesagt wurde, lebten nun auch ein paar Quichuaindianer hier, aber sie konnten nicht mehr von den jüngeren Huaoranis unterschieden werden, denn das frühere Kennzeichen der Huaorani, ein großes Loch in jedem Ohrläppchen, in dem ein Stock aus Balsaholz steckte, war nicht mehr in Mode. Die älteren Huaorani konnten diese großen Löcher nicht verbergen, die nun leer und schlaff hinunterhingen. Im Gegensatz zu dreißig Jahren vorher trugen die Menschen nun einfache Kleidung im Western-Stil – die Männer Hosen und T-Shirts oder Sporthemden und die Frauen weite Kleider. Schon die Quichuas und die Huaoranis – die früher Todfeinde waren – jetzt friedlich zusammenleben zu sehen, war ein Wunder an sich.

Wie ich über die Indianer an der Landebahn blickte, entdeckte ich Dayuma – nun in den Fünfzigern – zusammen mit ihrem erwachsenen Sohn, Sam. Mit uns beiden war so viel geschehen, seit ich sie das letzte Mal gesehen hatte. Ich erinnerte mich daran, wie Rachel ihr die Bilder gezeigt hatte, welche die fünf Männer von den friedlichen Aucas am Strand gemacht hatten, und an Dayumas Begeisterung, als sie in der älteren Frau ihre Tante erkannte. Seit dieser Zeit hat sie eine Schlüsselrolle dabei gespielt, ihr Volk mit dem Evangelium zu erreichen (siehe *The Dayuma Story*, von Ethel Emily Wallis). Auch heute noch ist Dayuma eine Führungspersönlichkeit unter den Huaoranis.

Als Nächstes wurden wir von Kimo begrüßt, einem der Angreifer von 1956. Rachel hatte es aufmerksam arrangiert, dass er und seine Frau Dawa aus ihrem entfernten Dorf eingeflogen wurden. Sie hatten versprochen, mit uns nach Palm Beach zu gehen. Walt und ich erinnerten uns an das erste Mal, als wir Kimo im Jahr 1967 trafen. Rachel hatte Kimo und Dayumas Mann Komi auf die Konferenz für Weltevangelisation nach Berlin mitgenommen. Danach waren sie noch in die Vereinigten Staaten gereist und wir haben sie in Chicago getroffen. (Komi ist, wenn er auch nicht einer der Angreifer war, der Sohn von Gikita, dem ältesten Mann des Stammes und Anführer der Gruppe, die nicht nur die fünf Missionare, sondern auch andere Aucas ermordet hat.)

In den nächsten Tagen wurde die veränderte Geschichte der Huaoranis, über die ich vorher nur gelesen hatte, greifbar. Wir sahen mehrere Indianer, die bei der Polioepidemie 1969 krank gewesen waren. Zu der Zeit waren viele gestorben und andere waren seitdem gelähmt. Wir hatten damals für das Überleben des Stammes gebetet, und dass Rachel vor der Seuche des weißen Mannes bewahrt werden würde. Als uns nun ein Indianer in einem Rollstuhl begegnete (ein sonderbarer Anblick im Dschungel, muss ich sagen) wurde uns klar, dass genau dieser Anblick die Veränderung zeigte, die Gott diesem Stamm geschenkt hatte. Warum? Früher wäre ein Mann, der nicht über die schlammigen Dschungelpfade gehen konnte, um zu arbeiten oder zu jagen, wahrscheinlich als eine Last getötet worden. Aber das war nicht länger so.

Viele der Indianer versammelten sich bei Rachels Haus, um ihre fremden Besucher zu sehen. Rachel hatte ihnen erklärt, wer ich war, und hatte auch »Dr. Walter« als meinen »neuen« Mann (nach einunddreißig Ehejahren!) und als Bibellehrer vorgestellt. Die Indianer beobachteten Holly, wie sie mit einigen Schwierigkeiten versuchte, im Indianerstil in einer Hängematte zu liegen. Als sie sich hineingelegt hatte, sagte Kimo: »Sie hat es geschafft. Sie liegt in der Hängematte und schaukelt glücklich.« Die Babys und die kleinen Kinder waren durch unser Erscheinen – und besonders durch Hollys lange blonde Haare – verschreckt und hängten sich weinend an ihre Mütter. Da die Indianer ziemlich klein sind, hat sie wahrscheinlich auch unsere Größe erschreckt. Aber in kurzer Zeit hatten sich die Kinder daran gewöhnt und lernten Hollys Namen. Als es dunkel war, kamen sie an die Tür und riefen ihren Namen und rannten dann überglücklich davon, wenn sie antwortete.

Manchmal saßen wir alle drei bei den Indianern und versuchten, uns zu unterhalten. Nachdem Holly beobachtet hatte, wie eine Frau einen Korb flocht, versuchte sie es selbst.

»Das ist *schwer*«, sagte sie. »Wie schaffen sie das bloß?« Die Indianer mussten lachen, als sie das mitansahen. Sie konnten nicht verstehen, wie wir Weiße so ungeschickt sein konnten. Das Flechten von Körben war für sie so einfach.

»Ich habe in diesen drei Tagen mehr gelernt, als in einem ganzen Semester in dem Kurs für interkulturelle Kommunikation an der Universität«, sagte Holly.

Ein Höhepunkt unseres Besuches in ToZampare war, einen Gottesdienst mit den Huaoranis zusammen zu feiern. Sie baten Walt und mich, zu der Gruppe zu sprechen.

Rachel stellte wieder »Dr. Walter«, den Bibellehrer, vor. Walt erzählte den Indianern zwei Geschichten aus der Bibel, jede über einen Sohn, der starb. Aus dem Alten Testament erzählte er von Elisa und dem Sohn der reichen Sunamitin. Gott hatte einer Frau, die freundlich zu Elisa war, ein Kind geschenkt. Als nun aber dieses Kind starb, holte Elisa es durch Gottes Macht wieder ins Leben zurück. Aus dem Neuen Testament erzählte Walt die Geschichte der Witwe aus Nain und ihres Sohnes: »Mehrere hundert Jahre später bauten die Juden eine andere Stadt auf einem anderen Teil eben dieses Berges. Eines Tages kam Jesus in diese Stadt und sah eine Frau, die eine Witwe war. Sie kam aus der Stadt, um ihren Sohn zu begraben, der gestorben war. Jesus weckte diesen Jungen wieder zum Leben auf.«

Die versammelten Huaoranis hörten aufmerksam zu. Walt sprach weiter über die Macht von Jesus, dem Sohn Gottes. Er erzählte, wie Jesus, der selbst vollkommen gut war, »sich von seinen Feinden gefangen nehmen ließ und sich von ihnen am Kreuz töten ließ« um unserer Sünden willen. »Und wenn wir Gott um Vergebung für unsere Sünden bitten und Jesus dafür danken, dass er für unsere Sünden starb, wird Gott uns vergeben.« Indem er vorsichtig auf Petes Tod hinwies, sagte er, dass wir alle eines Tages sterben werden; aber durch Christus können wir für alle Ewigkeit in Gottes wunderbarem Himmel leben. Als er Johannes 3,16 erwähnte, zitierte die ganze Gruppe von Huaoranis den Vers sofort laut.

Als Walt fertig war, betete Kimo ein langes Gebet. Die einzigen Worte, die wir verstanden, waren »Huaorani« und »Amen«. In all seinen Jahren des Lehrens und Predigens hatte Walt noch nie vor so einer unzivilisierten Gruppe gesprochen. Rachel sagte uns hinterher, dass seine Worte nun unlöschbar in ihren Köpfen seien und auf diese Weise zu anderen Gruppen von Huaoranis gebracht werden würden.

Als Rachel dies sagte, wurde ich plötzlich von meinen Gefühlen überwältigt. Ich wurde von dem Glück dieses Momentes ergriffen, der so im Gegensatz zu dem Schmerz und der Enttäuschung der Vergangenheit stand. Pete hatte so lange für das Vorrecht gebetet, diese Menschen zu lehren, hatte dazu aber nie Gelegenheit gehabt. Nun hatte Walt dieses Vorrecht. Würde ich Gottes Wege jemals verstehen?

Unterdessen gab es außerhalb der Kirche eine große Aufregung. Eine andere Gruppe war gerade zu Fuß angekommen: Ein indianischer Mann, mehrere indianische Frauen und eine ältere Frau. Sie lebten einen Zweitagemarsch entfernt, aber weil sie am Abend losgelaufen waren, hatten sie es in anderthalb Tagen geschafft – das war ein sehr großes Unternehmen, da eine Frau noch ein Baby trug. (Rachel hatte ihnen über Funk von unserem Besuch berichtet, aber sie hatten nicht gewusst, ob sie wirklich kommen könnten.) Nachdem wir eine lebhafte Unterhaltung zwischen den Besuchern und unseren Gastgebern beobachtet hatten, wurde uns klar, wie bedeutend diese Menschen in der fortschreitenden Geschichte sind, die mit den fünf ermordeten Missionaren begann. Die Frauen kamen aus einer anderen Gruppe von christlichen Huaoranis und der Mann, Tamanta, war ihr Pastor. Zu unserer freudigen Überraschung erfuhren wir, dass Tamanta der Sohn von »George« von Palm Beach war. Die ältere Frau, Oncaye, gehörte ursprünglich zu einer Gruppe von Aucas flussabwärts – einer Gruppe, die so wild war, dass sogar andere Aucas Angst vor ihr hatten. Diese gläubigen Christen zu sehen war mehr, als wir uns erhofft hatten.

Sie waren gekommen, um uns zu sehen, und das ehrte uns. Mit Rachels Hilfe begrüßte ich sie, wie ich es auch bei den anderen in der Kirche getan hatte. Ich wiederholte, dass wir nun nicht länger Angst voreinander hätten, sondern in Gottes Familie Brüder und Schwestern im Herrn seien.

Dann sprach Tamanta. Nachdem er aus der Huaoranibibel Markus 6,30 gelesen hatte – über die Menschenmassen, die sich um Jesus herum versammelten – sagte er: »Als ihr aus der Kirche kamt und wir gerade hier ankamen, habt ihr alle gleichzeitig gesprochen. Es war fast so, als ob Jesus diese ganzen Menschen hier sah. Sie kamen und gingen, deshalb nahm er seine Jünger beiseite, wo sie sich niedersetzen und zuhören und ein wenig ausruhen konnten.« Seine Worte erschienen sehr passend, nachdem wir von ihrem langen, mühsamen Fußweg erfahren hatten. (»Wir liefen schnell und diese ganze Masse bedrängte uns«, erläuterte er.) Wie ich Tamanta zuhörte, musste ich an seinen Vater denken, den ersten Aucamann, der die fünf Missionare getroffen hatte, und der Einzige, der ihnen ohne einen Speer entgegengetreten ist. »George« starb, bevor er wusste, warum sie gekommen waren.

Tamanta hat Catherine Peeke von Wyclif enorm dabei geholfen, die Bibel in Huaorani zu übersetzen. Catherine, die zusammen mit Rachel eine der ersten Wycliffübersetzerinnen in Ecuador war, lebte seit den frühen fünfziger Jahren im Dschungel. Als Betty die Arbeit in Ecuador verließ, arbeitete Catherine zusammen mit Rachel daran, die Sprache in einer Schrift niederzuschreiben und die Bibel zu übersetzen – ein langer und arbeitsintensiver Prozess, der noch heute fortdauert. »Bald werden wir alle Bücher des Neuen Testamentes in Huaorani haben«, verkündete Tamanta glücklich.

An diesem Abend saß eine Gruppe von uns in Rachels Haus beisammen, manche um den Tisch, andere auf den Hängematten oder auf Stühlen, und lauschten Oncayes und Dawas lebhaftem Bericht über das Leben in einem wilden Aucastamm. Obwohl Walt und ich kein Wort verstanden, waren wir gefesselt durch ihre Ausdrucksweise, ihr Lachen, ihre Imitationen – brechende Zweige, Tierlaute und fallender Regen – und ihr ständiges Gestikulieren, das Schatten in dem von Kerzen beleuchteten Raum warf. Mitten in all den Lauten und Bewegungen versuchte Rachel, uns bei dem Erzählten auf dem Laufenden zu halten.

Ich war erstaunt über die Anzahl der Morde unter den Familien und Gruppen der Huaorani selber. Oncaye sagte, sie hatte mehr Angst vor ihrer eigenen Familie als vor Kannibalen von außen. Nachdem sie beobachten musste, wie ihr eigener Bruder ihre Großmutter mit einem Speer ermordete, war sie so traurig und voller Furcht, dass sie sich nach einem besseren Leben umsah. Bei einem Wechsel des Standortes entschloss sie sich, zu fliehen, aber sie wurde angeschossen und einfach liegengelassen und damit dem Tod geweiht. »Fremde« fanden sie jedoch und pflegten sie wieder gesund. Schließlich lebte sie mit Rachel und wurde Christin. Als sie sprach, wurde mir plötzlich klar, dass sie das junge Aucamädchen gewesen war, das verwundet am Fluss Napo gefunden wurde und für das ich vor vielen Jahren gebetet hatte.

Als Oncaye Christus gefunden hatte, machte sie sich auf, um den Rest ihrer Familie zu finden, die immer noch als Wilde lebten, damit sie mit ihnen das Evangelium des Friedens teilen konnte. Dawa, eine Verwandte von Oncaye, begleitete sie bei vielen gewagten Versuchen, ihr Volk zu finden. (Bevor eben die Gruppe der Aucas, welche die fünf Missionare getötet hatte, mit dem Evangelium erreicht worden war, ermordeten sie Dawas Eltern und zwangen sie, in ihr Dorf mitzukommen, wo sie später Kimo heiratete. Dawa war die erste Auca, die Christus annahm. Ihr folgten dann Kimo und die anderen, als Dayuma ihn zuerst unter den Aucas verkündete.)

Gemeinsam erzählten sie Geschichte um Geschichte und sprachen oft gleichzeitig, was es für Rachel schwierig machte, mit ihrer Übersetzung Schritt zu halten. Viele der Berichte kamen mir bekannt vor. Ich erinnerte mich, sie in dem Buch *Aucas Downriver* von Ethel Emily Wallis gelesen zu haben. Bei einem ihrer Märsche durch unbekanntes Gebiet – alleine und unbewaffnet – entdeckten sie, dass ihnen ein Jaguar folgte. Und wie sie sich klar machten, dass sie ihn vielleicht abwehren mussten, tröstete sie die Geschichte aus der Bibel, in der Gott David half, einen Löwen zu töten. Ich schauderte bei dieser praktischen Anwendung der Schrift.

Und genau dann, als Oncaye schließlich (zusammen mit Dawa, Kimo und Dyuwi, einem anderen der Mörder, der sich zu Christus bekehrt hatte) ihre Familie fand, lag die Frau ihres Bruders wegen einem Schlangenbiss im Sterben. Aber glücklicherweise hatten sie – auf Rachels Veranlassung – Schlangenserum dabei. Ohne dieses Serum wäre Oncayes Schwägerin gestorben. Noch bemerkenswerter ist, dass die erschrockenen Indianer Dawa erlaubten, das Serum zu injizieren, von dem sie nie vorher gehört hatten, und dann Kimo – ihrem Erzfeind – gestatteten, sie achtzig Kilometer weit zu Rachel zu tragen, einer der »Fremden«, die sie am meisten von allen fürchteten.

Was veranlasste diese Indianer, wieder und wieder ihr Leben zu riskieren, um ihr Volk flussabwärts zu erreichen?, fragte ich mich. Familie? Sicher, Oncaye wollte ihre Mutter wiedersehen, aber sie hatte ihre pausenlosen Anstrengungen sogar dann fortgesetzt, als sie glaubte, ihre Mutter wäre getötet worden. Weiterhin musste es etwas anderes als Familienbande sein, die Dawa, Kimo und Dyuwi dazu gebracht haben, auch ihr Leben zu riskieren. Die Motivation musste von innen heraus kommen: eine von Gott geschenkte Liebe und das tiefe Verlangen, mit ihren wilden Verwandten das neue Leben zu teilen, das sie durch Jesus bekommen hatten.

Der starke Glaube und die hervorstechende Rolle dieser zwei Frauen erstaunte mich. Sie waren weit mehr als Geschichtenerzähler: Sie waren wirklich die Schlüsselfiguren, um verschiedene Gruppen zu erreichen. Fast jeder erfolgreiche Eintritt in eine neue Gruppe von Huaoranis geschah durch eine dieser beiden Frauen. Sie mussten die ersten Kontakte knüpfen, um sie zu überzeugen, dass sie in friedlicher Absicht kommen. Erst wenn das erreicht war, konnten die Männer, die mitkamen, sich aber dann in der Nähe verbargen, erscheinen.

(Erst als ich nach Hause zurückkehrte und das Buch *Aucas Downriver* noch einmal las, wurde mir bewusst, wie genau Oncaye die Geschichte nach so vielen Jahren erzählt hatte. Sie hätte sie leicht ausschmücken können; stattdessen gab sie uns praktisch den gleichen Bericht wie Ethel Wallis für ihr Buch. Wie bei vielen primitiven Kulturen haben die Huaorani ihre Geschichte und ihr Wissen stets mündlich weitergegeben – im Gegensatz zu fortgeschritteneren Kulturen, die vom geschriebenen Wort abhängig sind. Die Huaorani haben keine Geschichtsbücher – ihre ganze Geschichte ist in ihren Köpfen. Deshalb können sie Ereignisse bis in kleine Einzelheiten wieder erzählen – nicht nur mit den richtigen Namen und Orten, sondern auch mit dem, was sie dabei gesehen und gehört haben. Der Grund, warum ich diesen Punkt so sehr betone, wird im nächsten Kapitel klar.)

In den Jahren seit diesen ersten evangelistischen Bemühungen von Oncaye, Dawa, Kimo und Dyuwi wurden viele Gruppen der Huaorani Christen. Aber es gab auch viel Entmutigung, Furcht und sogar Versagen. Es brauchte Monate oder manchmal Jahre, bis das Licht einen Verstand, der vom Dunkel und vom Bösen gebunden war, durchdrang. Wenn eine Hürde genommen war, traten neue auf, wenn die indianischen Evangelisten versuchten, eine neue Gruppe von Huaorani zu erreichen. Die alten Muster von Hass und Rache hielten manche Gruppe so fest im Griff, dass es für manche leicht war, wieder in altes Denken zurückzufallen. Zum Beispiel begruben viele Gruppen so selbstverständlich ein Kind lebend mit einem gestorbenen Elternteil, dass sogar erklärte Christen zögerten, diese Praxis aufzugeben. Manche der Indianer gaben ihren alten Lebensstil nie auf und verwarfen das Evangelium völlig.

Sogar heute bleiben manche Huaorani unerreicht und sehr gefährlich. Eine besonders barbarische Gruppe von etwa zweihundert, die weiter entfernt im Osten Ecuadors in einer Gegend lebt, die als der »Grat« bekannt ist, sind eine beständige Bedrohung für sowohl die friedlichen Huaorani als auch das Personal der Ölgesellschaft, die den Dschungel um ihr Land herum besetzen. Erst 1987 ermordete diese Gruppe brutal einen wohlmeinenden Bischof und eine Nonne und verstümmelten ihre Körper, als sie trotz Rachels strikter Warnung dieses Dorf besucht hatten.

Die Indianer, die gewalttätig bleiben, wurden noch gewalttätiger, als Leute von außen das Land besetzten, in dem sie einst frei umherzogen. Wie bei den Aucas vor dreißig Jahren rührt ihre Gefährlichkeit von ihrer Furcht her: Sie halten Außenstehende wie das Personal der Ölgesellschaft und weiße Siedler für eine Bedrohung für ihr Überleben. Ironischerweise stellt die Art und Weise, wie sie sich innerhalb ihrer eigenen Gruppe gegenseitig umbringen, eine weitaus größere Bedrohung für ihre Existenz dar, als irgendeine Gruppe von außen. Und so warten Oncaye, Dyuwi, Dawa, Kimo und die anderen christlichen Huaorani weiterhin und beten für einen Durchbruch in diesem Teil ihres Stammes.

Außer dass sie über ihre vielen evangelistischen Unternehmungen berichtete, sprach Oncaye auch über ihren Glauben, und zwar einfach und solide. Ich war sehr berührt, als sie ihre Gefühle während einem schweren Erdbeben beschrieb, das den Dschungel ein paar Jahre zuvor erschütterte. Ihr Dorf war verschont worden, aber alles, was sie während des Bebens denken konnte, war, dass Jesus nun kommt, um sie alle mit in den Himmel zu nehmen, damit sie dort mit ihm leben. Als der Boden aufhörte zu schwanken und Jesus nicht wiedergekommen war, war sie enttäuscht. Ihre Sichtweise beeindruckte mich: Eine Naturkatastrophe, die vorher nichts als Schrecken hervorgerufen hätte, erfüllte sie jetzt stattdessen mit Hoffnung.

Als Holly, Walt und ich schließlich ins Bett gingen, betete ich, dass morgen der Tag sein würde, auf den ich all diese Jahre gehofft hatte – der Tag, an dem ich zum ersten Mal auf Palm Beach stehen würde. Weil die Indianer eine lockere Haltung gegenüber Zeitplänen haben, wusste ich nicht sicher, wann genau wir diesen Ausflug machen würden. Aber ich zählte auf den morgigen Tag. Erschöpft von all dem, was wir am Abend unternommen hatten, kroch ich unter das Moskitonetz und schlief schnell ein.

21.
PALM BEACH

Um 4:30 Uhr am Morgen des 12. Januar 1989 wachten wir durch den Lärm von Tieren auf, die auf unserem Dach umherliefen. Statt die fremden, aber erwarteten Laute des Dschungels zu hören, hörten wir Hähne krähen und Truthähne schnattern. (Weil der Dschungel nicht mehr alle Leute im Dorf ernähren kann, haben die Huaorani jetzt einen kompletten Bauernhof mit Enten, Hühnern und Großvieh.) Ich war so aufgeregt, dass ich nicht weiterschlafen konnte. Würde heute der Tag sein?

Am frühen Nachmittag erfuhr ich, dass er es war. Geführt von Kimo und Dawa gingen wir durch Wälder von Bananenbäumen und Yucca, die von den Indianern angepflanzt wurden, den Weg hinunter zum Curaray River. Am Wasser holte Kimo seinen kleinen Einbaum und wir stiegen alle ein: Rachel, unsere Führerin, vorne; wir drei Liefelds in der Mitte; und Kimo und Dawa, die ihr kleines Mädchen dabei hatten, hinten. Kimo manövrierte das Boot geschickt in der Strömung. Vor uns sahen wir drohende Wolken am Himmel.

Glücklicherweise ließ sich diese Fahrt nicht mit meiner ersten aufregenden Kanufahrt nach Puyupungu vor so langer Zeit vergleichen. Der schlammige Curaray floss langsamer als andere Flüsse, die ich im Dschungel kennen gelernt habe, auch wenn die Strömung in den Flussbiegungen ein wenig zunahm. Plötzlich kam mir ein unangenehmer Gedanke: Die Leichen der fünf Männer waren in diesem Fluss treibend gefunden worden, genau an diesem Tag vor dreiunddreißig Jahren. Ich erschauerte, erinnerte mich dann aber daran, dass wir flussaufwärts vom Strand waren, und dass die Leichname flussabwärts getragen wurden. Keine der Leichen war in diesem Teil des Flusses gewesen. Mir wurde auch klar, dass, als ich zuletzt hier gelebt hatte, genau diese Fahrt mit dem Kanu sehr gefährlich und mit Angst verbunden gewesen wäre, weil man jederzeit in einen Hinterhalt der Aucas hätte geraten können.

Der friedliche zwanzigminütige Ausflug gab mir die Gelegenheit, über das nachzudenken, was dreiunddreißig Jahre zuvor auf Palm Beach geschehen war. Warum war es mir so wichtig, den Strand zu sehen? Nicht, weil ich das gemeinsame Grab besuchen wollte, auch die Überreste des Baumhauses wollte ich nicht sehen, sie waren schon lange vorher fortgespült worden. Aus der Luft hatte diese Sandbank nicht anders ausgesehen als irgendeine andere entlang des Curaray. Aber für mich symbolisierte Palm Beach die Ereignisse, die so plötzlich den ersten Teil meines Lebens beendet hatten. Er stand für den Tod, für Kummer und Verlust.

Ich fragte mich, was Kimo wohl dachte, als er uns an den Ort brachte, wo er die Missionare getötet hatte. Fiel ihm das schwer? Fühlte er sich immer noch schuldig für das, was er getan hatte? Verstand er ganz und gar Gottes Vergebung? War dieser Mord einfach so wie alle anderen gewesen, oder hatte es doch einen Unterschied gegeben? Wie wir so stumm über den Fluss glitten, gingen mir Bilder von jenem verhängnisvollen Tag im Jahr 1956 durch den Kopf.

Rachels Stimme unterbrach meine Gedanken. »Palm Beach kommt direkt hinter dieser Biegung«, sagte sie, »aber der Regen kann jetzt jede Minute kommen.« Wir konnten ihn sogar schon auf den Fluss und den Wald vor uns trommeln hören. Sie holte schnell die Schirme und Regenponchos heraus und sagte: »Zieht dies an – schnell.« Ich schaute hoch und sah das graue Tuch des Regens sich auf uns zu bewegen. Walt und ich machten uns mehr um unsere Kamera als um uns selbst Sorgen.

Es gibt keine Möglichkeit, einem tropischen Platzregen zu entkommen. Sekunden später trommelte der Regen auf uns. Egal, wie dicht wir uns unter dem Schirm zusammendrängten oder wie eng wir die Ponchos um uns zogen, wir wurden trotzdem durchnässt. Es beeindruckte mich, dass die Rettungsmannschaft plötzlich in genau so ein Unwetter geriet, während sie versuchten, die Körper zu begraben. Die Stärke des Unwetters und die Dunkelheit warfen einen übernatürlichen Schatten, eine Gegenwart des Bösen, über den Strand. Die grimmige Realität des Todes und die Gefahr eines Angriffes verstärkten nur noch diese Gefühle.

Aber nicht an diesem Tag. Zehn Minuten später, als wir bei Palm Beach ankamen, war das Unwetter fast vorbei. Alles erschien sehr normal und wir hatten keinerlei Furcht vor einem Angriff. Mein erster Eindruck war: »Was für ein dreckiger Ort!« Übersät mit Steinen und Schutt sah die Sandbank ganz anders aus, als auf den alten Bildern, die ich hatte, mit wunderschönem Sand, klarem Wasser und hohen Bäumen. Über die Jahre hatten Hochwasser den Lauf des Flusses verändert und viel von Palm Beach weggeschwemmt. Niemand war hier seit 1956 mit einem Flugzeug gelandet. Hohe Wasserstände hatten die Bäume herausgerissen, die vorher den Strand säumten – auch den Baum, in dem einst das Baumhaus stand. Kimo konnte nur dorthin zeigen, wo es gestanden hatte. Er zeigte uns, wo die Männer ihr Lagerfeuer gemacht und einen kleinen Unterstand als Schutz vor der Sonne gebaut hatten.

Kimo zeigte auch auf den Weg, den die Indianer nahmen, wenn sie aus dem Wald kamen und bemerkte gegenüber Rachel, dass, wenn die Männer nur achthundert Meter flussauf- oder -abwärts ihr Lager aufgeschlagen hätten, die Aucas sie wohl nie entdeckt hätten, weil sie normalerweise immer den gleichen Weg gingen.

So, jetzt habe ich es also gesehen, dachte ich. Ich fühlte mich genauso wie vorher. Hatte ich mehr erwartet – die Entdeckung eines verräterischen Gegenstandes, tiefgründige neue Erkenntnisse, vorher unbekannte Informationen? Ich fragte mich, ob es schicklich war, sie zu dem Moment der Tötung zu fragen.

Dawa muss meine Gedanken gelesen haben. Ohne ein Wort unsererseits begann sie die Ereignisse zu schildern, die zu den Morden geführt haben. Sie sprach ernst und lange mit Rachel und hielt nur ab und zu inne. Ich wollte sie unterbrechen, damit Rachel übersetzen kann, aber Dawas intensives Reden veranlasste mich, zu warten.

Schließlich drehte Rachel sich zu uns um und sagte: »Sie spricht darüber, wie die Indianer vom Strand zurückkehrten, nachdem sie sich mit den Fremden getroffen hatten. Dawa sagte ihren Leuten immer wieder, dass die Fremden Freunde sein wollten, aber niemand hörte ihr zu. Sie wollte nicht noch mehr Morde.«

Nach einem weiteren langen Austausch sagte Rachel: »Als sie sah, wie die Indianer die fünf Fremden auf dem Strand töteten, wusste sie ganz sicher, dass sie Freunde der Huaoranis hatten sein wollen.«

»Hat sie tatsächlich beobachtet, wie sie getötet wurden?«

»Ja, ich wusste auch nicht, dass sie am Strand gewesen ist. Als Gikita, der am meisten Erfahrung mit dem Töten hatte, und die vier jüngeren Huaoranis für den Angriff auf den Strand liefen, sind ihnen Dawa und andere Indianer gefolgt und hatten von der höher gelegenen Uferböschung aus zugesehen. Der Wald verbarg sie, so wussten die Fremden nicht, dass sie dort waren. Als sie sah, dass die Huaoranis die Fremden mit Lanzen angriffen, bemerkte sie, dass die Missionare Pistolen hatten. [Die Huaoranis wussten, was Pistolen sind, weil sie vorher gesehen hatten, wie sie von Weißen benutzt werden.] Aber sie versuchten nicht, sich zu verteidigen; sie feuerten nur über die Köpfe der Indianer, um sie zu erschrecken. Aber die Huaoranis kamen trotzdem. Statt auf die Angreifer zu schießen, ließen sich die Fremden bewusst von den Huaoranis töten. Dawa sagt, dass sie wusste, dass diese Männer die Huaoranis hätten mit ihren Pistolen erschießen können, aber sie haben es nicht getan.«

Dawa fuhr mit ihrer Erzählung fort. An einer Stelle schlug sie sich an das Knie und lachte, dann strich sie sich mit der Hand an der Stirn vorbei. Wir warteten ungeduldig darauf, was diese Bewegungen meinten. Rachel erläuterte: »Dawa sagte, dass die Kugeln, die über die Köpfe der Indianer am Strand strichen, in den Wald flogen, wo sie sich mit den anderen Huaoranis versteckt hatte. Einen der Männer dort streifte eine Kugel an der Stirn, und Dawa selbst wurde am Knie getroffen. Ich habe das nie vorher von Dawa gehört.«

Ihr Bericht löste mehrere ungeklärte Fragen. Kurz nachdem Betty und Rachel begonnen hatten, bei diesem Stamm zu leben, hatten sie von einem Indianer gehört, der von einer Kugel an der Stirn getroffen worden war. Aber sie wussten auch, dass die Männer gelobt hatten, ihre Pistolen nicht gegen die Indianer einzusetzen. Wir verstanden nun, dass der Mann zufällig getroffen worden war. Der Bericht bot auch eine gute Lösung für die Frage, warum das

Rettungsteam in einem der Fenster des Flugzeuges ein Loch von einer Kugel gefunden hatte.

Rachel erzählte uns dann von einem ihrer ersten Gespräche mit Gikita vor dreißig Jahren vor seiner Bekehrung. Sie hatte ihm erklärt, dass zwei der fünf Missionare früher Soldaten gewesen waren und ihn mit ihren Pistolen leicht hätten töten können, aber sie hatten sich entschlossen, dies nicht zu tun. Das hatte Gikita tief beeindruckt. Rachel spürte, dass der Entschluss der Männer zur Gewaltlosigkeit nicht nur ihre friedlichen Absichten gezeigt, sondern auch den Kreislauf der Rache und Vergeltung durchbrochen hatte. Der geistige Horizont der Indianer zu dieser Zeit warf Licht auf die Entscheidung der Männer, überhaupt Pistolen mitzunehmen. Die Aucas hätten wahrscheinlich keine Notiz davon genommen, wenn sie keine gehabt hätten. Was sie schließlich beeindruckte und zur Bekehrung von Gikita und den anderen Mördern führte, war, dass die Männer Pistolen hatten, es aber ablehnten, sich zu verteidigen.

Nun fuhren sowohl Dawa als auch Kimo mit ihrem Bericht fort und sprachen nach guter Huaoranitradition beide gleichzeitig. Wieder staunten wir über ihre eindringlichen Gesten und Laute. Rachel kämpfte damit, sie in ihrem Dialog lang genug zu unterbrechen, damit sie übersetzen konnte, ohne etwas zu vergessen. Sie machte schließlich eine Pause und sagte zu uns: »Dawa erzählt mir etwas, das ich vorher nie gehört habe. Ich muss ihnen erst genau zuhören.«

Dawa legte ihre Hand auf ihre Hüfte und schob sie mehrmals außen an ihrem Rock nach oben. Dann streckte sie ihre Hand mit der Handfläche nach oben aus. Walt und ich beobachteten Rachels Gesicht und versuchten, Dawas Bewegungen zu verstehen. Was sagte sie da nur?

Rachel hörte für eine Weile zu, dann berichtete sie von einem Vorfall, der zwei Tage bevor die Männer getötet wurden geschehen war: »Dawa sagt, an dem Tag, als die drei Huaorani die fünf Männer besuchten, holte einer der fünf Männer etwas aus seinem Körper heraus. [Die Aucas, die zu dieser Zeit keine Kleider trugen, hatten offenbar keine Ahnung, was Taschen sind; sie glaubten, es käme aus dem Körper heraus.] Er hielt es in der Hand und ließ es die Indianer sehen.« Es war ein Foto von Dayuma. Anscheinend versuchten die Männer zu erklären, dass sie am Leben war, aber das Foto erreichte genau das Gegenteil. Wenn auch die Aucas Dayumas Gesicht erkannten, hatten sie keinerlei Vorstellung von Fotografie. Sie waren überrascht und offenbar auch entsetzt, zu sehen, wie ihr Besucher eine kleine Dayuma »aus seinem Körper heraus« produzierte.

Was die Sache noch schlimmer machte: Die Missionare hatten keine Ahnung, dass die ältere Frau Dayumas Tante war, und die jüngere Frau, »Delila«, Dayumas jüngere Schwester – was ihre Furcht wahrscheinlich noch verstärkte. (Dies war das erste Mal, dass ich von »Delilas« Verwandtschaft zu Dayuma erfuhr.) Die Indianer zogen den einzigen für sie möglichen Schluss: Die Männer hatten Dayuma aufgegessen. Und so gingen die drei Aucas an diesem Abend zurück zu ihrem Stamm und erklärten jedem, die Fremden seien Kannibalen.

Laut Kimo und Dawa war das Foto von Dayuma der Grund, warum die Indianer den Missionaren misstraut und sie schließlich getötet haben. Uns wurde klar, dass die Männer offensichtlich einen verständlichen, aber verhängnisvollen Fehler gemacht hatten. Die Episode mit dem Foto erklärt, warum Nate bei seinem Flug über das Aucadorf am nächsten Tag Anzeichen von Furcht bei den Indianern bemerkt hatte. Als später »George« erschien und die Haltung der Indianer sich zu bessern schien, missachteten die Männer die früheren Anzeichen von Furcht – mit katastrophalen Folgen.

Diese neue Information verlieh unserem Besuch am Strand eine düstere Note. Aber bevor wir Zeit hatten, die volle Bedeutung zu überdenken, fuhren Dawa und Kimo mit ihrem Bericht fort und setzten dort an, wo die Männer gerade getötet worden waren.

»Sie hörten Gesang«, sagte Rachel verdutzt.

Walt und ich schauten uns an. »Wer hat gesungen? Die fünf Männer?«

Rachel stellte ihnen meine Frage. Dawas Antwort lautete: »Nein, ihre toten Körper lagen am Strand.«

»Wer hat dann gesungen?« Aber Rachel war zu konzentriert, als dass sie antworten konnte. Wir konnten nur dem aufgeregten

Geplapper von Kimo und Dawa zuhören und auf eine Pause zum Übersetzen warten. Der Dialog ging hin und her, denn Rachel stellte Fragen und die Indianer fuhren mit ihrer lebhaften Beschreibung fort.

Zu dem Zeitpunkt kam Holly, die auf einem Baumstamm weiter unten am Strand gesessen hatte und nun hörte, dass die Stimmen der Indianer lauter wurden, zu uns und wartete auf das Ende der Geschichte. Dem Gesichtsausdruck und den Gesten von Kimo und Dawa nach zu urteilen, wussten wir alle, dass sie etwas sehr Wichtiges sagten.

Dawa zeigte hinter uns und wies dann mit ihrem Arm über die Bäume, als sie sprach. Irgendetwas war über dem Dschungel geschehen. Es war ein zu kritischer Zeitpunkt, als dass wir hätten Fragen stellen können. Schließlich machten sie eine Pause. Rachel, selbst verwirrt, erzählte uns dann eine Geschichte, die wir nur schwer begreifen, geschweige denn glauben konnten.

»Nachdem die Männer getötet worden waren, hörte Dawa im Wald und Kimo am Strand Gesang«, sagte Rachel. »Als sie zu den Gipfeln der Bäume empor schauten, sahen sie eine große Gruppe von Personen. Sie sangen alle, und es sah so aus, als ob dort hunderte von Blitzlichtern wären.«

Blitzlichter?

Rachel erklärte es: »Das ist das einzige Wort für ›helles Licht‹, das sie kennen. Aber sie sagen, das Licht war hell und strahlend. Dann verschwand es plötzlich.«

Eine Gruppe von singenden Personen? Strahlende Lichter? Was hatten Kimo und Dawa da gesehen? Wie sahen diese Personen aus? Sprachen sie über Engel?

Wir schauten auf Rachel, dass sie uns dies erklärt. Aber diese Geschichte überraschte sie genauso wie uns. Sie hatte das noch nie vorher gehört. Es war so unerwartet, so außerhalb unseres Erfahrungshorizontes.

»Das haben sie sich ausgedacht«, sagte Holly.

»Nein, Holly, sie würden sich so etwas nicht ausdenken«, antwortete Rachel sofort. Sie hatte die Huaoranis über Jahre hinweg Geschichten erzählen gehört und hatte ihre Genauigkeit wieder und wieder geprüft.

Als wir versuchten, das eben Gehörte in uns aufzunehmen, sagte Walt: »Durch Perlentore! Glaubst du, die Indianer durften einen Blick auf diese Pracht werfen?« (Er bezog sich auf den Titel von Elisabeth Elliots erstem Buch, der aus dem Choral: »Wir trauen auf dich« stammte. Die fünf Männer hatten ihn gesungen, bevor sie zu Palm Beach geflogen waren.)

Ich erinnerte mich an einen Vers aus diesem Choral: »Wenn siegreich wir dereinst durch Perlentore einziehen dürfen ...« er beschreibt bildlich, was der Tod für einen Christen ist – seine Grimmigkeit ebnet den Weg zu einer Szene wunderschöner und unbeschreiblicher Herrlichkeit. Auch wenn ich glaubte, dass beim Tod die Seele eines Christen in Gottes Gegenwart gebracht werden würde, erwartete ich nicht, dass Menschen fähig sind, dies vor ihren Augen stattfinden zu sehen. Hatten die Indianer tatsächlich etwas gesehen, dass ich nur durch den Glauben wusste? Wie Holly fiel es mir schwer, nicht skeptisch zu sein.

Walt und ich hatten keine Ahnung, ob Kimo und Dawa wussten, dass wir an ihrer Geschichte zweifelten. Aber Kimo wollte Walt etwas sagen. Da Walt Bibellehrer ist, würde er es verstehen, wenn Kimo versuchte, das, was sie gesehen hatten, auf die Schrift zu beziehen. Rachel übersetzte: »Als die Jünger Jesu in ihrem Boot saßen und Jesus auf dem Wasser wandeln sahen, bekamen sie Angst. Sie glaubten, Jesus sei ein Gespenst. Wir hatten auch Angst, wie die Jünger. Wir wussten nicht, was wir dort gesehen hatten. Als die Jünger erfuhren, dass es Jesus war, hatten sie keine Angst mehr. Später, als wir Gottes Wort hörten, hatten wir auch keine Angst mehr.«

Kimos Erläuterung warf nur noch mehr Fragen auf. Wie wir dort am Strand standen, die Kleider noch vom Regen durchnässt, versuchten wir das Gehörte zu sortieren.

Walt und ich fragten uns, ob sie diese Geschichte erfunden hatten, um unsere Anerkennung zu bekommen. Nein, das war unmöglich. Die beiden hatten sie viel zu spontan erzählt. Es hätte viel zu viel Planung erfordert, die Fakten miteinander abzustimmen. Wir hatten ihre Gesichter und die passenden Gesten gesehen. Es stand außer Zweifel, dass sie etwas gesehen hatten.

»Warum haben sie dir diese Geschichte nicht schon vorher erzählt?« fragte ich.

»Wir haben schon viele Jahre nicht mehr über den Tod der Missionare gesprochen«, sagte Rachel zu uns. »Ich konnte einfach nicht mehr weitere Fragen stellen, wie sie meinen Bruder getötet haben.«

Wir waren überzeugt davon, dass Rachel Recht hatte: Kimo und Dawa hatten sich diese Geschichte nicht ausgedacht. Wir vermuteten, dass sie von dieser Vision sehr geängstigt waren und deshalb nichts darüber sagten, als sie das erste Mal zu den Morden gefragt wurden. Vielleicht verstanden sie erst nach jahrelanger biblischer Unterweisung, was sie da gesehen hatten. Oder vielleicht führte die genauere Kenntnis der Bibel, die sie jetzt hatten, dazu, dass sie ihren Bericht etwas ausschmückten. Aber was immer auch die Erklärung war, wir konnten die Geschichte nicht einfach abtun.

Kurz darauf wurde es für uns Zeit, den Strand zu verlassen. In meinem Kopf schwirrten Bilder und Erinnerungen, als ich sah, wie Dawa ihr kleines Mädchen hielt und Kimo einen neuen Bambusstab für die Fahrt flussaufwärts zurechtschnitt. In gewisser Weise personifizierten sie den flüchtigen Blick auf die Ewigkeit, den ich dreiunddreißig Jahre vorher gesucht hatte. Nach Petes Tod war ich zutiefst niedergedrückt gewesen, weil meine Welt, die ich kannte, zerstört war – Träume hatten sich zerschlagen, Dienste konnten nicht fortgeführt werden, Hoffnungen waren verpufft. Ich erinnere mich, dass ich, als ich verzweifelt nach einer Zusicherung suchte, einen Abschnitt der Heiligen Schrift in mein Tagebuch schrieb: »Darum lassen wir uns nicht entmutigen ... Denn unsere Drangsal, die schnell vorübergehend und leicht ist, verschafft uns eine ewige und über alle Maßen gewichtige Herrlichkeit, da wir nicht auf das Sichtbare sehen, sondern auf das Unsichtbare; denn das Sichtbare ist vergänglich; das Unsichtbare aber ist ewig« (2. Korinther 4,16–18). Die Verse hatten mich etwas getröstet, aber auch frustriert, denn ich wollte, dass Gott mir ein konkretes Zeichen gibt – etwas, das ich sehen konnte – um es mir leichter zu machen, ihm in dieser Tragödie zu vertrauen. Aber er tat es nicht.

Als wir in das Boot stiegen, fragte ich mich, ob es Gott stattdessen gefallen hatte, den wilden und primitiven Aucas das Licht seiner

Herrlichkeit – einen flüchtigen Blick auf das Unsichtbare – zu zeigen, als sie genau auf diesem Strand hier standen. War es möglich, dass er den verhängnisvollen Fehler der Männer als seine Möglichkeit benutzt hat, einen Durchbruch bei diesen Aucas zu schaffen, die in solch unbeschreiblicher Finsternis und Bosheit gefangen waren? Dawa deutete es später so. Sie erzählte Rachel, dass diese Vision sie zum ersten Mal dazu gebracht hat, zu glauben, dass es einen Gott gibt. Und als Betty, Rachel und Dayuma (die inzwischen Christin war) bei ihnen ankamen, wurde Dawa der erste Christ in ihrem Stamm.

Ich warf einen letzten Blick auf Palm Beach, als Kimo das Boot in den Fluss schob. Für mich symbolisierte er nicht länger den Tod, sondern den Beginn eines neuen Lebens für das Volk der Huaorani. In den dazwischenliegenden Jahren hatten die Kräfte der Natur alle Anzeichen des Todes von diesem Strand fortgespült. Es gibt keinen Schrein und kein gekennzeichnetes Grab dort. Die wirkliche und bleibende Erinnerung an diese fünf Männer findet sich im starken Glauben der Führer der Huaorani, von denen viele die tatsächlichen Mörder, ihre Frauen oder ihre Verwandten sind. Obwohl Pete, Jim, Ed, Roger und Nate nie die Möglichkeit hatten, mit den Huaorani über ihren Herrn zu sprechen, so hat ihr Tod – und seine wunderbaren Nachwirkungen – doch irgendwie die ersten Huaoranis darauf vorbereitet, fünf Jahre später das Evangelium anzunehmen.

Aber alles begann an diesem Strand. Und zwei der Menschen in diesem Boot waren tatsächlich dabeigewesen – Kimo, der brutale Mörder – und Dawa, die alles widerwillig beobachtet hat. Von diesem Tag an begann ihr Leben und das Leben hunderter Huaorani einem neuen Kurs zu folgen.

Als Holly, Walt und ich in die zivilisierte Welt der Vereinigten Staaten zurückkehrten, wo wir weniger von Gott für unsere täglichen Bedürfnisse abhängig zu sein scheinen, und wo wir dazu neigen, alles Übernatürliche mit Argwohn zu betrachten, begannen wir wieder, die Vision der Huaoranis in Frage zu stellen. Einige Monate später telefonierten wir mit Rachel. Sie hatte noch einmal mit Dyuwi über das gesprochen, was auf dem Strand geschehen war. (Dyuwi ist immer noch ein treuer Christ und Evangelist unter seinem Volk.) Er beschrieb auch eine Szene mit glänzendem Licht und einer großen Gruppe von Personen, die sangen. Er ging sogar so weit, dass er die verschiedenen Instrumente nachahmte, die er gehört hatte. Wenn er auf dieses Erlebnis zurückblickte, dann folgerte er, dass er Engel gesehen habe. Aber was auch immer (oder wer auch immer) es war, es stand außer Frage, dass er etwas gesehen hatte. Rachel zweifelte seine Worte nicht an.

Wie ich über den Bericht der Indianer nachdachte, kam mir in den Sinn, dass in entwickelten Ländern wie den Vereinigten Staaten der Verstand von vielen anders gebunden ist. Allzu rationalistisches Denken, wissenschaftliche Methoden, die auf greifbare, wiederholbare Ergebnisse abzielen, und eine allgemeine Skepsis gegenüber Übernatürlichem kann uns tatsächlich davon abhalten, an Visionen oder andere wunderbare Taten Gottes zu glauben. Mir wurde klar, dass ich Gott zugestehen musste, sich mir (und den Huaoranis) auf die Art und Weise zu offenbaren, die ihm gefällt – selbst wenn das nicht in meine vorgefassten Vorstellungen passt.

Letztendlich ist es nicht entscheidend, ob die Vision der Indianer echt war oder überprüft werden kann. Was wirklich zählt, ist, dass wir lernen, Gott zu vertrauen, dass er uns in den Entscheidungen und Veränderungen unseres Lebens führt, selbst wenn es kein helles Licht vom Himmel gibt, das uns den Weg zeigt. Wenn ich etwas in meiner kurzen Zeit mit Pete gelernt habe – und in den dreiunddreißig Jahren nach seinem Tod – dann ist es, dass ich nie die Gedanken Gottes verstehen kann. Noch kann ich einfach auf der Grundlage dessen, was ich sehe, seinen ewigen Plan bewerten: den Umständen, Ergebnissen, oder sogar Visionen.

Als Pete mit mir Schluss machte, um ein allein stehender Missionar zu werden, war ich verzweifelt. Als er getötet wurde, zerbrach meine gesamte Welt. In beiden Fällen hatte ich überhaupt keine Ahnung, wie Gottes Wille für mein Leben aussieht. Alle sichtbaren Umstände sahen trübe aus – wie die, welche der Prophet Habakuk beschreibt: »der Feigenbaum wird nicht ausschlagen ... der Weinstock keinen Ertrag abwerfen; die Frucht des Ölbaums wird trügen ... die Äcker ... keine Nahrung liefern; die Schafe ... aus den Hürden verschwinden ... kein Rind mehr in den Ställen sein«

(3,17). Aber inmitten all dieser Trostlosigkeit und ohne irgendwelche Fortschritte zu sehen, sagt Habakuk: »Ich aber will mich im Herrn freuen« (3,18).

Mir fällt es immer noch schwer, diese Worte zu sagen. Oft bin ich verärgert, frustriert, und fühle mich vom Herrn enttäuscht. Ich spüre nicht immer die Freude am Herrn. Aber ich lerne nun vertrauen – nicht bei greifbaren, zeitlichen Dingen, nicht bei dem, was ich glaube, was Gott getan hat oder tun wird, nicht einmal bei Gottes »Willen« für mein Leben. Stattdessen lerne ich, Gott selbst zu vertrauen. Selbst wenn ich das Gesamtbild meines Lebens nicht kenne, er kennt es.

Und was ist mit Pete? Er hatte gebetet, dass der Dschungel Ecuadors ein »Testplatz« wird, wo er »Gott als Antwort ... auf unseren Glauben in sein Wirken handeln« sehen könnte. Er hatte Gott gebeten, zu zeigen, was das Evangelium aus »unmoralischen, verschlagenen und betrügerischen Menschen« machen kann. Er hat die Antwort auf sein Gebet nie gesehen. Aber ich sah sie und mit mir hunderttausende von Menschen auf der ganzen Welt. Gott hat seinen Namen tatsächlich verherrlicht.

In seinen siebenundzwanzig Jahren des Suchens und Antwortens auf Gottes Ruf machte Pete Fleming auf seinem Weg eine Unmenge von Fehlern. (Ich muss schnell hinzufügen, dass auch ich mehr mache, als ich erwarten würde.) Er machte versehentliche Fehler in der Beurteilung und im Zeitplan; er schien manchmal sehr leicht durch Jim Elliots starke Persönlichkeit beeinflusst werden zu können; manchmal kämpfte er auf dem Missionsfeld mit Gefühlen der Niedergeschlagenheit, Nutzlosigkeit und des Versagens. Aber selbst wenn er durch seine Fehler und Kämpfe ins Stocken geriet, glaubte Pete, dass Gott letztendlich seinen ewigen Plan erfüllen wird. Er glaubte an den Gott, der das Gesamtbild sieht.

Als Pete und die anderen Männer an jenem Sonntag im Jahr 1956 starben, glaubte niemand, dass Gott diese blutrünstige Seite ihres Martyriums erwählen würde, um seine Macht – sein »Licht« – den Aucas zu zeigen. Gott arbeitete auf eine Art und Weise, die Pete nie erwartet hatte. Nur er konnte diese Gelegenheit, um seinen Willen an dem Volk der Aucas zu tun, auf eine Art benutzen, die sehr an

Jesaja 9,1 erinnert: »Das Volk, das in der Finsternis wandelt, sieht ein großes Licht, über den Bewohnern des Landes der Todesschatten geht eine Leuchte auf.« Vielleicht ist dies die bedeutendste »Botschaft«, die man aus Petes Leben ziehen kann: Gott wird immer seinen Willen erfüllen – manchmal durch unsere menschlichen Anstrengungen, und manchmal trotz unserer Bemühungen. Wir werden vielleicht mitten im Chaos unseres Lebens seine Absichten nicht verstehen, aber wir können letztendlich darauf vertrauen, dass er – und nur er – alles unter Kontrolle hat.

NACHWORT

Die Geschichte der Huaorani geht noch weiter. Die Bestimmungen der Leute erfüllen sich noch immer. Als Steve Saints Tante Rachel 1994 starb, baten ihn die Huaorani, zu kommen und mit ihnen zu leben. Er dachte an all die Gründe, warum es für ihn und seine Familie nicht möglich wäre, diese Verpflichtung einzugehen. Er versuchte, das den Huaorani zu erklären. Dawa sagte jedoch zu Steve, dass er »nicht zugehört hatte«. Sie erklärte ihm, sie wollten ihn nicht als »Missionar unter ihnen«. Sie wollten, dass er »kommt und mit ihnen lebt, einer von ihnen wird«.[1] Steve begann zuzuhören. Er, seine Frau Ginny und ihre vier Kinder gingen im Glauben hinaus und folgten Gottes Führung durch die Einladung dieser Menschen. Seitdem arbeiten sie mit ihnen.

In dieser Zeit hatte Steve »die Gelegenheit, von der anderen Seite des Zaunes aus einen Blick auf das Thema Mission zu werfen«[2]. Er sah, dass diese Menschen von außerhalb diskriminiert wurden; sogar von den Menschen, die ohne Zweifel versuchten, ihnen zu helfen, aber eben zu ihren und nicht zu den Bedingungen der Huaoranis. Die guten Absichten von Missionaren, die den Huaoranis helfen und sie sogar bewahren wollten, hatten dazu geführt, dass sie von Christen aus dem Ausland abhängig waren. Die Huaorani wandten sich auch an die Ölleute, um Almosen oder Arbeit zu bekommen. Steve suchte »Wege, wie die Huaoranis Geld verdienen konnten, damit sie sich selbst Macheten, Äxte, Salz, Medizin und andere Importgüter leisten können (ohne ihr Zuhause verlassen zu müssen, um für die Ölgesellschaft zu arbeiten – mit zahlreichen negativen Folgen).«[3]

[1] Stephen F. Saint, »Looking at Missions from Their Side, Not Ours«, *Mission Frontiers*, Bd. 20, Nr. 5–6, Mai–Juni 1998, S. 17.

[2] Ebd., S. 16.

[3] Ebd., S. 17.

Steves Beobachtungen über die Kirche der Huaoranis waren noch beunruhigender. »Als ich kam, um mit den Huaoranis zu leben, hatten sie nach fast vierzig Jahren Schulung durch die Missionare noch nicht einmal Gläubige aus dem Stamm als Älteste eingesetzt. Als ich Jugendlicher war, hatten sie mehr Männer, die im Stamm als Älteste anerkannt waren, als wie ich Mitte vierzig war.«[4] Es wurde schnell klar, dass niemand diesem Volk zutraute, dass es in der Lage ist, sowohl sein eigenes Wirtschaftssystem als auch seine eigene Gemeindeleitung aufzubauen. »Das ist ein sehr komplexes Thema«, bemerkte Steve. »Es macht wenig Sinn, darauf hinzuweisen, ohne konkrete Lösungsvorschläge zu haben.«[5] Das Volk erhoffte sich von Steve, dass er ihnen helfen würde, Wege zu finden, wie sie wieder ihr Leben in die eigene Hand nehmen können, und besonders, wie sie ihren Lebensunterhalt verdienen können. Durch Steves von Gott gegebene Gabe, Probleme zu lösen, und durch das Potenzial, das er in dem Volk sah, kamen ihm einige Ideen.

In dem folgenden Schlusswort erzählt Steve seine eigene Geschichte über den Beginn der Unabhängigkeit für dieses Volk. Die von den Huaoranis geführte Tour durch den Dschungel war eine ihrer frühen Anstrengungen, unabhängig zu werden. Eine dieser Touren wurde mit Studenten der Universität von Washington und der Western Washington Universität gemacht. Während dieser Tour erzählte eine der älteren Huaoranifrauen, Dawa, diesen Studenten von ihrem Glauben.

Als ich diesen Bericht las – zuerst in einem Rundbrief, den er mir geschickt hatte und später in Christianity Today – fielen mir zwei Dinge ein. Eines war Dankbarkeit gegenüber Gott für Dawas festen Glauben nach all diesen Jahren. Das andere war, das Steves Bericht den »Rest der Geschichte von Pete Fleming« enthält. Seine Geschichte erfüllt sich noch immer, denn diese Studenten kamen von der Universität, an der er studiert hatte – der Universität von Washington. Dort hatte er gebetet, dass Gott ihn gebrauchen würde, um die Studenten an seiner Universität zu erreichen. Dann

[4] Ebd., S. 19.
[5] Ebd.

hörte er, wenige Wochen, nachdem er seinen Magister an der Universität von Washington bekommen hatte, das erste Mal durch Jim Elliot von den Aucas. Nun benutzte Gott die Frau von einem der Mörder Petes, um diesen Studenten zu sagen, wie Gott Herzen und Leben verändern kann!

SCHLUSSWORT

Stephen F. Saint[1]

Aus verschiedenen Gründen wurde die Geschichte der Huaorani eine berühmte Missionsgeschichte unter den bibeltreuen Christen. Aber an dieser Geschichte ist mehr dran als der Tod von fünf jungen Missionaren und der Evangelisation dieses Stammes durch die Schwester eines der Märtyrer. Weil diese Geschichte sich nicht für das übliche Am-Ende-wird-alles-gut-Schema eignet, das so beliebt ist, sollte sie erzählt werden, denn die nordamerikanischen Christen senden immer noch Missionare in andere Kulturen.

Wenn es das Hauptanliegen missionarischer Bemühungen ist, einheimische christliche Gemeinden zu gründen, dann sollte es unser besonderes Anliegen als Missionare sein, dass diese entstehenden Gemeinden (um die Terminologie der Missiologen zu verwenden) selbst verkündend und wachsend, sich selbst leitend und selbsttragend werden. Ich möchte hier einmal prüfen, in welchem Umfang wir den Huaorani geholfen haben, diese Ziele nach vier Jahrzehnten Missionstätigkeit unter ihnen zu erreichen. Meine Hoffnung ist, dass eine realistische Einschätzung der gegenwärtigen geistlichen und sozialen Lage der Huaoranis als Fallstudie dienen kann, anhand der wir unsere heutigen Missionsstrategien bewerten können.

Lassen Sie mich als Erstes sagen, dass es unmissverständliche Beweise dafür gibt, dass bestimmte Christen aus den Huaoranis heute den starken Wunsch haben, nicht nur Christus nachzufolgen, sondern auch anderen das Evangelium zu verkünden (selbst verkündend). Ich erinnere mich an eine Begegnung zwischen christlichen Huaorani und einer nichtchristlichen nordamerikanischen Touristengruppe, die ich beobachten konnte, als sie ein Lager der Huaorani besuchten.

---

[1] entnommen aus »The Unfinished Mission to the Aucas«, *Christianity Today*, 2. März 1998, S. 42–45. Abdruck mit freundlicher Genehmigung.

In dieser Gruppe waren vierunddreißig Studenten von der Universität von Washington und der Western Washington Universität. Um das Lager der Huaoranis zu erreichen, wurden die Studenten von einem Bus bis an das Ende einer Kiesstraße gebracht, die von einer Ölgesellschaft angelegt wurde. Von dort führten sie drei Huaoranimänner durch die östliche Seite der Anden in Ecuador und hinunter in das unberührte Amazonasbecken. Diese Tour beinhaltete einen 14-stündigen Fußmarsch über einen Dschungelpfad und eine Fahrt flussabwärts in einem großen Einbaum, um dann schließlich den Lagerplatz zu erreichen.

Als die Studenten ihr Gepäck abluden, konnte ich sehen, dass sie echten Respekt vor ihren Huaoraniführern gewonnen hatten und die Tour genossen. Und als wir uns an diesem Abend um ein Lagerfeuer setzten, fragte mich doch einer der Studenten tatsächlich, wo denn die »wilden Huaorani« wären, von denen sie gelesen hatten, als sie sich auf die Reise vorbereiteten. Und wie wir so auf Baumstämmen unter einem sternenbedeckten Himmel saßen mit einem Chor von Dschungelinsekten im Hintergrund, erklärte ich ihnen, dass eben diese Menschen, mit denen sie gereist waren und gegessen, geschlafen und gejagt hatten, tatsächlich diese »Wilden« wären.

Und als ich die ungläubigen Blicke der Studenten sah, schlug ich vor, dass sie einige der Huaorani im mittleren Alter oder älter fragen sollten, wo ihre Väter wären. Ein Student nahm die Herausforderung an und nickte einer Huaoranifrau zu. Ich übersetzte.

»Boto maempo doobae wendapa«, sagte sie – »Er ist bereits eine lange Zeit tot. Sie haben ihn mit einem Speer getötet.« Ihre Stimme vermittelte den Eindruck, als ob alles andere ungewöhnlich wäre.

Vier weitere Huaorani aus dem Kreis gaben ähnliche Antworten, und zeigten noch anschaulich an ihren Körpern, wo jedes der Opfer aufgespießt wurde.

»Frag Ompodae«, drängte eine Studentin eine andere. Mehrere der jungen Frauen hegten große Sympathie für Ompodae, eine ungewöhnlich warmherzige und herzliche Frau, die eine Ehefrau und Mutter von zehn Kindern war.

»Mein Vater auch«, sagte sie, und in ihrem Gesicht zeigte sich der Schmerz der Erinnerung. Dann streckte sie ihren Arm aus und zeigte auf den älteren Dabo, der unserer Unterhaltung ein paar Meter weit entfernt zuhörte. »Er tötete meinen Vater und auch fast den gesamten Rest meiner Familie. Weil sein Lebensstil böse war, spießte er sie alle auf.«

»Mein Gott, und ich habe eben neben ihm gesessen«, schrie einer der jungen Männer aus der Gruppe auf. Ein anderer sagte: »Jetzt aber genug von diesen Morden.«

Aber noch eine Huaoranifrau, Dawa, die normalerweise den anderen die Unterhaltung überließ, ergriff das Wort. Sie zeigte auf ihren älteren und freundlichen Ehemann, Kimo, der neben mir saß, und sagte: »Weil er uns hasste, spießte er meinen Vater auf, meine Brüder und auch meine kleine Schwester, die meine Mutter gerade in ihrer Hängematte stillte. Dann nahm er mich und zwang mich, seine Frau zu werden.«

Unsere Gäste waren vollkommen sprachlos. »Wie kann sie mit dem Mann zusammenleben, der ihre Familie ermordet hat?«, fragte eine der jungen Frauen. Die Studenten begannen leise miteinander zu sprechen, und plötzlich musste ich mir die Szene von ihrem Standpunkt aus vorstellen. Sie hatten sich selbst in eine Situation begeben, in der sie sich nicht ohne einen Führer bewegen konnten. Sie waren für ihr Überleben völlig abhängig von einer Gruppe von primitiven Leuten, die soeben zugegeben hatten, gewohnheitsmäßige Mörder zu sein.

Mir fiel ein, dass sie meine Beziehung zu den Huaoranis noch gar nicht kannten. Dawa hatte gerade fertig erzählt, wie Kimo ihre Familie tötete und sie dann zwang, seine Frau zu werden. Nun legte ich Kimo meinen Arm um die Schultern und sagte zu ihnen: »Und meinen Vater hat er auch umgebracht.«

Absolute Stille! Endlich fand die Frage in allen Köpfen eine Stimme: »Was hat diese Menschen verändert?«

Ich übersetzte die Frage, und Dawa, Kimo und andere Huaoranis begannen ein Leben zu beschreiben, in dem jeder tat, wozu er Lust hatte. Sie erzählten, wie sie Babys einfach wegwarfen, wenn es ihnen gerade nicht passte, sich um sie zu kümmern. Sie berichteten, wie Menschen darum flehten, lebend begraben zu werden, wenn sie wussten, dass sie sterben würden, damit ihre Geister nicht trostlos umherwandern, wenn sie von ihrem verwesenden und unbegrabenen Körper befreit sind.

Eine der Huaoranis, eine liebenswerte und glückliche Frau, erzählte der Gruppe, wie sie ihre Tochter mit eigenen Händen erdrosselte, um der Forderung ihres Mannes nachzukommen, der nach einem Speerstoß im Sterben lag und wollte, dass seine Kinder mit ihm begraben werden, um ihm Gesellschaft zu leisten. Der eine Sohn, bei dem sie sich geweigert hatte, ihn zu töten, war der Führer der Studenten gewesen.

Dann erklärten sie den vierunddreißig hoch ausgebildeten jungen Leuten aus der technisch am meisten fortgeschrittenen Gesellschaft der Geschichte, wie sie von Missionaren erfahren haben, dass der Schöpfer des Menschen seinen Sohn gesandt hat, damit er für Menschen stirbt, die voller Hass, Furcht und Rachsucht sind.

»Böse, böse lebten wir vorher«, sagte Dawa. »Nun, wo wir Gottes Weg folgen, den er uns in diesem Papier (der Bibel) zeigt, leben wir gut. Alle Menschen müssen noch sterben, aber wenn du Gottes Spur in deinem Leben folgst, dann wird der Tod dich in den Himmel bringen. Aber nur eine Spur führt dorthin. Alle anderen Wege führen dorthin, wo Gott nach deinem Tod nie sein wird.«

Dawas Zuhörer lauschten gespannt ihrer klaren Erläuterung. Nun hatte sie eine Frage für sie.

»Habt ihr gut zugehört? Wer von euch möchte Gottes Weg folgen und gut leben?«

Wieder gab es Stille. Dann fiel der Same von Dawas Botschaft in mindestens einem Herzen auf fruchtbaren Boden, als sich eine einsame Hand in den Abendhimmel reckte. Dawa verstand die Geste des amerikanischen Studenten und klatschte begeistert in die Hände. »Nun sehe ich dich gut«, sagte sie. »Wenn wir auseinander gehen, werden wir uns trotzdem eines Tages bei Gott wieder sehen.« Dann schaute sie umher zu den anderen. »Wenn wir alle sterben, werde ich euch nie wieder sehen, wenn ihr nicht Gottes Spur folgt. Denkt gut über das nach, was ich gesagt habe, so dass, wenn wir sterben, wir glücklich zusammen im Himmel leben werden.«

Als ich ein paar Tage später mit dem Leiter der Gruppe aus dem Dschungel flog, fragte ich ihn, was den Studenten am meisten an dieser Reise gefallen habe. »Mit den Huaoranis zu leben und ihnen bei den Aufgaben ihres steinzeitlichen Lebensstils zu helfen«, antwortete er. Dann fügte er hinzu: »Was sie vielleicht am meisten beeindruckt hat, war, denke ich, der Beweis, dass das Christentum die Fähigkeit hat, das Leben von Menschen zu verändern. Ich bin selbst kein Christ, aber ich würde sagen, dass dies den meisten der jungen Leute radikal verdeutlicht wurde. Bis zu dieser Reise sahen sie Christentum nur als ein anderes Wort für gutes Verhalten an.«

Im Rückblick muss ich sagen, dass ich bei einem einzigartigen Ereignis dabeigewesen bin. Ich war Zeuge, wie das zwanzigste Jahrhundert der Steinzeit begegnete – und merkte, dass ihm etwas fehlt. In einem flüchtigen, aber doch einem Moment für die Ewigkeit, habe ich gesehen, wie sich bei Gottes Auftrag der Kreis schloss. Dawas von Gottes Geist geleitetes Zeugnis über das Evangelium war der lebendige Beweis dafür, dass das vergossene Blut meines Vaters und der lebenslange Dienst meiner Tante Rachel nicht vergeblich waren.

Dawas Geschichte erwärmt einem wirklich das Herz. Aber wie viele der Huaoranis heute sind wie Dawa? In welchem Umfang ist die Kirche der Huaoranis selbst verkündend? Sich selbst tragend? Selbst leitend?

1995 kehrte ich auf Wunsch der Huaoranis zurück, um mit diesem Volk aus meiner Jugend zu leben. Das war nach dem Begräbnis der Schwester meines Vaters, Rachel, die seit dem ersten friedlichen Kontakt zu den Huaoranis im Jahr 1958, bis sie 1994 an Krebs starb, mit diesem Volk gelebt hat. Die harte Realität, der ich bei meiner Rückkehr begegnete, war, dass die Kirche der Huaoranis Mitte der neunziger Jahre weniger gut funktionierte, als in den frühen sechziger Jahren, als ich als junger Teenager mit meiner Tante bei diesem Stamm lebte.

Die Wurzel des Problems, das hab ich schließlich erkannt, ist diese heimtückische Krankheit, die so vielen Stämmen von amerikanischen Ureinwohnern die Lebenskraft ausgesogen hat und auch heute noch viele ethnische Gruppen in Nord- und Südamerika verwüstet – Abhängigkeit. Die Huaoranis waren – in Bezug auf Ausbildung, medizinische und zahnmedizinische Versorgung und die Funkverbindungen, um Informationen zwischen ihren vielen Dörfern weiterzuleiten – von Ausländern abhängig geworden.

Einiges von dieser Abhängigkeit kam natürlich durch die Ölgesellschaften, die Regierungsbehörden und andere Gruppen mit besonderen Interessen, die daraus direkt ihren Nutzen zogen – die Huaoranis können nicht sehr gut den Ölgesellschaften sagen, sie sollen aufhören, nach Öl zu suchen, wenn sie sie um Außenbordmotoren und Geld bitten.

Anders als die Ölgesellschaften hat die Kirche aber sehr viel zu verlieren, wenn sie Abhängigkeit erzeugt. Die meisten Missionare werden nicht bewusst Abhängigkeit pflegen, aber ich glaube, der Teufel täuscht uns, indem er uns dazu bringt, in unseren legitimen Wunsch, anderen zu helfen, eine Spur Stolz und kultureller Arroganz zu mischen und so diesen Zustand erzeugt.

Das geschieht fast unmerklich. Diejenigen, die mit den Huaoranis gearbeitet haben, wissen, wie schwer es für hoch entwickelte, technisch versierte Nordamerikaner ist, zu glauben, dass dieses »primitive« Volk dort weitermachen kann beim Bau der Gemeinde, wo wir uns zurückziehen. Nehmen sie zum Beispiel die medizinische Versorgung. Gesundheitsfürsorge ist eines der besten Mittel, um in Gegenden, die an der Grenze zur Zivilisation liegen, Glaubwürdigkeit und Akzeptanz zu gewinnen. Medizinische Arbeit erfordert Kommunikationslinien zwischen Außenposten und der Klinik. In vielen abgelegenen Gegenden müssen die Patienten mit dem Flugzeug zur Klinik transportiert werden. Elektrische Energie muss erzeugt werden, es müssen saubere und effiziente Gebäude gebaut werden und die Liste lässt sich noch fortsetzen.

Gut ausgebildete und hoch entwickelte Ausländer wie wir können sich nur schwer vorstellen – und noch viel weniger wirklich glauben – dass ein Volk wie die Huaoranis Kliniken bauen, Zahnmedizin ausüben und Flugzeuge fliegen kann. Historisch gesehen sind die Huaoranis Jäger und Sammler, die in Häusern mit Grasdächern mit schmutzigem Fußboden leben und mit Speeren oder zweieinhalb Meter langen Blasrohren wilde Schweine, Truthähne und Tapire jagen. Die meisten Huaoranis behielten an drei oder mehr Orten Häuser und Gärten und zogen zwischen ihnen hin und her, wenn es der Mangel an Wild oder die Bedrohung durch Feinde erforderte. Sie hatten keinen Anführer, keine Ratsversammlung oder andere Mittel, um die Verteidigung ihres Landes gegenüber anderen zu organisieren oder Friedensverhandlungen zu führen. Tatsächlich waren Fremde nicht die größte Schwierigkeit; das gegenseitige Töten grassierte so stark in dem Stamm, dass sie in der Gefahr standen, sich selbst zu vernichten.

Das Evangelium und die Menschen, die es ihnen gebracht haben, veranlassten die Huaoranis, aufzuhören, Fremde und sich gegenseitig zu töten, und in vierzig Jahren hat die Größe des Stammes sich beinahe verdreifacht (heute sind es um die 1500 Menschen). Zu Beginn gab es Anzeichen dafür, dass die Huaoranis für sich den Anspruch des Evangeliums annahmen und viele von den Älteren wurden durch das Zeugnis ihrer gleichaltrigen Stammesgenossen bekehrt. Aber die jüngere Generation kennt die ständige Furcht und den Hass nicht mehr, die das Leben ihrer Eltern und Großeltern regiert haben. Heute gibt es nur eine Handvoll von den jüngeren Huaoranis, die einen ausdauernden Glauben an den Gott und die Botschaft des Friedens haben, die das Leben ihrer Eltern so radikal verändert hat.

Was hat diesen anfänglichen Wunsch der Huaoranis, ihre Leute zu gewinnen und zu erziehen, zunichte gemacht? Ich glaube, es war das Versagen der Missionare, der Gemeinde der Huaoranis zu helfen, sich selbst zu leiten. Hier haben die Huaoranis auch früh Anzeichen gezeigt, die Führung zu übernehmen, obwohl »organisieren« und »leiten« völlig neue Begriffe in ihrer Kultur sind. Als ich ein Jugendlicher war, hat einer meiner Freunde aus den Huaoranis, mit dem ich zusammen getauft wurde, einige andere Jungen dabei angestiftet, einen der Söhne eines Medizinmannes zu ermorden. Die Gläubigen wussten, dass dies nicht richtig war und dass Inihua bestraft werden musste. Einer der älteren Gläubigen und ein Vater von einem Komplizen von Inihua meinten, die Schuldigen müssten selbst mit dem Tod bestraft werden. Andere sagten, dass sie als Christen überhaupt nicht mehr töten sollten, auch nicht zur Strafe.

Schließlich entschieden sie sich, zu beten und Gott zu bitten, selbst Inihua zu bestrafen. Innerhalb weniger Tage fiel Inihua – ein gesunder junger Mann – vor Zeugen auf den Boden, krümmte sich und starb. Wenn es auch nicht die typische Herangehensweise der nordamerikanischen Gemeindeleiter (oder das typische Ergebnis) war, so zeigte dies doch eine Art von Leitung, die sowohl kulturell als auch geistlich zur Kirche der Huaoranis passte.

Einer der konkreten Fehler, die wir gemacht haben, ist meiner Meinung nach, dass wir gläubigen Leuten von draußen, die nie vorher mit den Huaoranis gelebt haben und ihre Kultur nicht verstehen, erlaubt haben, großen Einfluss auf die Kirche der Huaoranis auszuüben. So harmlos besondere Bibelkonferenzen und Klassen auch klingen mögen, die Gegenwart von ausländischen Leitern und Lehrern, die diese Konferenzen über Jahre hinweg geführt haben (und immer noch führen) unterminiert den schwachen Glauben der christlichen Huaoranis, dass sie ihre Gemeinden selbst leiten und selbst lehren können. (Ich habe erlebt, dass sogar die kleinsten freundlichen Gesten eine verantwortliche Leitung verhindern. Ein Huaoranivater und langjähriger Freund von mir fragte mich einmal, warum Ausländer seinen Kindern in der Schule Süßigkeiten gegeben hätten. »Nun möchten meine Kinder nicht mehr ihr Getränk aus Bananensaft trinken. Sie schimpfen mit ihrer Mutter und sagen einfach, sie möchten solche Süßigkeiten wie die haben, die sie in der Schule bekommen.«)

Weil sie sich nicht selbst verwalten und ihren alten Lebensstil verloren haben, sind die Huaoranis jetzt materiell und geistlich arm. Und leider haben die Missionare über die letzten vier Jahrzehnte praktisch keine Anstrengungen unternommen, den Huaoranis zu helfen, eine eigene lebensfähige Wirtschaft aufzubauen, damit sie ihre Gemeinde, ihre Familien, oder Gottes Auftrag, ihr Volk zu erreichen, finanziell unterstützen können.

Die gläubigen Huaoranis stehen nun mitten in einem Experiment, das sie finanziell unabhängig machen soll. In nur zweieinhalb Jahren haben sie ihre eigene Zahnklinik, eigene Apotheken, eine eigene Postgesellschaft und eine Schule gegründet und führen sie auch selbst. Und wenn sie die Zähne ihrer Stammesgenossen reparieren, erzählen diese Gläubigen ihnen Gottes Botschaft. Sie bieten Touren für Ausländer an (deshalb kamen auch die Studenten aus dem Staat Washington), die Geld bezahlen, um diese »Steinzeitmenschen« zu besuchen. Vor kurzem haben mich die Huaoranis gebeten, ihnen zu helfen, ihre eigene Luftfahrt aufzubauen und zu führen, was sie als entscheidend ansehen, um langfristig als Gemeinde und als Volk ihre Unabhängigkeit zu erlangen.

Mein Beitrag bestand darin, sie anzuspornen und sie von der Bibel her davon zu überzeugen, dass dies nach Gottes Willen ist. Ich habe auch die undankbare Aufgabe übernommen, mit Ausländern zu reden, die darauf aus zu sein scheinen, die »Mission« hier auf ewig fortzuführen.

Wird dies auf lange Sicht funktionieren? Ich bin davon überzeugt, dass es möglich ist. Die Huaoranis sind es auch. Ich glaube, dass dies die einzige geistliche und wirtschaftliche Hoffnung für diesen Stamm ist. Ausländer können diese Arbeit niemals tun. Sie sollen dies auch nicht, denn wir sollen nichts tun, was die Huaoranis nicht auch selbst tun könnten. Wir müssen unsere Hilfe auf die Bereiche beschränken, bei denen sie jetzt noch nicht fähig sind, sie selbst zu beaufsichtigen, und dabei jede Anstrengung unternehmen, damit sie auch hier so schnell wie möglich autark werden.

Christus sagte, wir sollten alle Völker zu Jüngern machen und sie alles halten lehren, was er uns befohlen hat. Gläubige Missionare wie Cathy Peek, Rosie Jung, Pat Kelly und meine Tante Rachel gaben den Huaoranis das Neue Testament in ihrer Sprache. Dies ist ein sehr wichtiger Baustein, um jede Kirche zu etablieren. Ich bin begeistert, dass die Huaoranis begonnen haben, sich selbst als wirkliche Teilhaber dieses großen Auftrags zu sehen. Ich bete, dass wir nordamerikanischen Christen auch lernen, sie – und andere, die wir erreichen wollen – genauso zu sehen. Denn dies ist schließlich der von Gott vorgegebene Weg.

ANMERKUNGEN

Kapitel 5

[1] Elisabeth Elliot, *Im Schatten des Allmächtigen: Aufzeichnungen des Jim Elliot* (Christliche Literatur-Verbreitung: 1991 (Lizenzausgabe), Bielefeld, S. 165.

Kapitel 7

[2] David Dye, »Peter Fleming Was My Friend« HIS magazine (Mai 1956).
[3] Elisabeth Elliot, *Im Schatten des Allmächtigen*, S. 46.
[4] Ebd., S. 96–97.
[5] Ebd., S. 97.
[6] Jim Elliot, *The Journals of Jim Elliot*, Elisabeth Elliot, Hg. (Old Tappan, N.J.: Revell, 1983), S. 65.
[7] Ebd., S. 67.
[8] Ebd., S. 153.
[9] Ebd., S. 154–56.
[10] Ebd., S. 156–57.
[11] Ebd., S. 158.
[12] Ebd., S. 342.
[13] Ebd., S. 344.
[14] Ebd., S. 349.

Kapitel 8

[15] Jim Elliot, *The Journals of Jim Elliot*, S. 279.
[16] Ebd., S. 283.
[17] Ebd.

[18] David Dye, »Peter Fleming Was My Friend,« *HIS* magazine (Mai 1956).
[19] Amy Carmichael, *His Thoughts Said ... His Father Said* (Fort Washington, Pa.: Christian Literatur Crusade, 1958).

Kapitel 9

[20] Jim Elliot, *The Journals of Jim Elliot*, S. 366.

Kapitel 13

[21] Jim Elliot, *The Journals of Jim Elliot*, S. 402.
[22] Ebd., S. 404.

Kapitel 14

[23] Jim Elliot, *The Journals of Jim Elliot*, S. 437.
[24] Nates Geschichte wird berichtet in: Russell T. Hitt, *Jungle Pilot* (Grand Rapids: Discovery House Publishers, 1997).
[25] Jim Elliot, *The Journals of Jim Elliot*, S. 440.
[26] Ebd., S. 449.
[27] Ebd., S. 449-50.

Kapitel 15

[28] Jim Elliot, *The Journals of Jim Elliot*, S. 463–64.

Kapitel 17

[29] Elisabeth Elliot, *Through Gates of Splendor* (Wheaton, Illinois: Tyndale, 1981), S. 130.

[30] Ebd., S. 132.
[31] Ebd., S. 145–46.
[32] Siehe Elisabeth Elliot, *Through Gates of Splendor* und Russell T. Hitt, *Jungle Pilot* zu weiteren Einzelheiten.

INTERESSANTE LITERATUR

Elisabeth Elliot, *The Savage, My Kinsman* (Ann Arbor, Michigan: Servant, 1981).
Im Schatten des Allmächtigen: Aufzeichnungen des Jim Elliot (Christliche Literatur-Verbreitung: 1991 (Lizenzausgabe), Bielefeld.
Through Gates of Splendor (Wheaton, Illinois: Tyndale, 1981).

Jim Elliot, *The Journals of Jim Elliot*, Elisabeth Elliot, Hg. (Old Tappan, N.J.: Revell, 1983).

Russell T. Hitt, *Jungle Pilot* (Grand Rapids: Discovery House Publishers, 1997).

Ethel Emily Wallis, *Aucas Downriver* (New York: Harper & Row, 1973).
The Dayuma Story (New York; Harper & Brothers, 1960).

Günther Klempnauer

Siegfried Buchholz
Gottes Grenzgänger zwischen Management und Menschlichkeit

Gb., ca. 170 S.
Nr. 393.716, ISBN 3-7751-3716-5

Unternehmer werden die weltweiten wirtschaftlichen und strukturellen Umbrüche nur mit Zivilcourage, Zuversicht, Opfer- und Änderungsbereitschaft bewältigen können. Dabei erweist sich die Christusbotschaft als konkurrenzlose Wohltat und formt den glaubenden Menschen. Siegfried Buchholz hat es sich zur Aufgabe gemacht, Karriereplanung mit Lebensplanung zusammenzubringen und christliche Wertmaßstäbe in die Zielfindung einfließen zu lassen.
Im Gespräch mit dem Autor kommen u. a. die Konfliktherde in Europa, Chancen und Risiken der Globalisierung, der gnadenlose Wettbewerb sowie das einmalige Rettungsprojekt der Liebe Gottes zur Sprache.